# 光緒上虞縣志校續

4

紹興大典 史部

中華書局

# 上虞縣志校續卷二十一

## 輿地志二

### 山川

玉岡山在縣署後萬歷府志山之後曰布穀嶺其土黃赤附近居民多竊取爲築基作竈覆醅之用大傷來脈所宜防禁○萬歷志去嶺七里爲縣後山新纂產佳茶萬歷府志○案今北城外自五癸至蘿巖一帶山麓名縣後山府志以玉岡山爲縣後山誤

長者山在縣南二里嘉泰會稽志宋周長者元吉築居其東因名之萬歷志作周元吉嘗賑突不煙者鄉人德之遂以名山定善寺故基是也元張興級亭其上曰一覽亭今廢南爲山川壇萬歷府志上有

鏡石居人惑形家者言掊擊去之下有薛家井泉甘而冽萬曆志○明楊珂詩復有登高約重遊長者山物觀渾識面興到即開顏曉嶂孤雲度春林泉鳥還尤難履佳勝萬室玉溪環葛焜次前韻詩地盡虞封秀亭依近郭山川原多入目桃李競開顏勝會知能幾斜陽且未還誰云遐海邑金玉共迴環倪涷詩爲有幽中勝先登郭裏山林泉亦城市洞府總塵闤挂壁藤成篆垂溪柳拂綸雲籠花寂寞石動水潺湲玉帶襟裾下金罍枕席間徑深頻指顧峰近少躋攀瘦鶴宵零雨高人晝掩關短笻疎竹度薄袷小橋還莫道春將半相看鬢未斑

金罍山在縣城西南隅高三丈廣數十畝漢魏伯陽修煉之所萬曆府志旁有丹井晉太康中浚井得金罍故名一統志明陳炫陪郡侯孫公遊金罍詩仙居迢遞枕城西古路縈迴過碧溪丹井已空蒼蘚合石壇猶在白雲迷清霄

遼鶴無人見落日山猿抱樹啼更羨郡侯能弔古紫騮踏徧落花泥陳宗道金罍書夢詩簾垂松影長爐蓺檀煙紫山人清夢遥直見雲牙子李陪詩踏徧煙霞洞壑深華門秋鎖薜蘿陰自從雞犬雲中去井上丹砂何處尋章宏仁金罍贈洞上人詩丹室春長在瑶臺夢亦淸鶴歸松樹暝人卧洞雲横鼎蓺胡麻飯香調石髓羹况逢賢羽士欲與學長生

寒山亦名翰山在縣南七十餘里山巔疊石如樓閣下有大邑湖即萬年湖湖旁山曰將軍帽東北六七里爲衙水巖縱横數十丈巖下有白雲洞其右爲布穀巖産名茶出西北五六里爲黮山新纂

華蓋山在縣南七十里巔平圓如華蓋中有泉廣畝許夏

旱不竭或謂是虞山發脈處與縣北夏蓋山首尾相對新纂

覆卮山在縣南七十里新纂○舊志作五十里非宋謝靈運嘗登此山飲罷覆卮山上今存一石竅大旱不涸呼爲龍眠窟一統志石上刻覆卮二字昔嘗有人攀得筆跡甚奇山高十里許北隸虞南隸嵊東連百丈岡西逶迤至三界止有石浪五蝘蜓巖泉眼石泉經歲不竭石浪之間泉聲淜湃不可見時有白龍出沒呼爲龍窟登其巓有石平廣可受數十人下瞰江海羣山羅列蓋虞山之最高者萬曆

志又有臺閣巖洗卮泉望天亭天聖香潭雞啼巖石屋諸勝嘉慶志○葛曉龍眠石詩萬仞未易梯綿延亘雙邑草木不敢生中有仙人室登臨俯層空羣峰亂崒嵂勺水蛟龍蟠今古不枯溢農人向余言歲歲沛膏澤

懸巖在縣南六十餘里嘉慶志由畫佛溪而進曰逕路由逕路而上曰懸巖頂有石城一帶約長二百丈有奇外有疊石甚奇萬歷志○案由龍眠嶺而上進東南十里許曰懸巖萬歷志未核實

畫佛巖在縣南六十餘里新纂有大士像顯然刻劃如畫視久若現光者其下曰畫佛溪萬歷志

斤竹彎在縣南五十餘里新纂彎前平疇曠野儘容耕鑿萬歷

志

鼓潭山在縣南五十里山趾臨潭曰鼓潭案舊志本作古潭實以潭有水聲如鼓故名今刊正自潭而東下曰斗潭萬歷志

寨嶺在縣南五十里嘉慶志山口有更鼓巖倭寇至此民於巖上駕鼓新纂

太平山案府志云太平山一在會稽一在上虞一在餘姚實則此山跨餘上二境本一山會稽又其一也在縣南五十五里嘉泰志作五里誤輿地志云其形如繖亦名繖山吳道士于吉築館於此山巔平衍有良疇數十頃橫塘瀩之無水旱嘉泰會稽志山有煉丹石爲葛洪修煉之

所如簞方闊數丈下有柱石二高可八九尺如數石甕然撑拄四角若屋中折爲二題曰太平山樵牧者遇雨多避其中又有二圓石竅深各三尺許如臼如釜萬歷志○案四明山志云太平山有煉丹石三一方石廣數丈二圓石類釜臼方石空起下施支石相傳吳于吉之石室有神書百餘卷曰太平青籙因此山也今誤爲葛洪晉謝敷齊杜京產居之晉書曰謝敷字慶緒入太平山十餘年鎮軍郗愔召爲主簿臺徵博士皆不就陶宏景太平山日門館碑日門館者東霞起駢開巖引燭以爲名也華陽本起錄曰陶宏景於永明庚午年東行遊越處處尋求靈異到太平山謁居士杜京產此其作碑之時也元末劉履避地此山補注選詩○齊孔稚珪詩訪逸追幽蹤尋奇赴遠轍制芰度飛泉援蘿上危岊萬壑左右奔千峰表裏絶曲棧臨風聽敧簷倚雲穴石險天貌分林交日容缺陰澗落春榮寒巖留夏雪昔聞尙平心

今見幽人節志入青松高情投白雲潔泛酒乘月還閒談待霞滅接賞聊淹留方今桂枝發明徐子麟望太平山詩太平山畔對哀翁縹緲烟霞一望中十里翠屏時作供四時佳氣日相逢葛洪石上丹砂在徐孺門前碧水通南北不嫌賓主舊朝朝簾下挹薰風徐維賢詩葛令丹成去不還空遺片石在人間我來訪古已陳迹碧草蒼苔滿地斑

日門山在縣南六十五里新纂○舊志作六十里非太平山東亦太平之別名齊杜京產嘗築館以居萬歷志○案梁陶宏景日門館碑云吳郡杜徵君拓宇太平之東結架菁山之北爰以此處幽奇別就基址棲集有道多歷世年四明山志云今稱日門山者因館名也

雙筍石在縣直南四十里釣臺山前臨倚山嶠參差並峙

高各數百丈其巔有異花開時爛若霞錦宋高孝二宗
殂落連歲不花王十朋會稽賦所謂花含戚者此也明
時已不見花惟巔有古松挺然獨秀嚴冬大雪殊爲可
玩據四明山志引徐學詩語○案嘉泰志云在釣臺山通澤廟前高百餘丈其巔有異花若人冕而立者每
杜鵑花開爛若霞錦里人競觀之一爲雷所擊幾折其半康熙志○宋夏庚金詩雲
根迸出幾千年化作龍孫欲上天靈種看來分自蜀巖花春老尙啼鵑石筍下有石如象
鼻曰象鼻洞洞中可陳几席萬歷志○明王守仁詩雲根奇怪起雙峰慣歷風霜
幾萬冬〻春去已無斑籜落雨餘惟見碧苔封不隨衆卉
生枝節卻笑繁花惹蝶蜂借使放梢成翠竹等閒應得
化虬龍張鳳翼詩西方白象海浮來隆準巖巖
地脈開春暖氣噓成五色不須蜃市作樓臺

馬家闕嶺在縣南四十餘里由乾溪而入嶺西爲十九都嶺東爲十五都新纂

蘆山在縣南四十餘里張家嶺右山下有二石並抱中穿一窄石狀如鎖曰鎖石山之右爲席帽山孤峰高秀狀如席帽新纂

張家嶺在縣南四十里由管溪而西南可十里嶺之半爲白道猷巖晉白道猷尊者隱其內嶺曰道猷嶺溪曰道猷溪潭曰道猷龍潭萬歷志○案嘉泰志云白道猷嶺在縣南五十里晉天竺僧白道猷卓菴於此

太嶽山在縣南五十里備稿晉末白道猷所居初入山時乘青牛而至故溪名隱牛標其足迹四明山志中有廣福寺寺東曰板沸巖巖有夜遊神像微茫不甚辨萬歷志其支山曰芝堂山山長十里新纂○明李陪詩絶壑清空鳥道懸竹房松火亂秋煙遥觀下界酣如蟻誰到巖頭息萬緣祝樹動詩復馭岱宗雲飄飄越水濆飛來龍作主久臥鶴爲羣峻壑鳴秋雨回巖斷夕曛栽培松樹茂容易得徵君

昇相山在縣南四十里案是山在縣南六十里壁立千仞奇峭萬狀山巔有瀑布泉長百丈下注成潭其别隴爲圓山一統志案嘉泰志云在縣南三十五里山巔瀑布號白水萬歷志云山巔有丹石二片潭上巨石隱隱有足跡號神仙

跡世傳神仙於此飛昇

上中山在縣南四十里嘉泰會稽志

獨山焦山俱在縣南昇相山左新纂與圓山並列萬歷志○案當云與圓山東西對峙

周⿱冖㗊嶺在縣南四十里嶺下曰廟山土人搠廟祀蕭帝萬歷志

捉鹿石在縣南四十餘里石鼠山岡高廣三丈餘頂有仰窩石之南有山曰朱家大山新纂

梅坑岡在縣南三十里山谷有雪花潭又有望牌石蛤蚆

石皆以狀名岡之東曰兒峰在管溪邊一峰秀削翠映

溪潭新纂

雙溪嶺在縣南二十五里萬歷志爲管溪李溪交接處新纂

楓樹嶺在縣南二十四里萬歷志以舊多楓樹故名新纂

雪頂山在縣南二十八里山頂積雪故名山之右爲雙罍

峰新纂

鑄瀉嶺在縣南五十餘里相傳舊嘗鑄錢於此一統志

官符嶺在鑄瀉嶺稍西四面壁立千丈萬歷志舊爲通衢有

官符經過故名新纂

劍嶺在縣南三十里山有瀑布亦有龍潭新纂

關山嶺原作官山在縣南二十五里萬曆志為泉山關鍵故名新纂嶺之西曰下谷嶺萬曆志

甌峰在縣南二十餘里山頂有謳仙石平廣丈許中有澄泉亦名東山新纂

銅山在縣南二十五里嘉泰會稽志東曰東山西曰西山兩山之間曰銅山萬曆志兩峰迴抱名上石下石舊產銅有流泉數道匯為湖一統志

交衡山在縣南二十八里山谷有澄照寺新纂

壩山在縣南三十里有石穴龍潭新纂

谷嶺在縣南二十餘里對谷嶺曰姥嶺在縣南三十里進姥嶺而近者曰三嶺在縣南四十里萬歷志

圭山在縣南四十五里萬歷志作四十里四圍岡巒環列此山居中新纂下有圭山湖萬歷志

安山在縣南四十里前峙圭山而高相傳張氏父子爲神葬此萬歷志

孝子嶺在縣南四十餘里有須孝子墓新纂

仙人山在縣南四十五里須宅西與牛步仙人山對峙山

左有宋竺均墓山右卽寶泉寺新纂

大東山在縣南四十五里牛步東周五里山麓有潭潭上有疊石巖兩石支足其一覆巔高二丈餘下可避雨道光三十年洪水沖下巔石東有龍角山山陰有巖石高二十餘丈狀如龍角其南爲牛山多巖石下有深潭水色澄碧潭旁有洞洞口有牛跡相傳白道猷騎金牛隱此新纂

黮山在縣南六十里左右護從有山深窈轉摺數峰插天中藏龍潭者三其泉自上而墮噴礴飛灑喧豗若雷前

有石如掌可容八拜曰禮拜石歲旱禱雨必應萬歷志○宋夏庚金詩探奇來向魁山觀洞府深深風雨寒雲影有時頭角露醉眸回作畫中看明馬明瑞詩紫翠重重入眼青撥雲下視碧潭驚鑿開海眼珠連噴湧出山腰霧半横靈氣浮浮塵欲盡仙風渺渺骨疑輕蟄藏忽地神龍見環珮玲瓏天外鳴

學山在縣南六十里萬歷志以山皆學產故名新纂

四明山在縣南四十里嘉泰會稽志○萬歷志云在縣東跨姚鄞嵊奉五邑之境山高四萬八千丈周圍二百一十里凡二百八十峰地記云四明丹山赤水爲第九洞天上有四門通日月星辰之光故曰四明萬歷志邑人李汾嘗入四明山讀書備稿引太平御

覽○案四明山志云山有二百八十峰西連上虞又云奔牛隴西面七十峰總名連餘姚上虞二境是四明亦分屬上虞然萬歷志所載大雷峰樊榭鹿亭潺湲洞皆非虞境今删○唐劉長卿詩四明山絕奇自古說登陸蒼崖倚天立覆石如覆屋玲瓏開戶牖落落明四目箕星分南野有斗挂檐北日月居東西朝昏互出沒我來遊其間寄傲巾半幅白雲本無心悠然伴幽獨對此脫塵鞅頓忘榮與辱長笑天地寬僊風吹佩玉孟郊詩閒於獨鶴心大於青松年迴出萬物表高居四明巔十尋直裂峰百尺倒瀉泉絳雪為我飯白雲為我田靜言不話俗靈蹤時步天明謝肅詩雲北雲南山萬盤仙人宮闕俯巑岏晴峰落影半天碧雪瀑飛花六月寒白日雙鸞翔玉宇長年一虎臥瑤壇桃花莫使春光老遲我歸來轉大還

麋家山在縣南六十里嘉慶志作四十五里非有龍潭禱雨輒應萬歷志俗呼蟹坑又名黃龍潭新纂

隰地嶺在縣南六十里新纂由夏家嶺而入由虹橋而入萬歷志○案

夏家嶺在縣東南五十五里新纂由錢庫嶺而入萬歷志○案由蠶脈嶺入又案夏家錢庫諸嶺實皆縣南山云在東南者由縣治測之山勢稍邐於東耳不與篇末東南諸山混

錢庫嶺在縣東南四十五里爲縣東南之界新纂

羊額嶺在縣東南六十里嶺上爲姚境新纂

鐵山在縣東南四十里山起平墩圓廣畝許光黑如鐵出三里許有嶺曰蠶脈嶺新纂

印石山在縣南四十里山下有石如印高廣二丈許浮立溪邊新纂

塔嶺在縣南三十五里新纂嶺畔有斷碣刻梵文剝落不可讀萬歷志

寶蓋山在縣南四十里府志每春晚秋霽雲霧結成輪囷如五色華蓋然上有石曰眠牛石曰龜巖唐乾峰禪師坐禪石上常有雲氣下覆如寶蓋後人建寺其下萬歷志○明徐學詩詩聞道山僧開法界若爲雲物散天花囷輪五夜凝蓬苑想像千官擁翠華張鳳翼詩遥空寶蓋日亭亭疑有仙都拱帝廷何必函關多紫氣葱蘢先已護山靈

蒲塘山在縣東南三十五里山巔有腴田十餘畝西出曰白水瀑布百餘仞旁有三石壘如屋名仙人洞新纂

大嶺在縣東南三十餘里嶺上東北爲餘姚境新纂

嶺北山在縣東南三十里大嶺之北新纂距檀燕山鹿花溪北五里五峰高聳萬歷志○明潘府詩雙鴈倚雲霄幽人坐寂寥每聞秋夜月南望客星遙徐惟賢詩春來何處可消愁舍北風來天際頭雲影日高瞻紫極海波風靜見瀛洲太平有象眞堪慷慨無端賦遠遊便欲結廬從此住薜蘿深處注春秋

檀燕山在縣南三十里新纂○案嘉泰志云在縣西南五十里又引太平御覽云山頂有十二方石悉如坐席許大皆舊經云神仙讌集之所上有作行列仙靈之所讌集也栴檀香氣襲人樵者或時聞簫管聲嘉泰會稽志山下有鹿花溪一統志太平寰宇記云卽謝靈運遊宴之處水經注

成功嶠西有山孤峰特立飛禽罕至嘗有採藥者沿山見通溪尋上於山頂樹下有十二方石地甚芳潔還復更尋遂迷前路言諸仙之所醮讌故以檀讌名山萬歷志○案檀燕山今在管溪與水經注所云在始寧縣嶀山成功嶠西舊志作西南五十里者不合今姑並存其說而以在管溪者爲主○明徐子俊詩緑戰紅酣二月天乘閒直上此山巔偶逢野草皆爲藥忽見樵夫恐是仙幾樹梅檀香雨外兩行坐石白雲邊從空欲問還丹訣灑面清風值萬錢徐學詩詩千古梅檀漫有名羣仙讌集亦難評牧兒猶說初平石樵叟疑聞簫管聲幸以全身歸舊隱敢云腕屐羨偷生時來阡陌頻瞻眺松柏蕭蕭獨愴情

方山在縣南三十里四面俱方南有古檀可占歲豐凶明

徐惟賢搆方山書院今僅存基址新纂

龍石在縣南三十里管溪中嘉慶志有石橫亘如龍曰龍石萬歷志○明徐學詩龍頭玩月詩碧溪清夜浩無邊水滿澄潭月滿天照影但誇遺石露潛身誰識抱珠眠昭回雲漢思沾澤想像風雷見在田莫謂臨淵勞悵望且須攜酒弄潺湲

湧泉山在縣南二十里有湧泉井相傳有叟指地泉自湧出山之西爲疊石山石磊磊如人工疊成新纂

上舍嶺在縣南十里下有上舍嶺溪入百雲湖萬歷志

上王山在縣南十里新纂由官樣度下王嶺而右折者是山之下有百雲溪萬歷志

官㨾山在縣南五里新纂山川壇迤而南萬歷志獅子山又在官㨾南新纂

葫蘆嶺在縣西南十餘里資聖寺稍東萬歷志

駱家嶺在縣西南五里當葫蘆嶺王家嶺之間多名人墓新纂

釣臺山在縣西南七里案一統志云西溪湖之陰舊經云山有槎大十圍昔陶公嘗乘此垂釣公既去槎墜於潭不復浮嘉泰會稽志　一在縣南四十里雙筍石左新纂山下有川曰釣川陶隱君嘗垂釣其上萬歷志○案一統志西溪湖陰釣臺山作在縣南七里又云一在縣東南

五里下瞰深潭疑此卽雙筍石右之山里數誤耳

許伯嶺在縣西南釣臺山北嘉慶志唐許宗封伯爵世居嶺北萬歷志

王府山在縣西南七里新纂宋英宗之兄名宗袞封爲彭王來佃西溪湖建莊於此故曰王府山其嶺爲赤白嶺以其金銀飾門有赤白之美見宋趙友直傷春詩注○其詩云王府原頭芳草芊郤憐杜宇自年年停杯試向窗前看飛盡楊花幾樹綿其別墅曰玉京洞以許宗故宅基爲之萬歷志○元趙仁原詩巖壑玲瓏竹樹間天風環珮隱珊珊碧桃花落雲黏洞瑤草香馡露滴壇青壁有題龍護篆玉京遺跡鶴窺丹如今避世非無地却笑相逢雪滿冠

坤山在縣西南十里萬歷府志峰巒秀出當縣之坤故云萬歷志

烏石山在縣西南十五里東爲烏石嶺嶺西數里曰打虎尖新纂

鷹尖山在縣西南二十五里山有跑馬岡相傳宋將軍韓彬習武處北有石欄巖石欄潭新纂

象田山在縣西南二十里原作四十里涉下四十譌周四十餘里四明山志作周五十里又云以象耕鳥耘爲虞帝之故蹟山平衍俗呼小天台南有舜井嘉泰會稽志井上有風自來曰自來風又有金雞洞云錢王彈金雞處山峻險路屈曲西有羅漢石試刀石石分爲

二萬曆志○明黃宗會詩杖頭已撥千峰霧入水拖泥何處去嶺頭日落黃蘆暗老麂呼風毛欲豎嶺底溪深泥正紫中有幽人草茅住長年袖鉢垂手歸濯足溪頭弄新句天寒路凍絕無人钁頭鏗然掘枯芋我來一笑調偶同摩挲寒崖數煙樹夜深孤燈倒牛篋更病雁亦哀訴雄峰大剎列相望兩宗法席紛旁午子獨何爲餓窮谷笑勘諸方都不顧垂鉤豈解釣獰龍元賞時與古人同　東北三里許爲象田嶺嶺上石裂成井曰劃開井新纂度嶺東南曰覆船山曰賈家尖山萬曆志

佗嶺在縣西南二十八里東山下巨石懸立大丈餘俗呼龍珠石嶺之東南有車嶺新纂○案萬曆志舜井自來風金雞洞皆載車嶺下今實在象田山故移諸彼

瑞象山在縣西南十五里萬歷志○明陳縉詩秋色凝翠面多莓苔崎嶇轉林坳峽底興雲雷憑高一以眺萬巒巘煙光薄叢臺山徑何閒寂石松風來蒼茫遠郭樹高城暮雲開俯契澄潭靜仰見飛鳥迴西風掃石壁峭潔無塵埃會意了萬象適情忘九垓寒聲起蕭瑟弔古生餘哀忠諫不可作龍圖安在哉因懷梁父吟嘆息復徘徊

金雞山在縣西南十五里後列三台前面五癸東溪西溪二水夾山而出交於艮隅水之左曰淡竹山鮎魚山水之右曰龜山眠牛山萬歷志○宋趙友直隱居牛山秋岡上自清秋霜高木葉流晚偶賦詩滿路塵囂不耐愁眠牛丹冷宜爲黃花一舉甌

蔡墓山在縣西十八里俗傳漢蔡邕葬父母處案嘉泰志作在縣西

一十二里或以前有拜墩山山傍有石如衙甚奇謂其爲蔡邕墓山廬墓之所一說元時亦有同姓字者故云萬歷志○錢玫蔡墓考略

蔡墓之在上虞世傳以爲蔡邕父母墓論者皆以陳留之蔡邕當之考後漢書蔡邕傳注邕父名棱字伯直年五十三歲卒而邕母袁公妹曜卿姑見於博物志獨墓不著於錄史稱邕亡命江海遠跡吳會然偶爾寄跡未必挈父母偕來志遽以爲葬父母於此當別有說王充論衡別通篇云扶風蔡伯喈鬱林太守張孟嘗東萊太守李季公之徒心自通明覽達古今此與陳留之蔡邕同字伯喈後漢書王充傳稱邕得論衡秘之帳中以爲談助則扶風之伯喈名早著於陳留之伯喈惜未知其同名邕否太平廣記王瑗之爲信安令有一鬼自稱蔡伯喈問是昔日蔡邕否曰非也與之同姓字耳明廖用賢尚友錄於陳留蔡邕之下云時上虞亦有蔡邕亦字伯喈隱居不仕以孝聞與志廬墓之說合是當時上虞亦有蔡邕向之指陳留之蔡邕以實之者妄也萬歷志

曰一說元時亦有同其姓名者則一蔡邕名字互同先後已有四人究莫定蔡墓爲誰何世又有引名勝志稱蔡墓山在縣西十二里蔡邕卒葬此論者或且據吳地志蔡邕墓在毘陵尚宜鄉互村以辨之然安知謂邕墓者不指陳留之蔡邕而謂上虞亦有蔡邕正未可知故詳識之

五龍山在蔡墓山西南萬歷府志上有龍湫五龍同窟旁有三神祠水旱禱之輒應萬歷志

黃茆嶺在縣西南二十餘里有上下二處度嶺而出虞門郎華渡運河萬歷志

葛仙嶺在縣西南二十餘里仙翁嘗所遊憩萬歷志

裏嶴山在縣西南三十里嘉泰會稽志舊經云山有神曰白鵞

旱時見則雨萬曆府志

白鷺山在縣西南四十里山中一小溪春夏之交晴晝每見兩鷺舞浴遠現近隱萬曆志○案備稿云府志載裏鼻山縣志載白鷺山當即一山而二名也

西莊山在縣西南四十里舊志云葛仙翁嘗隱此有石臼如臼者五小者容一二升大者容斗山足有三石鼎足而立曰銚架石道旁石阪有馬蹄跡中有泉不竭山下有洗藥溪水底石如丹砂萬曆府志

龍塘山在縣西南四十里一名鷺鼻山有上下二潭上潭

泉脈不竭下潭多枯歲禜禱於此有驗里人結屋以覆之嘉泰會稽志

章汀山在縣西南四十餘里新纂下有湖曰章汀湖萬歷志

歷山在縣西南四十里萬歷府志舜所耕處也會稽舊記云在小江裏始寧剡二縣界吳錄云在始寧蘇鶚演義云歷山有六一河中二齊州三冀州四濮州又其二不聞疑此與餘姚者萬歷志○案嘉泰志以歷山屬餘姚演義云宜在濮州雷澤風土記云始寧剡二縣界上王安石歷山賦序云在上虞界中據諸說舜之歷山當以演義爲是虞之有此山殆嘉泰志所云其子孫思舜鄉取像於此亦猶漢新豐之義必謂虞無此山罔矣又案萬歷府志云三界市即漢始寧縣治歷山既在

始寍剡二縣界則在三界以上非邑西南四十里內山是歷山今當屬嵊姑據舊志仍之

握登山虹樣山在縣西南四十里有握登聖母廟案萬歷志握登聖母祠題曰祥虹閣可以眺山水之勝下有虹樣村東西赤岸傍虹樣山俗傳握登生舜之地安也於越新編○案舊志登作登樣作漾今從通志府志東曰馬愌山萬歷志

東山在縣西南四十五里晉太傅謝安所居也案一統志云東山因謝安名者三一在始寍東山乃其故居孫盛晉陽秋云安家於會稽上虞縣優游山林六七年間徵召不至正指此山一名謝安山巋然特立於衆峯間拱揖蔽虧如鸞鶴飛舞其巔有謝公調馬路白雲明月二堂址千嶂林

立下視滄海天水相接蓋絕景也下山出微徑爲國慶寺乃太傅故宅旁有薔薇洞俗傳太傅攜妓游宴之所又西一里始寧園乃謝靈運別墅一曰西莊山西有太傅墓山半有洗屐池東西二眺亭舊經云梁徵士魏道微修道得仙於謝安山南史杜京產與顧歡開舍授學於東山下今距山一二里有杜浦顧墅嘉泰會稽志　山北爲安石山俗名鵶鶻尖西爲西眺山山巔有斷碑字畫模糊皆文靖所遺謝敏行東山志○宋王銍遊東山記略會稽郡東百里曰曹娥江又曰東小江其南則晉太傅文靖謝公安石故宅東山也僕以紹興七年六月往剡中繫舟山下盡室遊焉住持釋思覺問

僕東山之名甚衆多因告之曰此乃文靖東山而他處則非也晉史王羲之初授浙江便有終焉之意樂會稽佳山水時文靖亦居焉與孫綽李充許詢支遁皆有舊居在會稽何獨於文靖疑焉則東山在會稽一也圖經引會稽先賢傳載文靖舊居爲寺則東山在會稽二也史言文靖寓會稽與許詢輩出則漁弋山水入則言咏屬文拒絕范汪之薦與羲之棲遲東土舊名猶存則東山在會稽三也史又言文靖屢違旨高卧東山桓溫請爲司馬始發新亭諸人言安石不肯出將如蒼生何蓋文靖從桓溫之請始去會稽則東山在會稽四也又言東海戴逵厲操東山其弟逯答文靖言家兄不改其樂方文靖時逵居剡溪據史則逵亦同寓東山東山距剡甚近則東山在會稽五也史又言文靖雖受朝寄然東山之志始末不渝欲造泛海之裝自江道還東雅志未遂就遇疾焉是時晉都金陵自江泛海今東山正在海濱則東山在會稽六也劉義慶言支遁以文靖屢至餘姚塢中既沒不忍復居遷於峁山則東山在會稽七也有一於此事亦昭著況若是衆乎然今臨安境中亦有

東山金陵土山傳謂文靖所起東山以僕考之俱非是臨安山則許邁所稱文靖嘗坐石室臨濬谷謂與伯夷何遠者蓋山海之遊非所居之山也金陵土山則所謂土山營墅樓館林竹甚盛每攜中外子姪往來遊集在入朝貴顯之後亦名東山非其所起東山也考之地志參以舊史然後定於一謝氏族盛終始六朝文靖之兄弈弈子元元子煥煥子靈運復爲永嘉太守稱疾去職父祖並葬始寧縣有故宅及墅遂移會稽修舊業傍山帶江盡幽居之美又求東郭始寧二田始寧蓋會稽廢縣則靈運居者正文靖之舊地今山中有始寧泉名不改自文靖之後子孫居於會稽生以爲家死葬其地猶不忍舍去非一二世而止也故詳書之俾刻山中登覽者考焉閏月庚申汝陰王銍性之記孫枝東山考嘉定四年三月之吉外舅冀翁陳仲子葬於會稽之東山余自四明來會舟出上虞之曹娥江泝流上江左右皆淤沙驛道蜿蜒而上遇山則有磴道盤入山腰仰視亂石林立峭壁岌岌將壓有小江出西南山委蛇至壁下與曹娥江合二江夾河如觜正射山壁循壁稍南山忽散

去地勢平衍彌望牟麥如雲林藪沃澤時久不雨所在洲渚斷涸其處平湖澄泓水色紺碧野竹臥影林樾娛人幽趣不容摹寫余意謝康樂過舊墅詩所謂白雲抱幽石綠篠媚清漣或者其在於此訊之篙師師指壁之阿曰此入東山路也維舟亟上陟巔岩嶤里許松蘿茂密左右視無所覩山椒路平有屋曰薔薇亭路出亭中斗折百餘步頹垣敗壁突兀於前是爲東山國慶院晉太傅廬陵文靖公故居也主僧肅入丈室繪文靖祠之西偏像設故暗香火牢落敗碑斷碣分寸不存惟有堂曰明月軒曰白雲以爲山中故事余笑曰二扁與山椒亭名得非誤認陳軒金陵集所載憶東山絕句眞爲謫仙所作耶僧曰此古德所立見之會稽圖經及汝陰王銍遊山記近芥隱龔養正爲之粉板再書非誤余曰謫仙出岷峨下漢沔西歷邠汾北歷燕代徂萊鍾阜皆嘗築室老於三江七澤兩入吳會以觀海岱胸中勝概可謂充足惟於剡中之役終身口之不置如曰湖月照我影送我到剡溪脚著謝公屐身登青雲梯班班在集中而此不存必軒託其名以寫金陵崇禮鄉文靖植花木

土山之景非是山也僧曰葛立之謂金陵餘杭皆有東山是則信然臧榮緒晉書言文靖遊賞必以妓女從本傳載之既登台輔營墅土山與中外子姪遊集今晉書移之於前此唐文皇御製之差而白醉過謝公東山詩曰攜妓東山去悽然憶謝公自此東山攜妓遂爲口實不知白酩酊中誤用土山事耳又言文靖嘗至臨安坐石室悠然歎曰此與伯夷何遠郎餘杭東西山是其處東坡蘇公賦詩曰曾攜縹緲人獨上東山巖是又誤用土山之事於石室在二仙且爾於諸公乎何尤僧請置是事而聞山有始寍泉相傳以爲院之舊名於史亦有見乎曰後漢郡國志言永建四年分上虞之南鄉爲始寍縣唐書地理志高祖武德四年以剡始寍爲嵊州八年州廢始寍復歸上虞院山在晉占籍始寍縣非院名始寍也山居賦注曰湖三面阻山山間凡五處第一谷曰石壁精舍夫以湖之南爲嵊山則國慶院乃古之嶠山院在石壁谷中入山猶未深故靈運謂之第一谷亦曰舊園曰讀書齋文靖寓居會稽與高陽許詢桑門支遁出則漁弋山水入則言咏屬文其地恐在於此吾觀

梁昭明太子文選有謝靈運石壁精舍詩曰昏旦變氣
候山水含清暉還舊園詩曰託身青雲去棲霞浥飛泉
齋中讀書詩曰矧乃歸山川心跡雙寂寞環視始寧諸
山皆不足當此惟自院山南望山水含暉高出雲表使
人胸埃頓除心跡闃靜舊境儼然如存則嵊山在其南
嶀山在其北靈運有自南山經北山詩正指嶀山也聞
紹興境界行院山之在版籍者尚萬畝晉人所謂東山
如戴逵居剡而弟逯以爲兄厲操東山許詢居山陰而
自謂丹陽尹劉惔曰丹陽殊勝東山謝元欲從亡叔臣
安退身東山晉史言文靖東山之志始終不衰皆指會
稽郡東諸山總言之郎國慶院今俗呼爲東西眺調馬
路飲馬池固皆牧牛豎之妄而院極東自絕頂趨下有
山徑之蹊窈窕入灌莽中百年不芸而介然成路風雨
之所摧剝甃甓微出土中其勢必由所之而爲鉏畦所
亂不能復續計今猨狖所家狐狸所宮鵂梟嗷嘷鼯鼠
飛擲處皆向時象牀罝笏鳴鐘鼎食之地特無好事者
裏一月之糧披荆棘以采入其阻耳僧曰列第信可尋
靈運自言父祖葬始寧邪隴奈何不存曰葬始寧者何

獨靈運父祖而已考之史傳謝申首邛之義大率歸葬始寍靈運赴永嘉過始寍詩所謂揮手告鄉曲三載期歸旋且爲樹枌檟毋令孤願言此言閭里之至情至唐開元天寶間歷二百年李白過東山詩我妓今朝似花月他妓故墳荒草寒必林莽間纍纍青塚其數未容遽計也今去唐又五百年豈無蓬塊之可驗亦必埋沒於荆榛中不然時方亂離盡遭椎埋之厄矣○唐王邛詩高潔非養正盛名亦險艱偉哉謝安石攜妓入東山雲巖響金奏空水艷朱顏蘭露滋香澤松風鳴珮環歌聲入空盡舞影倒池閒杳緲同天上繁華非代閒卷舒混名跡縱誕無憂患何必蘇門子冥然閉清關宋陸游詩絕頂松風透膽清謝公曾此養高情山橫兩眺暮雲碧江浸一天秋月明林下有僧敲錫響石邊無客聽棋聲薔薇洞口庭前水留得當年洗屐名朱晦翁詩江路經由數十回無因到此爲潮催嘗聆文靖曾遊後欲問薔薇幾度開今日掣身推案去暫時秉燭入山來高僧不問誰家客獨對雲軒自把杯釋法具詩窗中遠看眉黛綠盡是當年歌吹愁鳥語夕陽人不見薔薇花暗小江

流元薩天錫詩千里拏舟過始盧江山無恙尚堪登水流花落已無主雲散月沉空有亭塵跡猶思尋草莽風情何處醉娉婷可憐鼎食傳儈火特采溪毛奠故陵韓性詩遠山倚空青濛濛剡溪白匹來天東天機不捲芳草碧中有行地雙蟠龍扶藜欲出人間世俯仰明河在平地長松忽動飛鶴來萬里剛風起衣袂薔薇開落春復秋洗屐何人繼清遊憑欄一笑衆山小遥指雲氣看齊州趙寬詩溪上青山一徑微煙霞無改昔人非荒亭千古照明月幽洞幾番開紫薇藉甚風流超魏晉隱然勳業在淮淝蒼生不盡懷賢意西眺巖前對夕暉葛貞詩勝地名山祗暫看老來誰復歷巑岏不因開席勞龔遂豈意扶藜謁謝安天際雲山新日月眼中人物舊衣冠可憐千古興亡事都在長吁一倚欄潘府詩高卧應知出處難白雲明月老空山澄清暫爲蒼生起變故徒懷海道環大小江寒秋漲遠東西眺冷夕陽殘淮淝咫尺中原近壓使遺碑歎玉顏葛瑗詩獨上青山感慨深每將雲月想高襟煙霞一榻終成癖誰慰蒼生渴望心吳宗因詩兩眺徘徊是大觀越雲飛處不勝寒看來一

片東山石彷彿當年大將壇陳旦詩望繫蒼生重名垂宇宙間郎今高臥者猶是此東山　國朝胡浚詩謝傅經行處斑斑屐齒泥白雲山上下赤岸水東西洞古然松入林幽揀竹題始寍多往跡更待訪牛溪李方湛詩霖雨蒼生望東山小草譏斯人今不作世論昔全非絲竹娛游讌楸枰見指揮請看淝水捷東晉此功稀陳邦泰詩太傅風流不可幾始寍舊事託餘巖安危曾向談棋繫出處猶蒙小草譏花發薔薇愁寂寞鳥啼絲竹聽依稀買山我亦思高隱祗少千秋相業巍王望霖用李東陽原韻詩一江橫亘山之麓下有清泉出修竹綠筠深處是何鄉萬派煙雲看不足怡然能滌我心憂絕壑松濤與耳謀登高小憩坐懷古當年謝傅何風流此山上有圍棋墅對弈曾將白雲賭白雲明月安在哉逝者如斯不我與風流散盡何足云丈夫立世須功勳至今鶴唳松聲夜恍聽苻秦百萬軍

備稿案曰韻語陽秋云東山會稽臨安金陵皆有之俱以爲謝安攜妓之所餘姚縣志亦載有東山云安石嘗

游寓焉蓋郡縣凡有東山者皆援引文靖借重名勝考謝安傳云寓居會稽與王羲之許詢支遁遊出則漁獵山水入則言咏屬文後雖受朝寄然東山之志始末不渝靈運傳云父祖并葬始甯山中并有故宅及墅遂移籍會稽蓋太傅始實居此及出鎮新城欲造浮海之裝自海道還東雅志未就而沒後卒葬焉今山西有太傅墓若洗屐池東西二眺亭雖後人好事者爲之而舊園別墅跡不可泯非他邑之東山比也故詳錄宋王銍孫校考記舊有唐李白皮日休陸龜蒙及宋蘇軾四作考李詩指上元縣之土山見陳軒金陵集皮陸二詩乃其遊楞迦精舍唱和之作見全唐詩蘇詩則遊餘杭之東西巖見本集皆非指上虞東山不錄

指石山在縣西南四十五里舊經云上虞有立石所謂指石者俗呼爲公靳言舜登此石嘉泰會稽志臨江射西而出萬歷志○案備稿云指石山即東山臨江之石山下江深無底産鯿魚甚美

桂林山一名棥林在縣西南四十里萬歷府志謝靈運著山居賦處或云郎東山也唐十道志

石鏡山在東山下二里萬歷府志

石壁山在縣西南四十五里嘉泰會稽志唐十道志云其南有小山形方正如樓名鼓吹樓寰宇記又名飛翼樓謝靈運築精舍其下萬歷志○宋謝靈運石壁精舍還湖中詩昏旦變氣候山水含清暉清暉能娛人遊子憺忘歸出谷日尚早入舟陽已微林壑斂暝色雲霞收夕霏芰荷迭映蔚蒲稗相因依披拂趨南逕愉悅偃東扉慮淡物自輕意愜理無違寄言攝生客試用此道推

石樓山寰宇記引郡國志云在石壁山南方正如樓乾隆府志

○案石樓山卽石壁山南之小山又案寰宇記云石樓山西南有陳音山山卽楚之善射者死葬於此因名然嘉泰志一統志省志府志均云在山陰縣西不敢濫入

馬目山水經注云曹娥江濱有馬目山洪濤一上波隱是山勢淪嵊亭間歷數縣行者難之今其地不可考新纂

雙棋山在縣西南五十里俗傳三仙者沐訖對弈於此嘉泰會稽志山巔有棋局兩旁列石可坐一云兩山對峙如旗故云雙旗下有雙棋湖三面皆石壁峭險天成曰雙棋嶺萬歷志

五象山在縣西南五十餘里雙棋之右五峰排列狀類象

新纂

薑山在縣西南五十里周千里高峰矗列四面玲瓏名曰薑以其形似也橫亘江濱爲諸山之望新纂直北而下曰戚家山在縣西南四十里渡江西上曰大墓山萬歷志○案萬歷志作姜山在章家埠下

含珠山在縣西南五十里嘉泰會稽志亂山蜿蜒中有一小阜孤立如羣龍護珠萬歷府志

覆船山在縣西南五十里以狀類舟覆也萬歷志

蔣家山在縣西南五十餘里萬歷志

蔡山在縣西南五十里曹娥江西岸下爲蔡山渡萬歷府志

車騎山在東山西二里嘉慶志右濱長江左傍連山晉車騎將軍謝元爲會稽內史建樓其閒桐梓森聳江帆出沒幽僻足以避世萬歷志○晉謝道蘊詩峩峩東嶽高秀極沖青天巖中間虛宇寂寞幽以元非工復非匠雲構發自然氣象爾何物遂令我屢遷逝將宅斯宇可以盡天年

嶀山在縣西南五十里一統志成功嶠北與嵊山接二山雖曰異縣而峯嶺相連水經注北有石牀謝靈運所垂釣也剡錄○案嶀山嘉泰志載入嵊縣引輿地志云自上虞七十里至溪口從溪口隨江上數十里兩岸峻壁乘高臨水深林茂竹表裏輝映名爲嶀嵊奔瀨迅湍以至剡也府志兩載之今考是山實在三界以上不在縣境姑

從一統志及舊志存之

石山在縣西南五十里巖石險怪上有土穀祠下有洞高五六尺深闊二三丈空洞元朗亦一奇也其地故紹興台溫往來通衢當道出其境邑令率役夫送迎勞費甚苦隆慶初令謝良琦申請革之百姓至今德焉萬歷志○明濮陽傳詩詩人酣眺慣到處不能開煙簇千村月江流兩岸山農人擕酉往漁父放舟還喜說三隄就洪濤絕後艱

赤泥嶺在縣西南五十里竹衚湖上色赤如硃爲溫台寍紹往來要路新纂自嶺而上不數里有成功嶠水經注浦

陽江東北逕始寧縣嵊山之成功嶠壁立臨江欹路峻狹不得併行行者韋木稍進不敢俯視乾隆府志萬歷志餘詳金石

鳳凰山在縣西南六十里山有鳳穴嘉泰會稽志與會稽接境晉元帝時鑿山有鳳凰飛去故名山下爲鳳翎湖一在縣西山之下曰曹孝女廟萬歷志

楊梅峰在縣西南五十里小江上日鑄嶺東林壑茂密上多楊梅元隱者王發築友樵齋賦續騷焉萬歷府志

花塢嶺在縣西南四十里萬歷志作五十里徑路崎嶇行者稱險

新纂倚嶺一石若有字數行以水噀之須臾稍露可辨一

二餘竟模糊不可識亦無題名萬歷志踰嶺爲會稽境新纂

崑崙山在縣西南四十里有神祠嘉泰會稽志舊經云昔有崑崙奴行水中故名萬歷志○宋高似孫詩晚程歇櫓住望帝雨花少力倚湘娥此生已負鴟夷子有酒須供欸乃歌弔古情懷猶壯淚逢人搔首問如何

嵺山在縣西南四十二里高數百仞銳如卓筆東陽駱夫人於此上昇有石井丹竈於越新編一名蒿尖山一統志○案一統志又云山在會稽縣東七十里高銳如削下臨舜江與上虞縣接壤山崖南有二石蘚紋圓白鄉人謂之日月石萬歷府志○明朱維藩詩日落橫舟望渺茫平湖一派水生光山邊漁火明還暗渡口蒲帆斂欲揚去住不逾三十里往還仍復幾迴腸懶夫一病成迂散剛到江關夢草堂

嵩公山在縣西南四十里山有石室丈餘如塚云葛仙翁墓萬曆志餘詳塋墓○案省志府志嵩作蒿

黄泥山俗名袋頭山在縣西三十里萬曆志有明朱袞朱朋求墓

新纂

洪山在縣西三十里萬曆志一名福泉山一名覆鐘山備稿

蘭芎山一名蘭風又作蘭穹在縣西北二十五里太平寰宇記瑯琊王宏之每釣於此郡國志山少木多石有三嶺枕帶長江岩嶢孤危望之若傾緣山之路下臨大川皆作飛閣欄干乘之而渡謂此三嶺爲三石頭丹陽葛洪遯世居之基井

存焉水經注其欄干處自宋紹興中鑿爲磴道元豐九域志山
東小山曰金釵山直下爲倪子嶴山麓曰蘭薹山○新纂案
萬歷志云在縣西北二十八里仙公葛元修煉得道之
所有石鼎丹竈丹井遺址引元本傳云漢光和二年正
月朔仙公於上虞山感太上遣眞人授以三洞四輔經
籙修行秘訣金書玉誥等圖足徵也世傳洪誤而嘉泰
志引舊經亦云葛洪嘗棲隱於此故仍舊說附著萬歷
志於下○唐趙嘏詩蘭芎寺北雲歸岫孝女祠東浪拍
天潮汐往來沙不定青山無數剡溪船明陳縉詩肩輿
十里蘭芎道春日春山羡勝遊雲轉四時依古塔泉流
終日響靈湫煙深松竹鳥聲細天擁樓臺蜃氣浮自笑
未醒塵土夢人間浪擬卜仙邱陶望齡詩飛欄跨閣跡
俱陳嶺翠江光興亦新丹井汲雲香帶藥斷碑嵌壁蘚
生鱗僧閒自打鐘迎客路穩翻嫌杖累人怪底雙眸清
不寐幾番湖海浣灰塵 國朝范蘭詩不識春山意若
何花時攜酒試相過一壺醉到神仙宅天地茫茫江海

多釋源潤詩巖畔朝霞去復聯鐘聲淸梵出江天斷碑苔護前朝字丹井香留舊日泉花笑牧童吹草笛鳥啼樵子破林煙山靑水綠春無限領略其中孰箇先

龍松嶺在縣西二十餘里新纂方輿山右絕頂有古松虬枝偃蓋宛若游龍萬歷志○明謝讜龍松說嘉靖壬寅余講業癸巳山景熙物或洒率二三子遊南岡始見龍松愕然曰有是哉物之奇也邇松而處者嘗對余談是松屈怪肖龍名畫虛筆血噀盜柯文虎犨護余弗諶目其奇而稍疑更詢諸耆靡弗脗者然後知物之奇者必靈而前聞無足異矣夫精變竈牛望如偃蓋古傳記可稽也而飛節龍狀抱朴子亦疑其聚脂耳豈有松之龍者哉是松也幹之蜒蜿身如也枝之崢嶸角如也皮之璘彬鱗如也葉之蕤蕤鬐如也則謂之龍松也固宜余心奇之不已告友人許子許子遂往觀之因製龍松之歌以歌之曰嗟峩兮山岃爰有松兮千歷松如龍兮人共知龍爲松兮誰識昔在淵兮壓五花竊

綺雲兮鼓翠翼帝遹怒兮謫且加就茲山兮作松植形兮終不殊禁戕踞虎兮威孔赫幾何時兮同帝心登九天兮雨八極○明楊珂詩蒼虬百尺倚巖懸半嶺衝開萬壑泉勢壓波濤遥跨海氣吞雲雨不知年

陳射虎嶴嶺在縣西北三十里產粗石萬歷志

方嶴在縣西二十餘里有明大理寺卿葛浩墓新纂

姜嶴即姜婆嶴在皁李湖東南姜氏世族居此故名皁李湖湖經○案湖經又云山多材木田皆濱湖常稔冬月以樵採爲樂雪亦往焉

馬郎彎在縣西北十五里皁李湖西岸舊有馬氏墳因名彎口有大小牛欄二墩國朝乾隆間奸民開石宕紳士朱士騶等呈禁之嘉慶志○明劉鵬詩雨深芳草滿邱墟散牧烏犍得自如飲水眠沙

川陸暖絕勝
風雪挽糧車

鐵甲山在阜李湖內新纂

龍頭山卽龍山在縣西三十里舊志作西北東連蘭芎西瞰娥江石勢險阻江潮齧其趾宋紹興中鑿磴道以便往來山有九灣迢遞七八里一名九龍山一統志○案水經注山厓之間有石井冬夏常冽清泉南帶長江東連上陂江之道南有曹娥廟萬歷十三年土人加修磴道置茶亭爲憩息之所卽今龍飲亭山崖間有泉清瑩如玉曰龍頭山井萬歷志上有蘭峰頂盤石廣丈餘葛洪嘗坐其上太平御覽○明陳震詩龍山插晴昊秋色染芙蓉曡嶂丹青裏奇峰紫翠重更無人落帽言有客扶

筇撫景歸來晚
楓林帶醉容

隱嶺在縣西三十餘里蘭芎𨒪北新纂稍東爲小板嶺萬歷志

國朝王振綱度隱嶺詩往返嚴莊路崎嶇上嶺頭廢庵緣薜荔古墓夾松楸果否仙人駐能教隱者留逃名應有託雲物亦千秋

金雞石在龍山高尋丈若櫃前有竅相傳中有金雞有欲竊取者遂飛去萬歷志

峨眉山在縣西四十里百官市東新纂

九卿山在縣西四十里山下名九卿坂新纂

弓家山即龔家山印祿山佛跡山俱在縣西北上妃湖中名勝

志云佛跡山在縣西北四十五里有石如巨人足蹟據萬歷志及乾隆府志

蜂山在縣西北三十餘里近白馬湖嘉慶志太守孔靈符遏蜂山前湖以爲埭埭下開瀆直指南津水經注

夏蓋湖十二山梁家山刺山柴家山鯉魚山董家山洋山土長山石竹山又名姜家山荷葉山犂山馮家山府志馮誤作馬甑箅山府志箅誤作篳諸山不甚高廣隱約湖之東涘列如畫荷葉山如蓮葉浮水面明謝譓嘗築白鷗莊讀書其間萬歷志〇明謝譓詩拳石浮晴渚幽居依碧霞簷頭蘿沒磴竹外水穿沙蘚徑雙吟屐鷗天一釣槎漁郎忽來到應

是失桃花又山小少奇景登臨意自長竹松如骨肉雲水郎文章病酒樂中苦尋詩鬧裏忙塵根今已斷不是學仙方葛焜詩高風慕彭澤雅意在滄洲開軒臨碧水種竹護丹邱景物意中適風波身外浮信是忘機侶惟應對白鷗

薑山在縣西六十里西華村旁小阜纍纍多古墓斷碣剝蝕不可識新纂

大峰山在縣西八十里形尖小有明進士朱道五墓新纂

黃竺山在縣西八十餘里瀝海所新纂

夏蓋山在縣西北六十里一峰崒嵂高出天半其形如蓋一名夏駕山相傳神禹曾駐於此上有龍潭嘗興雲雨

一統志輿地志云夏駕山在湖中湖卽名夏駕出菰草土人織以爲席甚細密多接者爲精識書云夏駕山浮可避甲申水災湖北去海數里山北對海鹽岸唐徐浩書經在夏蓋山石今不存嘉泰會稽志東有夫人廟南有淨衆寺萬歷志宋張卽之書其門曰大禹峰於越新編絕頂有亭明嘉靖間別駕雷鳴陽建萬歷志（）明謝讜夏蓋山賦夏蓋山何山也堯天南服虞邦北陬自坤靜之奠軸已艮止之凝休燦婺女之曜宇煒斗牛之光留平顚若砥孤橫若舟霽睞若展繡幄曠睎若覆蒼甌于霄出雲凌辰迎旭蘭阜映九峰遜賓偁岡友臨谷塘峴遜岱輿岸客輸天目崛岪嶔巇侔靈鷲崆巃巍跡亞大復亘太始之秀造下祇之特毓也昔夏后氏夙宵鏟竅胼胝決排取晏流於淢瀣拯元元之鼉鮭永

賴奏勳重華悅禪爲萬國綴旒夋省觀而歷徧益僚扶轂騶虬旌電會稽弭節玉帛鱗羅戮其後至震叠孔多於焉移馭少左東閟渤溟舒翠蓋以彳亍聽茲山而輦停山是以有夏蓋之名也維時聖妃並賁郎次賈甍於昭厥神遂爲茲山之靈雨暘澤庶干紀綿蕆遹搆閎祠以妥以賽更殷迄唐厥稜彌彰側宋遷南兵甲搶攘乃整陰旅而佐戰致天驕之襏亡雖幽績而難泯錫帝社而忠順之德益光猗曇元之化赫峻蓮居以抗翔紛境吒其藉庇剏丏一禧者之奔皇亦有古剎棧巇而陽摩尼法象金碧輝煌一就燼於烈燉聊飭廢復奚傷其上則鍋潭逼巖既澄且漣蚴蟉玉龍時逞時旋蹲文虎於磊石舞松鶴之蹁躚其下則甘泉淵瀠宜醿宜茗羣潛饕揚眩耀禎影怪矣唐柏根久揭而枝榮五其圍而十其仭獨欞槮以傍楹其前則青堆亂隖碧湧鏡湖釣檝閒況斂儔交呼細荇聯灘鷫叢藻飄鳩鳧淨塘擎菡萏之麗淈流縱鰷鰋之娛其後則遥嶼參差海濤瀾汗盪颺鼓怒嶽磓嶺斷銷墟浴陽顯渙淡漫鹽田壯於肩摩魚筏蹟隨影貫鯔鯧枕浪而詭種實繁蝌蟹穴沙而殊形

無算蓋吐璣孕璆之勘而非淵客鮫人之所玩也其左右皆沃壤腴區袤塍迤隴笠蓑耦耕稼穡陵擁庶閭閻之閭臺允耄稚之顓蒙出書聲於蘿牖醐社酒以歌豳風雖溢潮駭淪而銛鏃遡逢雖珍材窒獻而貞稅裕供唐習所不能邁而齊俗斯爲庸矣時春而山豔也弱蔓蹋燕攢藟轉鶯遊驄騈蘚騷人繹登時夏而山鬱也奏隔葉之清蟬瀉過雨之長澗鎖白雲於石扉牽茇裳於壁蔓時秋而山肅也森柯脫暮猿嘯明月洞簫悲增陟峭時冬而山冽也梅來暗馥六花擾空愕瓊臺之倏聳亂豹跡於樵蹤或寒晨霧滃黕黤四被或暄晚霞張絳生氳賁或箘簵偃颸欻撩詩意或軒礚鐘鳴塵夢自避或閴寂以探冥睇瀺灂之異或虩鰲以窮眑獲走飛之備或曳嵐而錦蘂翳或綴露而瑤芳賁萬態呈妍萃奇兮世余也遁居而會景時眺而愜心每摛詞以摹勝竟敷概而遺沈孰知山之於余已融機於昔而余之於山可忘言於今也有不能忘言者聲之歌歌曰覩河洛兮思禹功禹有蓋兮山已空卿雲爛兮帝宮文命敷兮明夏同衡門陋兮化日融聊擊壤兮歌時雍濮陽傳詩夏

蓋山巔酒一樽常來因有濮陽墩酣餘指點平湖海村月無勞犬吠門陳希周詩仙蹤何處訪此地有桃源曲徑萬松繞深林百鳥喧看雲人坐石載酒月隨船卻笑塵中客常悲鏡裏天羅豪詩才了東山約重登夏蓋峰崔嵬隱雲霧出沒詑魚龍萬仞雄乾柱千年託禹蹤潮聲吞落日身世駕長風

國朝沈煩詩蓋山高不極遊子喜尋蹤石澗泉聲壯松巢鶴夢慵風來心自爽路轉興彌濃偶憩龍潭畔驚聞遠寺鐘謝簡廷詩蓋山突兀聳孤嶼結伴登臨興頗濃小徑若梯盤曲折平疇如繡布橫縱千頭獸影溪邊石滿耳濤聲殿外松忽聽下方梵宇內泠泠敲徹誦經鐘

橫山在縣北五十里橫枕湖北其峰列九又名九峰山東曰東橫山萬歷志○國朝陳步雲橫山諸勝記略橫山西連夏蓋湖凡九峰最高為金花峰俗號橫峰尖歲三月柰花時遊人攜酒餚登此四望偏地黃金香風撲鼻遂以為名次曰八字峰其上平廣可坐數百

人南曰螺峰玉乳峰痀瘻峰西曰饅日峰又名西峰自金花峰而北曰連珠峰曰松岫最小爲隱翠峰山南有九龍祠即本山山神有禱必應稍東曰鳳窩相傳宋時有鳳來巢於此北麓有東林菴菴東有泉曰東林泉又東曰自然臺又名平臺當山半可六七畝許平坦如臺又東曰挂壁燈泉泉穴如囱味甘美大旱不竭又東曰伏虎岡下有來水閘水出銀魚色白長寸餘大如韭無鱗與骨因地皆沙磧無泥淤故味極美遠勝他處又東有踝石相傳昔有仙人登此跽一足而坐踝陷於石三四寸今其跡尚存又東曰靈鼻俗名風吹牛鼻鼻昔有人於此採薪聞絲竹聲約村民鑿山五六丈得三官神像徙之東林菴大有靈應峻飛居士因題爲八景曰龍祠夜月東林暮鐘西峰夕照鳳窩春煦來水龍吟燈泉積翠平臺眺海松岫鳴蟬皆各繫以詩云

福祈山在縣北四十五里宏治府志一名大山巋然當夏蓋湖上與夏蓋若賓主者湖有九墩曰楓樹曰扁曰周師曰

長曰棟樹曰黃蝨曰馬曰白牛曰西晒棟樹墩在福祈山下隨水高下溢未嘗沒涸未嘗凸旱潦如一內有石穴如槨然堪輿家稱善地嘗有盜葬者近湖之家多刑傷必伐之盜葬者假取湖草爲名依墩宿泊覺而掘發其骨紅潤亦異矣○萬歷志

柯山在縣北四十餘里新纂山下曰柯水東入海案漢書地理志上虞有仇亭柯水東入海稍東曰嚴家峧萬歷志

伏龍山在縣北三十餘里萬歷志夏蓋湖東狀龍伏首東俛而尾西掉下瞰小越市山巔有巨石壙長四丈許萬歷志作橫四丈有奇世傳爲吳越公主墓萬歷府志　明袁煩詩山龍伏江南晚景自千古巖

梅冒雪開雪
霽花無語

牛頭山在縣北三十餘里萬曆志

上陳嶺在縣北三十里小穴南新纂

掛幞山在縣北三十餘里萬曆志

沙袋嶺在縣北三十里土色若丹萬曆志

南山在縣北三十餘里有大寒小寒二峰據董玘南山記明潘府築室讀書處萬曆志上有二臺曰詠湖望湖董玘記山尾曰鶴頂珠山五夫志○明董玘南山碑記略南山距越城三舍許提學潘公爲藏修息游之所是山起天台奔馳數十百里結秀於茲背接金罍首枕姚江萬山來朝勢若星拱冬夏蒼翠悠然可愛中峰嶻嶻登之

毛骨竦然若飄浮上騰而遊廣寒也故其名曰大寒峰左右有臺前孫五湖萬頃沉碧冪辰偶坐有助吟適故名曰詠湖中有層臺北臨大海鶩潮突來岌湧雷迅一覽可極故名曰望湖乃大寒峰之絶頂也大寒峰之西北有峰其氣蕭然一也其形傀然俯也因名曰小寒峰小寒峰之下有地廣數百步廓然而塏坦然而爽南山書堂建焉南山之西有谷岈然名曰靈蓍昭其產也谷之東有井洌然名曰寒泉嘉其性也井之北百步許有巒奧如名曰大雲峯氣之自出也峯之側有山昂然來屹然峙者其名曰鷹山鷹山之西北有山伏而復起雙巒若翼兩池若目其名曰鳳山形之肖也鳳山之南有平麓元朱白雲遁世於斯因名之曰雲麓表幽躅也東有茂林乃先世顯謨公養高之所因名之曰月林林之北有峽顯謨公舊於其下彈琴自適因名之曰清風峽存祖武也林之南有閣客至款坐飲以香茗其名曰浮香閣之下有溪夾以桃樹飛花逐湍其名曰疊錦閣言其清溪取其文也凡茲十四勝者皆迴巧獻技以麗於南山書堂而書堂前有研硃池後有太極窩左有牛首

山石蟠澗右有悠然巖淸斯沼蓋自足爲一勝而又泉勝之所攸會也故名其勝者總曰南山玘嘗從公及諸同遊者步而觀焉信其尤勝於吾越也○明陳緣詩路轉峰迴一徑平忽聽精舍有書聲南山瑞氣先成象西國如來舊寄名鉢洗淸溪僧影動詩題峭壁客心驚我來要盡登臨興布襪靑鞋取次行葛焜詩大寒峰畔白雲迷古樹陰陰鳥亂啼梓里猶傳丞相事行人遥指舊沙堤　國朝潘思漢大寒峰詩云突兀雲溪聳碧霄登臺不覺興飄蕭北臨滄海濤聲遠南顧蘿巖翠色遥萬戶羣瞻雄崒嵂一峰獨秀鬱岧嶢先人書院今何在幾度登吟雜曉樵又小寒峰詩云大寒峰下小寒峰秀出羣巒翠影重帶石旁開斜作嶂夾溪曲轉暗分龍雲歸深洞金門鎖雪映前巖玉壘封山徑不爲人陟破誕登準擬噢兒從

玉屏山在縣北三十餘里一名圭山五夫志○國朝潘思漢詩雲巒出嶂翠圍屏脈自蘿巖到此停奎壁文章千丈耀圭璋人物一方靈臥看紅樹秋楓老坐聽淸泉春雨零東面客峰還

秀拱煙雲來
往對長青

客山在縣北三十餘里山西有嶺曰歡喜嶺五夫志

徐山在縣北三十餘里今名西後山山之西爲宋李莊簡花園五夫志

琴山在縣北三十餘里今名東後山宋潘月林嘗彈琴於此山之西爲清風峽明潘太常避暑赤腳吟詩處峽南有井曰清風井五夫志○國朝潘思漢清風峽晚步詩兩山忽斷勢如蹲小刹臨風半掩門樹老岫中煙暗淡人行鏡外月黃昏詩翁赤腳多懷古學士清琴好避喧竚立蒼茫多遠思松風謖謖送歸村

牛首山老翁山俱在五夫西畀口五夫志

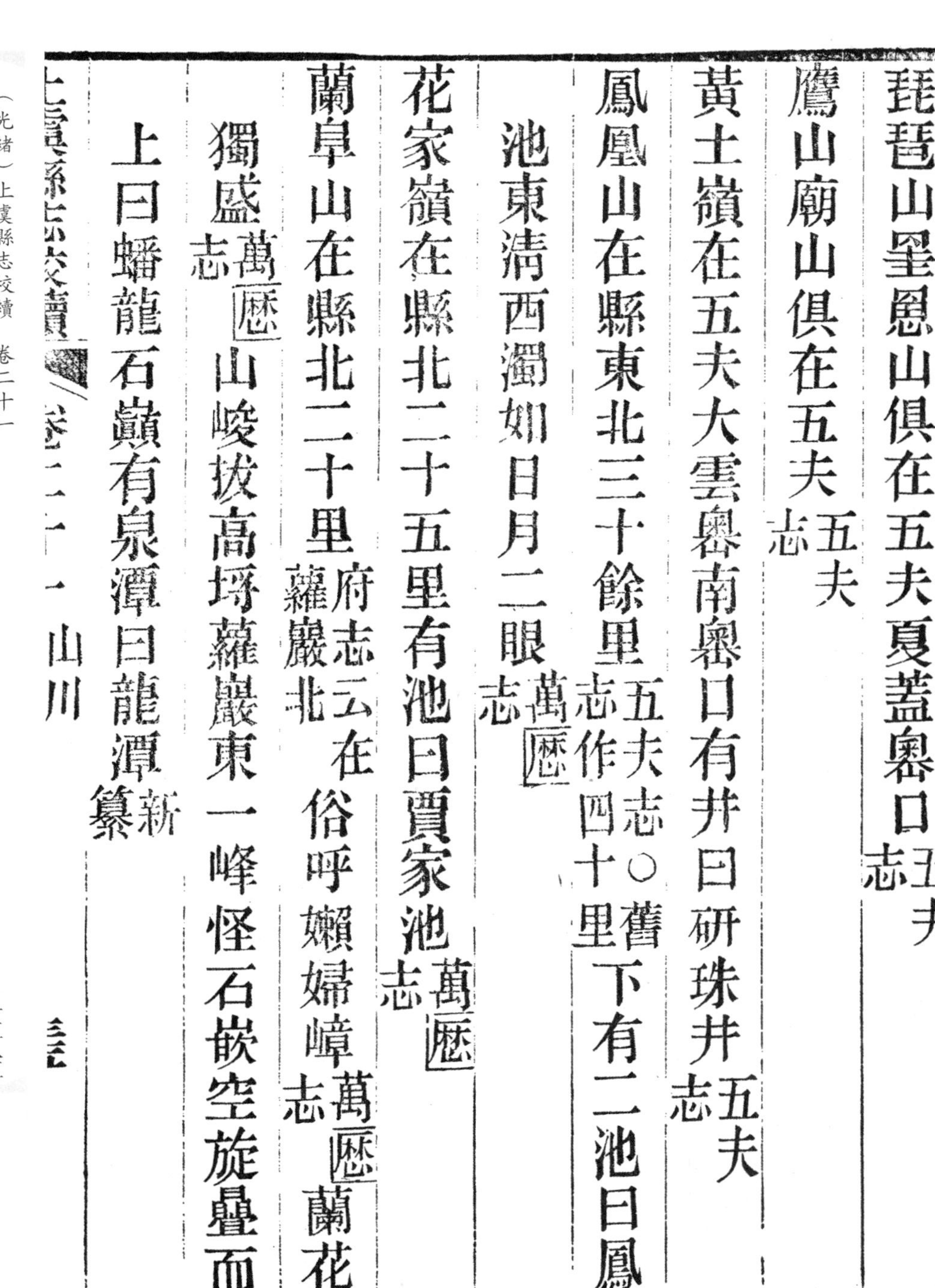

琵琶山罣㟁山俱在五夫夏蓋嶴口五夫志

鷹山廟山俱在五夫五夫志

黃土嶺在五夫大雲嶴南嶴口有井曰研珠井五夫志

鳳凰山在縣東北三十餘里五夫志○舊志作四十里下有二池曰鳳池東淸西濁如日月二眼萬歷志

花家嶺在縣北二十五里有池曰賈家池萬歷志

蘭阜山在縣北二十里府志云在蘿巖北俗呼嬾婦嶂萬歷志蘭花獨盛萬歷志山峻拔高埒蘿巖東一峰怪石嵌空旋疊而上曰蟠龍石巔有泉潭曰龍潭新纂

青山黃山澤蘭山水經注漁浦湖外有青山黃山澤蘭山重岫疊嶺參差入雲澤蘭山頭有深潭山影臨水水色青綠山中有諸塢有石樋一所案漁浦湖即今白馬湖在縣北二十里青山黃山不可考澤蘭山疑即蘭皐山其云石樋深潭與蟠石龍潭恍惚相似又以百官舊治言之蘭皐正當白馬湖外萬歷志敘澤蘭山云由安山稍進不引水經注當別是一山嘉慶志遽云在縣南四十里誤

癸巳山羊山月山在白馬湖中萬歷志

大獨山小獨山覆舟山在縣北二十里白馬湖中萬歷府志水經注縣之東郭外有漁浦湖湖中有大獨小獨二山又有覆舟山山下有漁浦王廟三山孤立水中案水經注云在東郭

外者據百官舊治言之耳

富家山亦名富峰山　在縣北二十餘里白馬湖濱山下爲明隱士趙肅竹梧深處新纂

象山在縣北三十里驛亭西山東麓有朱侍中廟旁有井泉冽不竭山北爲經氏義塾新纂

孝聞嶺在縣北十里西與阜李湖諸山接新纂昔有包全居之以孝聞嘉泰會稽志○案萬歷志作包全所居有女以孝聞遂以名嶺

姥婆嶺姥舊作五在縣北七里五癸山西萬歷志作迤孝姥婆聞嶺而西非

墓在焉萬歷府志有泉不盈數尺味甘不竭中暑飲之即愈

萬曆志

右山上

上虞縣志校續卷二十一

# 上虞縣志校續卷二十二

## 輿地志三

### 山川

五癸山在縣北七里案原志作十里五峯羅列屏擁縣治一統志當癸之隅昔有人栽五桂其上亦名五桂山堪輿家謂是縣主山萬歷志萬歷府志

羅巖山亦作蘿巖在縣東北十里萬歷志○嘉泰志在縣北七里府志在縣東北七里丹崖翠壑雄冠衆山西南山半鐫羅巖二篆字巔有石眼大旱泉不竭案萬歷志有坎出泉曰龍眼一曰龍潭東有赤石狀如婦女

好事者名之曰玉女峯萬歷府志山綿亘十許里岡巒環列
磴道盤空而上險峻不容趾曰金字山曰屏風山曰八
支山曰蔡菴岡曰石孔山亦名石篙山曰甑墩山皆羅巖諸
峯也新纂○案萬歷志載羅巖從山有鄭監大塔小塔黄郎土山乾隆府志載支山有牛欄普陽羅壁三台瓷窰三毬寺樣鏤甎硃砂築山黄茅墩考諸山或相距遼遠或名不可稽今據采訪可考者分列於後其無考者從闕○明葉砥詩何處登臨散百憂蘿巖絕頂思悠悠風雲今古尋常變江海東西咫尺流佩劍欲凌孤鶴背釣竿將犯六鰲頭誰能入厭寰中隘奐起靈均賦遠遊楊撫詩穿霧重來啟石窗油痕猶見舊書幢望臨晴樹開平野坐拂寒雲灑斷砠叢竹可無棲鳳幹芳渠賴有濯纓淙芙蓉翠削霞端並螺髻青分月下雙秀拔東南連百粤氣吞溟渤帶三江煙巖射日爭雄長水磴懸冰自擊撞僧卓瑤泉飛錫杖客浮蓬海駕仙艭屏經

蕙幄如相待屢戰愁城苦未降漫剔蒼苔看玉篆教鋤黃獨倒衾缸猿嘑鶴斷知何意牧唱樵歌別有腔綏吠犬疑驚落葉遠騰鳥豈避枯椿出陂魚罟歸偏晚入塢人家語更哤桂子含金秋兔孕溪聲喧鼓夜鼉摐丹邱杳隔人間世緇衲殊諳物外腔宮綴天花珠顆顆簷吹風馬鐵鏦鏦笑譚振谷傳餘響蹤跡淩虛裂混龐勝地似應留勝事名山亦合鎮名邦虛勞戀物尋淸隱肯為偷閒脫重扛轍掃終南非捷徑筆須太白是長杠疏慵不解登高賦醉倚擘霄千尺玒陳有年次韻和詩散髮招提晝掩窗寒林淅瀝灑禪幢時當憔悴移孤枕客有慇懃度絕矼今雨擁蘿靑似沐故人載酒碧於淙煙開霽壑峯原並潤入霄臺壁自雙促坐一燈鄰禹穴占星百里得虞江浮雲高檻空中出澹月疏鐘物外撞陶謝可逢應授簡蓬瀛安在欲連艭支離色借談間起忡惙心從靚止降巒岫無論金粟界松篁且對紫霞缸試問山靈如有約卻參天籟別無腔潭幽倒映明河水石瘦長懸大地樁病覓九還除是隱笑逢二仲定非哤論交初憶勞亭接傾蓋飄愴別鼓摐歸夢連環春冉冉征途

稅駕晚悾悾藥爐我寄祗園樹詩筆君飛武庫鋋剡曲情深眞見戴鹿門人遠誤呼龐廟廊湖海憐浮世德業文章愧此邦豈謂登然閒玉趾揭來何以滌塵扛芳非會識蘭堪龔斐亹猶期錦作杠誰道琪花徧異域吟邊草木尚成玒倪涑次韻和詩瑱玕萬樹翆當窗差勝朱輪逐羽幢臥榻此時懷雪舫杖藜何處度雲矼香侵硯席舒梅瓣清入茶寮引石淙樓距青雲天僅尺人如白玉案呈雙千峯秀色來虛閣一片閒心寄大江靜夜籟鳴孤鶴唳空門鐘響老僧撞穿林晚著東山屐釣月宵移鏡水艭異變備嘗身尚在新詩細讀意初降傳書則理爛於錦進酒叵羅巨似釭檀板拍頻催浩唱柏梁塵梟駐餘腔眼前謾說屠龍手腹內牢拴繫馬樁恍惚陰晴渾是幻綢繆笑語卻非哤銀河影燦霓裳舞銅漏籌添畫鼓摐世上有情多碌碌性中無物本悾悾幸公德望珍同價詞客機鋒筆若鏦贈答不愁歌韻險過從喜見士風龐百年豪傑慚先達三仕循良愧舊邦宇宙名高疇可匹乾坤任重孰能扛莫言隱迹松爲醑曾記偎蹤綵結杠唾落煙霞散巖谷流砂積石盡成玒徐宏泰

詩虞城之北枕蘿峯峭拔嵯峩一岱宗五夏涼生叢竹裏九秋香滿木樨中魚吞花影池心月虎嘯松濤谷口風怪底名賢多硯讀好遊淸隱暢情濃　國朝王煦登蘿巖山詩笥將出北郊晴嵐飛遠翠長河抱古城二橋互縈帶迤邐度東皋溝塍紛刻繪取道從山椒草露浥雙屨贔屭入荆榛磐陀踞當隘舍輿弗復乘徒步氣方銳徑仄不容足二分垂在外虎路駕蹬橋股栗迷進退須臾上翠微倒景涵螺黛詰屈繞羊腸身輕覺魂墜境絕塗亦窮闃然覯古寺衲子釀新醪畦丁餘宿菜咄嗟不須時酩酊聊假寐夢聽喬與松闈棋騁彊對旁有朶樵兒柯爛猶儓儗起覗闃無人一杯几千載寺後有大石如砥紋若棋枰土人謂即仙人蹟墅呼爲棋盤石王振綱羅嵒石壁篆歌玉女峯頭留古篆篆文皺瘦結苔蘚試問昔年鐫者誰姓氏模糊已難辨衰草漫山蚓結蛇細絲挂樹蠶成繭半空刻劃何玲瓏掩映雜花間深淺奚必追尋淸隱書只此二字世已鮮回頭一笑天地寬但聽茅菴吠花犬俞廷颺蘿嵒淸隱寺詩寺門長揖禮空王拍手高歌勢激昂怪石負花攔客路斷雲拖雨入僧房頻經勝地添新句最愛

名山屬故鄉顯作老樵終
隱此半生行腳爲貧忙

鄭監山一名鳳凰山在縣東十餘里相傳有鄭宮監寓此新纂

竺公山在縣東十五里其陽爲智果寺故亦名寺山宋劉瑜墓在焉迤東曰蔣公山新纂

石門岡在縣東北二十餘里岡下有嶺曰黃鱓嶺踰嶺東北爲姚境新纂

羅壁山一作蘿碧在縣東北十八里三峯橫亘左曰月華右曰仙人查湖濱其足山下有小阜曰黃茅墩西一峯曰田嬴山巔有洞蟠屈深窈中可容數十人新纂

查山在縣東十八里大查湖濱元許明奎崇福寺記去縣署半舍有大查湖湖之湄有峯來降蜿蜒如蛇故亦名蛇山新纂

龜山一名月山在縣東十八里原志作十里大查湖中許明奎記橫湖之中有阜屹然如龜即此又西龜山在縣西三十里原志作二十里曹娥江西岸一統志

獅山在縣東二十里西有嶺曰蒜嶺新纂

大姚山在縣東十八里孤嶼聳翠橫亘大查湖濱據形家言係縣之外衛新纂

土山在縣東十七里西有二小山相屬形如藕節名藕節山新纂

黃郎山一名鮎魚山在縣東十八里黃家埭東高不踰數仞其腹空洞游屐所至跫然有聲向陽有廟曰黃浦廟新纂

大塔山一名蜆山小塔山一名金魚山在縣東十八里章家埭東新纂

王瓜山在縣東北二十五里以形名新纂

牛欄山在縣東二十五里雙岫環抱夾谿五六里竹木交翳水石清瀏北爲筆竹嶺新纂○國朝項師聖詩石徑掩蓬蒿溪流水半篙雨酣田茁蔗春盡樹懸桃峯有蓮花合嶺餘筆竹高郗家池畔路蹤蹟問漁舠

蓮花山在縣東按在縣東二十三里一統志作東北十里誤巉崒峻拔狀若蓮花亦曰蓮花峯志萬歷山南有溪曰蓮溪新纂○案四明山志載蓮花山云地名竹橋誤

石人山在縣東二十里雙峯峭削壁立千尋新纂

大旗山在縣東二十三里斜展如旗故名南有㠊曰擂鼓新纂

清賢嶺在縣東二十三里烏膽山西晉謝安支遁許詢數往來焉乾隆府志○案嶺跨餘姚故府志入餘姚縣

芙蓉峯在縣東十八里岡巒亭矗秀若芙蓉西麓有阿山

環水抱廣平十餘畝曰寺園卽慶善寺廢址新纂

玉屏山在縣東十六里案府志作二十里自餘姚烏膽山來狀若列屏萬歷府志漢梅福寓此煉丹有井曰梅仙井萬歷志亦曰屏風山地名竹橋池東屹起者曰銀甕峯新纂○案萬歷志以梅福煉丹屬蓮花峯誤

覆鐘山在縣東十五里蜃子湖濱突兀若覆鐘故名新纂

金烏山在縣東十五里三峯插天秀絶雲表明朱袞嘗居其下故自號三峯備稿其所營別墅遺址猶存新纂

黃蛇山在縣東十四里宋進士朱灼隱此搆亭曰制幹墓

謝安石之高致名其地曰小東山新纂

黃竹嶺在縣東十五里嶺上有蕭將軍廟萬歷志○案吳濮陽興記秦將軍蕭闓蕭閎輔王鄞領兵至越及虞而鄞溺於海將軍擲鞭於地化爲黃竹因以名嶺

茆姑嶴亦曰茆嶴在縣東十五里西南有石溜下注清潭曰茆姑潭新纂相傳茆仙姑於此成道萬歷志○明章宏仁詩曉出東郊天氣清肩輿遥向碧山行眼前物色三春暮野外風光盡日明芳草和煙鋪曲徑淡雲收雨見孤城感時徒切蘋蘩思啼鳥飛花總繫情

金沙嶺在縣東十里出金沙萬歷志

謝公嶺在縣東南三十里新增四明山志云以安石得名紹興

府志

建峒嶴在縣東南三十里新增有石屋有石蟹泉其山曰石井有唐學士汪亮之墓嶺曰謝公建峒嶴產茶謝公嶺尤爲名品四明山志又有仙人洞廣可陳几席容五六人坐新纂

鹿塘山在縣東南二十里爲鳳鳴百樓祖山新纂

晚闗嶺在縣東南二十里新纂

曉山一名小山在縣東南二十里葛仙翁蚤行至此而天曉故名峯迴水秀雖無長林豐草而苔繡如茵騷人墨客多

盤桓不忍去萬歷志

白石嶺在縣東南二十餘里上有瀑布冬夏不竭新纂

百樓山在縣南十里高五里爲縣屏障亦名百雲山最高者曰大雷尖一統志山腰有平地數十丈漢魏伯陽嘗築居於此嘉泰會稽志重巒疊嶂又名石樓山又名南山有菴曰深隱其右曰中隱其左曰白水白水之勝眞一洞天惜人跡尠至不傳於世萬歷志東峯曰壽桃尖有石如屋曰石屋岡迤西爲鳳鳴洞新纂○明徐宏泰詩層疊岡巒紫氣浮欣傳魏氏此元修因知仙窟海成市想似神棲蜃結樓石戶雲深來月伴洞門花落趁泉流俯窺萬竈成鱗次獨踞巋然賽十洲

鳳鳴山在縣東南十餘里昔有仙女跨鸞作鳳鳴至山後士人立祠祀之詳見鳳鳴祠祠左有洞曰鳳鳴洞案四明山志云兩厓石壁裂而成洞闊丈餘深數十丈高如之雙崖峭聳懸石若墮飛泉噴瀑如珠如霧如布如翔鴻如舞鶴盛冬嚴寒或若冰柱或若水簾不可名狀奇怪萬變洞右石壁有小竇云眞人身隱其內壁上刻字云敲開石壁曾飛飲煉得金丹不賣錢壬戌年五月丁未日滕悦顏辛到不著朝代邑里或疑神仙所題乾隆三十六年八月風雨交作眞人祠後石壁忽如削裂一片上有鳳鳴山三大字

皎白可辨衆以爲異乾隆府志○國朝李方湛記上虞縣治東南曰鳳鳴山相傳東漢時有仙女乘鸞下降於此音樂縹緲居人往往有聞之者一洞谺然爲仙女坐臥處歲乙丑崔明府崑圃先生延余主講承澤書院校閱之暇與華亭丁履謙王中孚兩君遊焉時宿雨初霽風暖草薰乘筍輿循山麓行溪流汩汩若迎客兩山環抱奇峯插天多松或如偃蓋如虬龍山盡處仙女祠在焉入祠尋所謂仙姑洞者已湮塞坐稍定忽聞萬派驚濤破空而至恍然在錢塘江上起而覓之乃瀑布與松聲相間也石壁對立巨石壓其上危然欲墮水從空下如傾萬斛珠璣激射於亂石間及至地則又瀠洄曲折以達於澗夫天台之石梁廬山之谷簾爲天下巨觀以視茲之轟雷捲雪不知何如然石梁谷簾著名千古茲則僻處一隅曾無過而問焉者則是天下之奇人傑士湮沒而不彰者可勝道哉予欲窮其源攀蘿附葛而登大石平臥廣數十丈泉行其上一望層巒疊嶂綿亘無際所從來遠矣足力稍疲乃不果往其時二君已不能從也二君告余曰仙女去後遺

兩青鳥至今尚存予因祝曰仙女肯令予一見乎語未畢忽壁內戛然一聲一鳥飛入空際鳥衣翠羽其大如鵲亦一奇也因筆而記之以告後之遊者宋史昌一鄉鳳鳴洞詩何年雷斧鑿山裂六月蒼崖細飛雪孤鳳一去聲不聞海水桑田幾興滅我知仙去仙尚存時見眞形生巖穴青天半夜玉簫寒喚起幽人舞明月陳炳詩巨靈怒觸不周折驚崖飛墮空中裂半夜霹靂倒星河定知下有神龍穴黃木潤詩我生好遊跡雙足踏徧洞天三十六仙家門戶大荒唐誰識神仙眞面目仙姑仙姑生何年何年得道能成仙我聞有仙山則名姑今安在山依然笑呼彩鳳呼不應醉鞭老龍鞭不醒但見洞門深鎖晝長寒門外白雲三萬頃元戴俞詩一徑深行紫翠開冷雲秋日護崔嵬泉流古洞龍長在石立空山鳳不來帝子空穿珠佩落仙禽巢廢玉塵堆懸知此地成眞境別是緣山舊月臺明車純詩捲天風霧暗危嶠仙女曾從此地超洞口雲生疑結幄山頭鶴過憶吹簫飛泉挂峽銀河落高木懸藤羽蓋飄猶記乞靈如昨夢坐依巖實睇丹霄徐維賢詩步入南屏路百盤石門開處

洞天寛丹霞繡谷三春煖飛瀑當軒六月寒仙女下天聞鳳至山人乞雨識龍蟠看來靈境堪招隱便欲投閒此挂冠謝讜詩攜朋探勝跡丹洞足游觀山積千年翠泉飛六月寒密蘿縈斷石幽鳥度危巒仙子今何在空餘絳節看李陪詩千尋瀑外響空林石峽天開罨檉陰欲問仙姑乞丹訣洞門谽谺白雲深倪涷詩乘鸞仙蹟渺難尋過雨松杉接地陰茅屋三家藏曲澗瑤泉萬斛湧高岑猝雲變幻千年夢盡日飛鳴一羽禽漫道小車游興淺攜筇誰是昔人心徐希濂詩春風十里正花殷石磴紆迤澗水潺天外林香雙袖裏空中仙閣萬峯閒法雷夜夜迴笙鶴晴雪時時濕珮環落月殘鐘清夢曉應疑身綴上清班錢越詩棲遲春欲暮故作入山遊仙籟清聞鶴飛濤怒激虬浮觴時出沒看碣獨淹留好問長生訣遙疑石點頭　國朝黃宗羲詩古虞十里城南路柳綻梅開到鳳鳴洞瀉流雲河漢遠山藏古廟雪霜清幾年掘藥淩峯意還媿挨肩疊足行今日讀君詩卷罷此身恍已隔三生陳邦泰詩仙子餐霞去帝鄉巖蘿壁蘚儼餘芳四山翠擁花宮静一水珠噴月殿涼雲表

曾聞鸞鶴駐風前疑有珮環鏘吟僚茶話僧窗久疏路藍輿半夕陽徐廸惠鳳鳴山瀑布歌鳳鳴之山何險巇嵌空玲瓏勢出奇山頂瀑布劈山下銀河倒瀉天風吹巨石當崖壓欲墮兩峯雙夾危乎危中通一綫漏日月照見匹練從天垂初疑白龍欲飛去排山倒峽先下窺又似龍飛不得出五丁拔尾相爭持青山滴髓石噴沫神穿鬼鑿何年爲昔聞東漢降仙女翩然跨鳳來遲遲泉聲戞石雜風響鏗鏘環珮交參差至今鳴鳳歸碧落山中剩有仙女祠世間人巧不到處天工假手皆相宜我行足跡半天下探巖尋壑無告疲北走黃河陟泰岱名山收拾囊中詩故鄉靈秘今始見仰觀俯矚情爲移暮逐流水出山去一聲野鳥煙迷離

車郎山在縣東五里嘉慶志山爲邑巽方上有起鳳塔萬歷志

大井嶴董家嶴在縣南五里百雲溪之左嶴旁有朱娥祠其右曰費家嶺萬歷志○明楊珂詩沙隄曲曲繞溪行山盡天南雨乍晴密樹半含孤嶂出殘

花遥見數枝明幽莊客到酒應熟高閣春深鳥自鳴更值清明風日好春林鬱鬱護佳城

落星石在縣西北四十餘里舜江中高丈餘萬歷志　江潮浩漫石亦不沒故老云星隕化爲石太平寰宇記○備稿云落星石多有其名一見嘉泰志在餘姚縣西二里後邑人莫若鼎以其壞舟鑿去之一見會稽志在曹娥江中高丈餘當即上虞落星石舊志皆云吳越寶正六年封爲寶山石是誤以武林之落星石援爲故實恐錢王未必一一加封也今刪其說

糴米石在落星石東南長亘里許闊尋丈俗謂舜糴米之路凶歲石現米價騰湧土人用以占年萬歷志

重華石在百官舜帝廟前擊之有聲萬歷志

聚星石在資聖寺旁方廣約五丈餘高七八尺萬歷志

案萬歷志山川篇仿山海經水經注之例敘山而兼及川嘉慶志以來始山川分敘取便稽覽今從之首城中山而四鄉之山則以南爲先蓋虞山胚胎於南也由南而西南而西西而北而東而東南近治諸山其峯嶺洞石與某山相聯者即載其下惟落星耀米重華聚星四石無可附麗故以殿焉又虞地舊兼始寧今始寧半屬嵊境如歷山嶀山車騎山成功嶠之類以今地勢考之多非虞境然其初固始寧也舊志相仍不敢擅削若後漢書注之虞山水經注之兆山茯山破山萬歷志之烏膽山筆竹嶺姜山俱遠隔他境確非虞地謹皆從刪

右山下

海在縣西北東連勾餘西入龕赭北負海鹽南抱邑壤而江湖之水宗焉縣距海六十里其盈遠新興孝義三鄉

皆倚海濱萬歷志

纂風潮在縣北海驚濤怒浪西奔錢塘南瀉剡縣皆起於纂風蓋其中有二大石若巫峽名大澤小澤如龜豬之狀潮入則急激而生若雪山崩卸世謂其險惡過於羅刹萬歷志

通明江在縣東十里源出餘姚江案江導源縣南太平菁山北流入餘姚江云源出餘姚者誤其西自運河入於江嘉泰會稽志下注姚鄞二江而會歸於海郎七里灘也萬歷志潮至可通巨艘潮退必須稽候時日如天雨四明水發可無阻礙康熙志○案四明山志菁山下



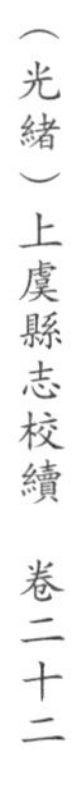

云當姚江導源名爲菁江歷上虞境盡始爲姚江故唐權德輿詩云越郡佳山水菁江接上虞據此則通明江即古菁江非入姚境始爲菁江也

上虞江在縣西二十八里源出剡縣東北流入江分二道一出曹娥一自龍山下出舜江又北流至三江口入於海嘉泰會稽志○案洪稚存乾隆府廳州縣圖志上流曰剡溪自嵊縣北流入會稽縣界曰曹娥江又入縣北界曰上虞江錢玫補稿曰上虞江乃曹娥舜江之總名非專屬一江也○明姜貞詩偶憶藏書穴扁舟向剡溪岸花千片墜沙荇一行齊漸與遥山迫翻令入境迷悠悠浙清淺明發待攀躋孫鑛詩寥落窮冬盡躊躇古渡頭低雲迷樹色積雨漲江流未就藏山史初回見戴舟巖居猶世網深愧水中鷗

曹娥江源出上虞縣經縣界四十里北入海嘉泰會稽志　名勝

志云自剡溪來東折而北至曹娥廟前名曹娥江又北至龍山下名舜江又西北折入於海以漢曹盱女死孝名潮汐之險亞於錢塘坍沙陷溺常為民患諺曰鐵面

曹娥萬歷府志○案齊召南水道提綱曹娥江即古剡溪源出天台及東陽經新昌西北為三溪至嵊縣南而西西溪來會曰剡溪稍東折東北經浦口有溪自東南來會又北流經清風嶺嶁浦三界過東山至嶸嶀東南為曹娥江又名上虞江北稍西經梁湖及百官鎮西又東北會夏蓋湖水至瀝海所西入海○唐蕭穎士曹江秋曙詩扁舟東路遠曉月下江濆瀲灩信潮上蒼茫孤嶼分林聲寒動葉水氣曙連雲暾日浪中出榜歌天際聞伯鸞常去國安道惜離羣延首剡溪近永言懷數君○宋潘昉詩一川紅日漲晴波黃絹碑漫閟碧蘿不止但爭三十里曹瞞原不識曹娥翁逢龍詩再拜靈娥廟魂清若可招幡風吹古渡帆月落殘潮碑有行人讀

香多野客燒迎神漢朝曲時聽起雲霄邵梅溪詩客舟
艤盡江頭月忍聽寒潮夜哽噎那知江上無情波總是
曹娥眼中血元韓性詩一隔岸檣竿著暮鴉待舟人立渡
頭沙數拳頑石生雲氣一片斜陽有浪花徐宏甫曹江
夜泊詩野草淒淒滿地青孤墳千古最傷情江涵冷月
人何在夜半潮聲帶哭聲明吳鏞曉霽渡曹娥江詩渡
頭帆落與雲平江上花開相映明兩岸人家通海嶼一
川風色送潮聲斷碑已沒中郎篆古廟終存孝女名自
歎經過繫客鬢卻將書劍負平生陳子龍雨中夜渡曹
娥江詩攜燈還擊棹清江夜悠悠山暝始寍野雨增剡
嵊流驚濤出寒渚微月淡芳洲佇沙空躑躅涉水更夷
猶彷彿滄波外嬋娟不可求況復當遙夕霜華正凜秋
蕭颯靈風至搴旗光已收逝將捐予佩繫藻此淹留無
由達明信何以慰蘭舟又冬涉曹娥江詩夕宿淹長道
晨興涉廣川峽雲昏草樹江雨雜人煙風急神娥廟天
寒津吏船泝洄信可樂思卜剡中田王稺登渡曹娥江
詩會稽逢夏至朝日散羣峯問路有千里過江非一重
空山祠粉黛荒冢葬芙蓉寂寞無人問尋碑憶蔡邕豐

道生詩東歸半載又西行十里江潮兩岸平人跡水紋沙上密山光樹色雨餘清長年奮櫂催登涉野衲關門厭送迎借榻蕙蘭春夢短白頭相對不勝情沈明臣詩隔水曹娥廟經過幾歲華潮來蟶浦近江抱鳳山斜落日臨官渡迴波動遠沙所嗟元髮改猶自向天涯葉太叔詩秋水連汀渚林花隱驛樓乾坤荒殿立今古大江流黃絹碑重勒青山墓獨幽如龍庭下柏曾得漢雲留盧廷臣詩清風巖畔血痕多淚染湘妃竹外磨曾似干秋尋父恨潮聲猶帶哭聲多　國朝曹章晚渡曹江詩野渡有虛舟煙光水上浮波恬魚躍浪天闊雁橫秋柳岸隨風靜松溪帶月流隔江人已散擊楫滿中洲胡樹本詩水勢錢唐競怒號想應流淚作波濤木蘭征戰緹縈獄爭似長江改姓曹

舜江在縣西北三十餘里南自剡縣逕流下至龍山北至三江口入海即舊名浦陽江也萬歷志○　國朝全祖望浦陽江記浦陽江水

發源義烏分於諸暨是爲曹娥錢清二江其自義烏山南而出者道由蒿壩所謂東小江者也下流斯爲曹娥其自山北而出者道由義橋所謂西小江者也下流斯爲錢清曹娥之水由諸暨行而東至嵊至餘姚則已折而北始至上虞遂由會稽入海錢清之水由諸暨境西下至蕭山及東向山陰入海一曲一直源流不同然六朝皆以浦陽之名槩之蓋嘗考浦陽之名漢時所未有故班志不錄然班志於浦陽東道之水則曰柯水而系之上虞即曹娥也西道之水則曰潘水而系之餘暨即錢清也續志則有潘水而失柯水其以浦陽名江也始見於韋昭然續志出昭之後尚未登其目則不大著也浦陽之名至宋齊之間而大著其時合曹娥錢清二水皆曰浦陽謝康樂山居賦中所云浦陽皆指曹娥李善因之而南史所載浦陽征戰之事則皆指錢清歷考唐人所作十道志元和志皆無此二江之名元豐九域志曹娥以鎮屬會稽錢清以鎮屬山陰尚未有江名其以江名也自南宋始吾讀酈氏注水經其所志浦陽之水本皆屬曹娥其末始引及蕭山之潘水則是錢清之上

流而疏析不精不知其已分而爲二而反以爲合而爲一故曰上虞江水東至永興與浙江合則是太康湖嵂浦之水能至義橋麻溪以入海移東就西其謬已甚蓋酈氏未嘗身至江南以有此失也抑或者六朝之世隄堰未備東小江之水尚能西出則東道之水得至永興亦未可定是非爲酈氏回護也考其時則然矣乃施宿辨之而不審近來越人遂謂浦陽非曹娥但屬錢清以此糾酈氏雖黄氏水經亦有此言則又非也夫酈氏以浦陽爲曹娥本之康樂山居賦康樂身居其地者也豈有誤取百里以外之江名而加之所居之江者此固不待辨而可明也况南史浦陽江南北津各有埭司以稽察胡椽調曰南津埭即今之梁湖堰北津埭即今之曹娥堰其與西陵埭柳浦埭實與六朝稱四埭然則浦陽終以東道曹娥之水爲經流而西道匯於錢清者爲支流六朝官制蓋班班足與水道相證明安得反以之糾酈氏也是所謂放古不詳漫生疑論者也蓋浦陽之水東行者當堤堰未興之日自餘姚達於句章之境凡嵂浦䖳浦漁浦剡谿簟谿胥會焉由柯水而東直達於句

章之渠水而止非猶夫今日之曹娥酈氏之言可攷也斯其所以爲吳越三江之一若但以錢清爲纏絡則狹矣柰何反溝曹娥而絕之乎酈氏以上虞江稱曹娥而錢清則否以是知曹娥之爲浦陽經流無疑也乃若漢志上虞柯水卽曹娥而張元忭謂卽山陰柯橋之水則益謬之甚者蓋使以錢清之尾言之或可引之至柯橋而又安得系之曹娥以東平山陰令舒樹田同舟過梁湖語及此故記之

小江在縣西南四十里水出會稽界而入大江水經注小江源出峨山謂之峨浦亦名小舜江西爲會稽東爲上虞其源出浦陽江東江流經湯浦入曹娥江。萬歷府志○唐皇甫冉東小江懷靈一上人詩江上年年春早津頭日日人行借問山陰遠近猶聞薄暮鐘聲

東明湖在東城外奎文閣後有墩曰明星如印浮水中湖

周一里餘荷花盛開香聞數里遊者每刺舟其中酌酒賦詩採蓮而歸亦避暑勝地萬歴志○明徐學詩五日偕雷柏山陳蒲洲泛舟東湖踐春郊之約詩端陽擬泛湖中舸舊約追尋郊外春彼姝者子慙空谷不速之客忻故人艾葉榴花爭節序蒲觴角黍聊情親迴舟忽展水東眺昨日懽悰今已陳陳絡次韻和詩出郭偶因端午節追懽猶當去時春且看艾葉初經眼莫道繁花不待人西蜀文翁眞不俗南州高士坐來親他年越水傳遺事此日風流尚可陳

大查湖在縣東北一十里 小查湖在縣東北一十五里嘉泰會稽志 相傳查氏昇仙於此故名 新纂○明謝肅自查湖下湖頂還蕬溪詩大查湖曲地逶迤北轉蘿巖萬石奇返照弄霞美女嶠冷風激樹雁門祠木犍穩載蘆簫響山鳥驚看席帽欹黃葉滿林茅屋近不妨吟嘯過溪遲姚輯查湖歌虞東古有查氏仙隱居樂道湖之邊仙成已去千餘年至今

湖上名猶傳湖名大小二十里清澈瑩似冰壺天百頃洋洋浸碧玉四山疊疊開青蓮桃花春水泛紅浪楊柳東風搖綠煙五月清流浮菡萏九秋紅樹鳴寒蟬瀛州雖勝渺何處東海茫茫隔煙霧我家峽石文獻族祖宗分來濱湖住窗涵煙水四面開岸葦汀蒲接行路竹間鸂鶒熟如馴簷外白鷗來復去風流不減地仙居門對湖山好清趣

○詳見水利

白馬湖在縣西北原作西南四十里夏蓋湖南嘉泰會稽志今名午湖取午馬之義水利本末○明王晃詩十八里湖船不行江頭日日問潮生未同待詔沈金馬卻異看花在錦城萬里春風歸思好四更寒雨客燈明故人湖海襟懷古能話舊時鷗鷺盟○詳見水利

上妃湖在夏蓋湖南白馬湖西萬歷志○詳見水利

夏蓋湖在縣西北原作西南四十里湖內三十六溝其岸北二

斗門依山有神祠湖東北則夏蓋山也夏蓋一作夏駕又作夏架嘉泰會稽志引灌五鄉兼有菱芡芙蕖魚蝦之利俗謂日産黄金方寸萬歷府志○明謝讜夏蓋湖賦夏蓋之山名肇禹代湖從山名亦稱

夏蓋星應斗牛地瀕溟渤匯歷陽之陸沉詎巢城之陷沒長慶以前實惟菑畬時暵時潦靡泄靡瀦衆思旣集羣議用孚盜失利以爲利遂割田而成湖環迴百有五里延旋乎五鄉六都包十千餘石之賦稅灌十三萬畝之膏腴上妃白馬發其巖東磧諸閘殺其溢彼餘姚之蘭風及會稽之延德理無關而勢聯依每竊潤乎餘澤往蹟斆於貢記利病殫於陳書陳恬悉其本末德元彰之聲詩爾其大德曰坎虛受維謙納垢示廣壿浟成廉蓄牧有洲濯纓有沼於維鏡潭澄澄淼淼滉瀁瀇滐瀰滌皛洋參差九墩碁布星浮分列左右者三十六溝洫於越之勝覽上虞之巨浸也爾其艮晝則纖雲不翳八風不翔一碧萬頃吞吳浴陽羣嘌倒蘸鳥若淵藏潛鱗

爆采繁藻生光㫰夜則白露曖空微波不涌纖阿御天
玉壺清瑩列宿珠沉長河接炯晝之變則飛廉鼓怒陽
侯鯜威靇曀靇霿溭瀷潝灪漕艫虜覆佔檝懼摧夜之
變則馮夷泣豐隆軒爽燐爂爓熒熒青青鶬鶂駭夢魍
魎呈形羈人觸而魂斷放士感而傷精若乃景煦物豔
綿蠻遠聞文鴿競泯綺羅繽紛掃播甃淚拾翠懽釣爰
有治子茵萬斠醑歌陽春謳白紵吹竹彈絲奏甬宣羽
闉鞳音喧訬婧舞綴術乎陽陽融乎洩洩夕暮言旋詰
朝罔替事襲乎流觴義祖乎修禊迨夫秋水時至涼月
揚輝逸傳協興縱柂飛盃以咏以和不醉無歸或迎薰
欵乃或玩蓮倚橈或孤艑雪釣或策蹇梅橋節以序改
樂以興饒其禽則白鷗容與振鷺于飛候雁霜宿翥鶩
霞齊亦有鴐鵞鸊鷉鸂鶒鸕鷀鵁鶘翡翠鷫鸂王雎沉
浧泛濫風猵霤啼理翮泯滏刷翰瀾漪于是犁山巖突
之徒張罿尉於黝夕設畢罕於寒宵雖巧取而夠獲祗
以充乎富庖其魚則嘉有頳鯉濁有鱒鰍鱅有玉筋鱸
有馬頭龍團蝦曲魴廣鰻修銀魚皓而潔鋮魚鮧而鱻
鰋與黑鰠俱黲鰿與白鰷並妍捷翠鰭振素鱗戲啨瀨

躍淥津於是釣客仁取戲人瑣當游罳百袋竹罩瓦繩
大網腰網大罾手罾圍者不及竄入者不得生其蟲則
青螺黃蜆河蟶海螄蝌蚪夏變螃蟹秋肥蜻蜓蛺蝶蟙
蠷蟷蠰義蜂智蟨吟蚓啼螿嘒嘒鳴蜩熠燿宵行不足
紀者蚳蝨蠅虻其草則菡萏嬌灼芙蓉靚芳蓼紅蘋白
蕪綠荇黃叢蒲攢蔣蘼葭蒼蒼雖無蘅芷蕙若而薀葴
可以糞田雖有蒺藜蒿蕕而菖歜可以延年掇苮可席
刈莎可燃菱藕芹芋之類雞頭鴨腳之屬揚旄擢茸嬰
娜鞠楪者不能備錄其木則菀柳香樫霜楓翕赩松鬱
桑疏李穠櫻直金橘玉梅緋桃黛柏莫不被麓而榮遵
崖而植其竹則筆篗龍鬚篔簹桃枝緣浦挺巖檀欒陸
離其中有山焉土長走蔡馮岡卧嵳石竹覆巘洋島橫
艛鯉魚奇於甑箅柴山陋於梁山稱名荷葉者秀拔乎
其間文石碨磊翠竹琅玕隱淪之所登嘯文侶之所盤
桓其東則九峯蜿蟺若龍小穴小於禹穴福祈岐聳牛
頭屹嶬伏龍嵒嶙驛亭巀嶭柯山亦培塿修隄何逶迤
破岡岡勢斷鳳嵐抹翠微林谷嶼溟而喬木蔚蔚闤闠
密比而入文輝輝其西則沃疇堉𤰞寀衖壇曼蟫江帶

縈眾流縷亂生齒備而農功勸百賄壅而千豐粲其廟
則有張湖嵩城雙楓桂林錫禧奠境祀事有王戒德之
梵宮已隶纂風之龍象維森又有張相陳侯劉使桑王
陰績溥彰禱之者危亦晏賽之者荒亦穰向鬼之俗佛
優靡遑其南則蘭阜崒嵂蘿巖巃嵸玉几爽塏龍松詭
奇楊溪瀠潤癸巳葳蕤石堰陡門㘓噪要所卉羅印篆
波深漁浦天作階梯佛留步武謝陂娛康樂鐵舟溺鵬
舉重華遺蹤於百官曹娥著名於千古又南則有蘭芎
與金罍元聖之所窟宅靈仙之所遊棲丹竈遺而絳室
滅玉檢閟而琳文垂五癸峛施百樓嵬嶷東山雲散蔡
墓風淒夔峯嶛巘森列而疊峙其北則靈海委輸蜃氣
樓臺山崛岉以摩漢墜壁縮而多才馮隆瑞蓮渚砎汃
鳴鶴磯玲瓏青野堂漭沆春草池爾乃鍾靈毓秀儁喆
迭生遐哉邈矣吾何以憑求之近世則李莊簡精忠直
氣貫耀日星文授知退亝世輩聲陳時舉博文兼瀍謝
廷用玩世適情陸克深煥文志道既廉且貞潘孔修析
理精密翊我聖經俞本素父子善學徐仲昂昺弟著稱
其他朱紫聯翩軒冕崢嶸烈娟孝子吟士翰卿既不能

計亦不能評若乃劃田以利畛者則有趙與林之羨能李與韓之懿政樂翫而僑居者則有王叔雨之清標朱伯賢之知性相羊而來遊者則有劉坦之之吟才王宗孚之逸興是皆發湖之精增湖之勝者也然則是湖也雖匪覆簣之浮石雁明聖之產金牛殆遠之而嬗譽於郎官具區近之而超光於鑑湖汝仇也　宋王商翁詩萬頃平湖翠嶂連闌干閒倚畫圖邊風煙收盡寒波靜一片光浮上下天明夏曄詩大禹峯前蓋湖水三十六宮春正深桃花逐浪漲晴碧楊柳拂隄生晝陰臨流飲馬壯士志坐石觀魚幽客心不堪歸棹入城府回首暮雲凝碧岑沈明臣詩一日孤帆風正長萬山晴色滿湖蒼天青鷗鷺都如雪秋盡蒹葭未及霜漁戶半依船作舍八家多借水爲鄉故園物候應相似蟹稻田田橘柚黃謝不過蓋湖詩出門便覺有風波半掩篷窗且醉歌十里蓋湖行盡處好山偏傍越江多潘焴晚過夏蓋湖詩窮鄉獨客偶經過滿目淸愁奈若何海外角聲秋晚急江邊漁火夜深多殘煙漠漠橫孤嶼寒雨瀟瀟濕短蓑一鳥不鳴人跡靜閒將白字自吟哦　國朝厲鶚詩

幾曲蘆漪外如梭艇子過篙風波忽大到海地無多茫昧思前古悲涼發慕歌寒更何處泊鬅鬙聽鳴鼉邱允玉詩嚴程早發起披衣夢遠雞聲出翠微得月水光先曉白向晨星影透林稀帆穿敗葦移村過風捲崩河作雨飛到處浦田耕未起野農何以救朝饑○詳見水利

皁李湖在縣西北五里周一十五里嘉泰會稽志○案當云在縣西北十五里中有姜家獨山曹家獨山杜家墩大小牛欄墩旁有鵓鴣嶂潘家陡寒天岡鐵甲山黎嶴周嶴蔡家葑諸嶺又有馬郎灣施家嶺姜婆嶴鮑家嶴瀾嶺羣山圍繞有八景曰杜墩夜雨郭墓春雲姜嶴雪樵馬灣雨牧陡門水勢瀾嶺泉聲東坂朝耕西塘晚眺新纂○元莫嗛甫東坂朝耕詩東坂多沃

田一犁新雨足農事利及時晨興飯吾犢日上扶桑紅煙銷原草綠不憚三春勞惟圖九秋熟又西塘晚眺詩西塘日未曛縱步湖邊村楮筍一凝睇百頃皆黃雲登場多黍秫散野饒雞豚預期足官稅釀酒延比隣明劉鵬西塘晚眺詩岸巾塘上正斜暉矯首遐觀思欲迷怪底沙鷗眠不起無端野鳥背人啼葉砥杜墩夜雨詩二杜神祠何處尋湖南松柏晝陰陰家居已被洪濤沒廟食於茲歲月深社鼓鼕鼕民報祀鬱香馥馥酒重斟古墩夜雨成遺事父老相傳說到今又東坂朝耕詩野外煙橫曙色分呼兒驅犢向東村已欣雨足田疇水又聽鳩啼隴樹雲家有舊醅能醉客鱠絲新鯽且供親秋登獻罷公家賦不畏催租吏打門陳繼疇泛皋李湖詩尋芳蓮艷浦弱水和香浮畫艇輕輕棹煙波處處收日鬢橫赤鯉風片落蒼鷗晚氣侵樓遠忘機付碧流（詳見水利）

西溪湖在縣西南三里舊名七里湖 嘉泰會稽志○元劉仁本詩湖田漠漠上

虞鄉葑蕩波澌復舊疆九十九溝春水滿一重一掩岸花香山禽布穀催東作泥馬移秧過別莊慚愧省耕於我地遲歸猶坐野人航韓諫詩湖田南枕始寧鄉湖水相連盡故疆楊柳斷隄春雨過芰荷深蕩晚風香知章昔日曾歸第陸老當年乞卜莊薄賦慙余無政績濟川猶待作舟航明徐渭詩復此西湖水俟郎西門豹湖水何足論漑我三鄉稻湖上新稻熟湖中赤鯉長網魚煮香稻千載薦桐鄉旱潦一關情湖塘指顧成魚肥村稻晚鶴瘦署琴清駐舄淹難久章編講正橫清波三百頃盡是渥恩澄○詳見水利

坯堭湖宋書作岯崲在縣南南史謝靈運求始寧坯堭湖爲田太守孟顗固執不與萬歷志○互見水利

太康湖在縣西南四明孫氏曰湖雖化爲田山下澄泫可數頃萬歷府志車騎山右濱長江左傍連山近山曰太康湖

萬歷志○宋謝靈運於南山往北山經湖中瞻眺詩朝旦發陽崖景落憩陰峯舍舟眺迥渚停策倚茂松側逕既窈窕環洲亦玲瓏俛視喬木杪仰聆大壑灇石横水分流林密蹊絶蹤解作竟何感升長皆丰容初篁苞緑籜新蒲含紫茸海鷗戲春岸天雞弄和風撫化心無厭覽物眷彌重不惜去人遠但恨莫與同孤遊非情歎賞廢理誰通謝惠連泛湖歸出樓中翫月詩日落泛澄瀛星羅游輕橈憩榭面曲汜臨流對迴潮輟策共駢筵並坐相招要哀鴻鳴沙渚悲猨響山椒亭亭映江月瀏瀏出谷飈斐斐氣幂岫泫泫露盈條近矚祛幽藴遠視盪諠囂晤言不知罷從夕至清朝○按上二詩文選注皆引靈運山居賦注曰大小巫湖不言太康湖萬歷志太康湖下即引二謝此詩豈太康即巫湖之别稱乎姑仍之俟考○宋林逋遊太康湖望東山詩水痕秋落蟹螯肥閒過清明晚未歸魚覺船行沈草岸犬聞人語出柴扉巖埋蒼桂寒雲重寺隱丹楓夕照微卻憶當時謝太傅風流未解借蓑衣

銅山湖在縣南二十五里唐元和二年邑民葉再榮率其里人開創始再榮語於人曰銅山之北谷嶺之陽有泉滔滔不竭可瀦之以備水旱余鼎黃定童雲悉力助成之鄉貢進士張岳記嘉泰會稽志○記載金石○互見水利

沈奎刊誤曰銅山湖葉再榮創建事見嘉泰志惟志以張西岳作張岳黃芝作黃定皆傳寫之訛

玉帶溪在縣城中源出南山諸澗北匯楊橋下入運河大雨水漲常苦壅塞乃鑿二渠於百雲門外使分流入城後復淺澀宋嘉定中邑令袁君儒浚治之置四水閘於港口於胡家橋作小斗門楊橋置小閘以備旱澇其溪

旋繞城中如帶故名廣一丈許萬歴志○國朝范蘭玉帶溪歌盤盤玉帶溪沿岸酒人家九月流落葉三月流落花溪上人家住看人日無數菱舟拂雨來畫槳遊春去落日秋風微溪水凝綠暉水光一以動鶄翠啣魚飛溪女漂絮寒溪翁釀酒煖不願溪水流但願溪水滿

萬歴志曰虞城中有玉帶溪緣河自西直東而迅瀉於清水閘水鮮源匯流無曲折且潦易盈旱易涸將槁溺之多虞也風氣之弗聚而人財之寡殖也古之令虞而造治者有深思焉乃溯源於百樓坤山之麓導南澗東西溪諸水漸爲八渠以合西北之水遠於四境號曰玉帶溪而流自東北者又曰青龍溝云其導自南水門入者二支循西涯傍民居直北至楊橋達運河是爲玉溪第一流其稍北轉東從胡家橋入由陡門蜿蜒以至東城下轉北過打鐵橋達運河以夾輔巽水是爲玉溪第二流由陡門中分向北從鵞鴨橋出又橋內過東經車中丞門內自小橋出與打鐵橋水會則又支分之別派也其導自長者山址南便水門入者三支一沿城而東

過張宅橋折而北汪洋於鍾副使宅前西側爲池名曰大池頭自後漸窄由民居中直至張家橋北出望稼橋俗呼小八字橋達運河是爲玉溪第三流一沿城數武轉折而東東盡爲碟池池西落北過來學橋至三义港向東過玉帶橋出望稼橋達運河是爲玉溪第四流一自便水門直北轉東過顔侍御宅前亦從望稼橋而出達運河是爲玉溪第五流此便水門三支所分也其導自通澤門入者亦三支一由水門直東出望稼橋而達運河是爲玉溪第六流一由東將至三义港而北入小橋自盧氏世仕坊側直至後盧屋邊從小橋出緯路口達運河自爲玉溪第七流一由東至金罍山後過觀橋由新河直至畫錦橋達運河是爲玉溪第八流此西南水三支所分也至於邑西北之水發自五癸縣後諸山與百雲坤山相應其水多由山澗田澮而來或霪雨暴漲則田廬成浸故亦疏而爲溪起自徛後迤邐而西過顔郡伯舊宅轉折向南從尉司衖直下由陳侍郎正屋西側出姜家橋以達運河與西南之水從畫錦橋緯路口出者合流一起自放生池由池東從張朱兩家屋後

出北司前匯爲黃蠟池南向轉東過章石二家直至張氏舊宅前過新街小石橋新街北有高處者是從張黃門宅北謝杜史宅南過陸郡伯宅後抵等慈寺西房門內今有小池跡存橫過便民倉後向南至東城近北埠頭邊入運河今河邊尚存舊跡與東南之水從東城下打鐵橋出者合流其傍張氏舊宅西偏月分一港由儒學東出浴堂橋以達運河則與望稼楊橋鵞鴨橋出者合流蓋運河猶人身而東南西北溪所出之水則如人身之血脈無不貫通於肢節而環抱乎一身宛然如帶惟衙後高阜處爲縣治地脈所從來難以疏鑿則於東衙衙出司前處開池相映以遥接蠟池之水而珠連不斷正如帶之隙處有錡然自有此溪而來有源蓄有匯支有曲折勢有迴旋勞不患溢旱不患涸而且異水一帶縈洄於城中夫血脈通則人壽水脈通則地靈吾虞之初歲常稔戶多般而人文頗盛未必不由此矣其曰玉帶者或云取其德潤善蔭故名或云南山火星盛故南之溪曰玉帶北之溪曰青龍特命名以厭勝之耳總之顧名思義則其可興不可廢宜通不宜塞明矣南門外舊有橫涇壩

以節水令之入城今特設閘於水門外之東豬水爲湖使源常裕而沛流易甚得之矣其由胡家橋入者水面廣亦如故滔滔可資灌溉直達城下獨鸒鴨橋一帶稍窄淤然未盡塞也其自西南水門入橫過觀橋出新河者廣如運河通達無論郎三义港西北入小橋自緯路出者中間不無侵淤難以通舟然猶成溪道濬之亦易爲力若由衙後繞出姜家橋者溪跡亦存今已如法開復再一勘定修砌之而畢矣惟夫由北向東城下之溪紆徐委婉其經涉遙其分派瑣其積爲民居者久大抵存者什三淤者什七宜自其迹之未泯者循其緒脈稍事尋求但令不絕其涓涓遺道而人猶得指之曰此故玉帶青龍溪也宜必有毅然而圖復者則所以斡旋風氣而復還古初顧不存乎其人與

百雲溪一名新開溪 在縣南上王山下引上舍嶺水入百雲湖嘉慶志

鳳鳴溪在縣東南十里鳳鳴山下接南山諸澗之水由胡李溪入百雲湖嘉慶志

胡李溪在縣南流入百雲湖萬歷志○案在縣東南鳳鳴溪下

上舍嶺溪在縣南十里源出南山由百雲溪入河嘉慶志○案萬歷志由玉帶溪入河

夏湖溪在縣南十八里嘉泰志云在縣東南二十五里誤太平山以下諸水皆會於此萬歷志源出黑龍潭由下管寶泉至浦口入江流注五十餘里嘉泰會稽志○案夏湖溪受小吳村之水西流五里入西山溪舊志俱未核實

交水溪在縣南二十五里下谷嶺下發源白龍潭二水交流故名萬歷志

乾溪在縣南案距縣二十里發源朱家大山合流於交水溪雨則溢暘則涸故名萬歷志一在十九都距縣南四十二里源出烏鳳山北流過太平山下新纂○宋陸游詩南劍歸來席未温南征浩蕩信乾坤峯回內史曾遊地竹暗仙人舊隱村白髮孤翁鋤麥隴茜裙小婦鬬籬門行行莫動鄉關念身似浮萍豈有根

黃洞溪在縣南二十里嘉慶志云在縣西南二十五里誤源出仙嶠岡西南流十里入梯樹潭新纂

沈家石埠溪今名大石埠溪在縣南二十里案嘉慶志云在縣南六十里誤西北

流三里爲夏湖溪新纂

李溪在縣南二十五里萬歷志源出黑龍潭會九溪之水注夏湖溪嘉慶志○案嘉泰會稽志載李家溪云在縣南六十里源出白龍潭由上山鄉寶泉浦口入江嘉慶志亦載是溪備稿謂李家溪與李溪疑屬一溪今不並載又案管溪之水至龍角山下爲李溪

西山溪在縣南二十餘里西山下萬歷志

石溪在縣南三十五里嘉泰會稽志○案溪在縣南四十餘里自太嶽山達於浦口萬歷志

鹿花溪在縣東南三十里案嘉慶志作五十里檀燕山下有鹿含花渡溪故名萬歷志○明徐濟詩青山東畔水流西楊柳條長水面齊兩岸夕陽晴雨後野麋含得落

花歸

管溪在縣東南三十里溪之中有石橫亘如龍曰龍石萬歷志

錢溪在縣東南三十五里發源於錢庫嶺西流十餘里至檀燕山下爲鹿花溪出方山下入管溪新纂

洙溪在縣東南三十五里發源大坑山蘆山流入下管溪新纂

陳溪在縣東南四十二里自五果嶺餘姚界至潘山與妲溪會於石筍山下萬歷志

昇溪在縣南四十五里西北流入妲溪新纂

妲溪卽達溪在縣南四十五里發源䳡山西北流至虹橋與昇溪合新纂○案四明山志䳡山有三龍潭崩湍次第而下中潭之巔奇石橫空激水答響妲溪出焉

釣溪一作釣川在縣南四十五里寶蓋山晉陶隱君乘槎垂釣其上萬歷志宋華鎮云仙馭不返流槎無迹卽此嘉慶志○明周天球詩碧溪清可數游鱗蓑笠何妨把釣綸終歲莫言魚水得山中已臥直鉤人王國楨詩千古釣臺名清風此猶在遂分渭水流近接桐江派天開白浪中鷗落蒼煙外熊兆看何如安車久相待

太平溪在縣東南五十里接白龍潭諸山之水注於江萬歷志○案乾溪之水出太平山下爲太平溪萬歷志未核實

飲牛溪在縣南五十里白道猷巖下石有繫牛足跡溪以此名寶慶續志亦曰隱牛溪白道猷騎牛入山之路牛隱其地有倒行跡故其地曰牛步萬歷志

道猷溪　道猷潭皆在白道猷巖萬歷志○宋江公亮詩亂峯深處隱作一有招提古木層陰白晝迷好是道人巖畔月夜深清照飲牛溪　國朝釋惟楫詩日來月往問溪頭水碧沙澄兩岸秋惆悵飲牛人不見隨波上下只雙鷗

畫佛溪在縣南五十里太嶽山下萬歷志

杜溪在縣西南十里源出費家嶺與東溪合流萬歷志

東溪在縣西南十里源出坤山入城河萬歷志

西溪在縣西南十里源出象田諸山入城河萬歷志

象田溪在縣西南二十里發源象田諸山注於江萬歷志

洗藥溪在縣西南四十里西莊山葛仙翁嘗滌藥於此水底石如碎丹砂流去復生他水皆受穢惟此溪澄澈纖塵不棲亦一異也舊浙江通志萬歷志

漁門溪在縣西南源出薛水注運河萬歷志

楊家溪在縣北嘉慶志在縣北十五里長十里發源蘿巖諸山流注白馬湖萬歷志

蒸溪在縣北二十里案在縣北發源蘿巖諸山流注白馬湖萬歷志○

明謝肅自菰溪上湖頂至查湖唐至道別墅詩芳菰溪上度橫橋一逕緣山廿里遥懸溜百尋穿石罅晴暾五色上林標振衣蘭岳乘雲氣散髮蘿巖看海潮晚酌隱君湖墅好白鷗波闊樹蕭蕭

竹溪在縣北二十餘里蘭阜山陰西流與菰溪會入白馬湖新纂○　國朝徐維春詩結廬蘭阜幾春秋溪水門前自在流合是桃源好風景落花新漲引漁舟

疊錦溪在縣北三十里案在縣北馬融故宅之西宋朱文公晦菴講學於此萬曆志○宋朱子詩疊錦溪邊馬融宅坐看春雨落斜斜石渠流出桃花片知是當年宰輔家　國朝范蘭詩一曲清流村市西人煙青靄夜烏啼月林書院今寥寂莫問誰家疊錦溪

大雲溪在縣北三十里納寒山黃坡湖東西畧之水北流達五夫河五夫志

浪溪在縣東北十里蘭阜山下萬歷志發源蘭阜蘿巖諸山由二都旋繞至一都化度菴側東有小水入之合流入大查湖新纂○明姚輯詩一源出自蘭阜山東流十里聲潺潺水聲晝夜不曾息流出查湖漾晴碧晴碧倒浸蘿巖峯源流浩浩來無窮昨夜山中雨初歇桃花兩岸開春風漁郎不敢放舟入花開只恐迷歸蹤世人爭說有桃源桃源之說終茫然何如溪近我書屋浪水流聲鳴金玉

賀溪在縣東二十里世傳唐賀知章嘗居焉溪北小橋刻賀溪橋字萬歷志○明徐希濂詩卜築名山事有無風流千載足師模不容秘監成眞隱且伴青蓮作酒徒此日清溪猶賀姓當年狂客儘人呼灘聲樹影時相逐春色何須憶鏡湖一云晉賀循寓此明初倪元道安道好客名士多集其家見四明山志○明宋

元僖賀溪郎事詩九首倪氏書樓北淸流曲曲流主人能好客釀酒續茶甌溪光流翠玉鳥影度淸潭洗硯梅花落山童在水邊西嶺靑雲近時聞伐木聲千絲初掛柳二月未聞鶯洞庭秋水滿落木共誰愁雨滴湘妃竹啼痕到石頭前後山溪合東西戶牖開初陽晴看畫新月夕銜杯俗客無緣到前溪隔世塵三冬曾下榻猶憶董山人董仲載天台人深於地理風流吳老子作畫愛梅花醉看西窗影更闌候月華吳季章姚人滑公江海客頻到賀家溪采藥行雲際吟詩過水西滑壽字伯仁朱老金鼇客玉仙白鶴來長留詩卷在不棹酒船回朱伯言名右天台人王叔雨名熙陽括人

麻溪在縣東南十里源出壽桃尖山會任嶴諸水北流入江

新纂○案嘉慶志云在金沙嶺下源出茆嶴誤

顧墅灘萬歷志灘作浦在縣西南四十里杜京產與同郡顧歡同契在東山開舍授學世傳顧歡家墅於此嘉泰會稽志

杜浦在縣西南四十里梁杜京產之居也案京產傳在始寧東山開舍授學州辟從事稱疾去自浦之東山一里許其山舍下臨此浦○嘉泰會稽志

㴱浦水經注縣下有小江源出㴱山謂之㴱浦浦西接山陰浦而達於江浙江通志

槎浦在縣西六十里嘉泰會稽志有廟祀張𩿤相傳有枯槎浮海至此新纂

橫汀在東山下萬歷志

舜水在縣南自會稽界東經縣界五十三里東入虞江萬歷志

柯水在縣北去横山西數里柯山下漢書音義云上虞有柯水東入海萬歷志

白水在縣南十里上舍嶺下一在縣南四十里昇相山巔萬歷志又一在縣南五十餘里桃嶢灣皆數十丈望之如匹練新纂

葛樹潭在縣南二十餘里楓樹嶺下萬歷志○國朝徐允達詩清泉萬斛靜無波老樹臨流隱薜蘿一片雲光飛白鳥四圍山影浸青螺若耶只少荷花採淇水依然綠竹多坐對蒼葭忘日暮伊人不見悵如何

彈潭在昇相山之巔垂瀑百餘丈匯於潭潭上巨石隱隱

有足跡蹏仙人跡嘉泰會稽志○案潭在昇相山獨山下一名雪花潭

古潭　斗潭俱在縣南五十里萬歷志

陰潭在縣南五十餘里寨嶺西萬歷志○明葛木詩絕壁臨流試一登肩扶童子拄蒼藤山翁出迓松陰下勝境還言在上層

龍潭在縣南五十餘里虞家山上禱雨輒應一在縣北五十里夏蓋山上蛟龍出沒必興雨澤又一在縣東七里蘿巖山上萬歷志

白龍潭在縣南五十餘里官符嶺上萬歷志○案嘉泰會稽志云白龍潭在縣南山頂有三潭凡請禱者挽摟而上僅至下潭已目眩股慄不可留備稿謂此即今黑龍潭是也又案白龍潭

在十五都有村因潭得名官符嶺在十六都嶺上潭今不知處○明徐文彪詩四壁千丈居天心牘有松聲與鳥音中天日過午淡淡六月泉飛時陰陰山色翠連雲漢合霞光清浸碧潭深年年此地秋空晚長見白龍來
護
岑

黑龍潭在縣東南六十里萬曆志○府志作在縣東南四十五里兩山外來潭界其中其山名潭山萬曆志作黜山山之上下凡三潭一潭居山腰前有禮拜石平如掌遇旱禱之恍惚有黑龍見其上潭在山巔人跡罕至土人云每至二潭則已眩暈不能支矣嘉泰志萬曆府志○案萬曆府志又云萬曆十一年大旱餘姚烏山鄉民相聚迎龍於茲潭將一木簡貯水到潭拜禱畢則有小青蛇見簡中輦歸至中途失之急奔往禱而蛇仍來至輦至邨大雨滂

沱矣凡往迎者其田皆霑足餘田則否靈應如此次日送還潭致敬以謝須臾蛇不見○　國朝陳夢星遊黚山黑龍潭記凡宇內山川之奇勝者不潛異人則必有靈物焉式憑之以隱其迹而顯其神若吾鄉雙筍石之有釣臺爲梁陶宏景先生之所潛也太平之有煉丹石爲漢葛稚川于吉二仙人之所潛也而其奇勝稱最向爲靈物盤踞飛潛挾風雲雨雷以乘時布令者厥惟黚山之黑龍潭余邑南山人也邀同人曾至其地者遊之去家四里曰虹橋傍有潭名化紙潭中突出砥石凡祈龍神者必此通誠始石上灰印宛然經雨水不滅靈迹也山行六七里峭峯插天排空若削芙蓉轉入半里許爲龍潭村村人敦龐而愛客遇旱暵祈神者日凡數十輩往來憩息不厭以故適逢東道主謀挈壺榼以從自村入里許石欄橫亘數百丈嚴扃若闢隘內產異蛙五爪而紅領呼爲龍子因名地靈即俗所稱黚山縣者也又有石五六疊下小而縮上漸出亦漸大及頂蓋一大石若軒然殆猶宮寢外門之有塾焉耳路漸入漸曲境更漸奇其怪石陡插有參差若檠戟之環列者有猙獰

若虎豹之拏攫者復有跂望偃蹇若行人之竚而待倦而息者約行三四里歷歷發符淨浴兩潭遂及石階水潺潺從中階落脫屨升歷十餘級俯潭影仰天光豁然若合兩境非復人間世矣潭周圓如壁約餘二畝四圍直立數百尺若懷抱然其上虬松怪木森如也水入處兩小峯對峙若闕門中驟飛白練作雲龍天矯之狀及半壁忽陡然落雷從洞門起鼓盪一泓淨碧矣潭右列亭址宛然志載前明縣令某禱雨靈應所建者也爲徘徊者久之復下階環山走潭上徑險仄不容步路忽中斷下臨數十仞有圓木二作橋焉予曰眞登仙界矣攀援以進里餘轉入山麓忽有聲如崩崖激震然者瞿然曰何響也同人曰近矣此二潭瀑布聲也曰何如曰奇甚高儗百仞出峽懸壁凌虛若挂仰視則目眩俯聽則心悸非初潭飛流界道比也及步至信然宏敞猶初潭形儗半壁高則倍之時解衣坐主人出酒與肴據石列飲頃懔覺涼甚微睇之見有如煙若霧者乃飛瀑之餘潤也予曰是可久留耶三潭何如僉曰徑仄甚潭則坦夷而深邃若宮寢然無復兩潭奇險矣盍反諸中有議之

者曰以是地之奇勝不潛異人而潛龍得毋疑造物者之偏乎予曰不然龍澤被蒼生者也彼山中宰相果安所施其技矣至如化紙潭以內有黃龍有雪花而凡祈澤者必皇皇走險於黜山此又龍以地之奇而靈者也因歸而爲之記

鏡潭在縣北夏蓋湖中志萬歷舊名梟鏡潭沈奎補稿水深不測相傳有龍居之五鄉水利本末○明謝讜詩碧潭如鏡月痕滿桂花香幽菼花晙仙儕齊泛木蘭舟覓句飛觴夜何短

放生池在縣治南二百步嘉泰會稽志跨池而橋夏秋之交荷聞香郁居然佳勝萬歷志○明謝艮琦詩一泓池水映樓臺畫檻雕甍亦壯哉簾捲峯迴青拄笏庭閒晝靜綠侵苔連宵甘雨鵾鵬化五月香風薰茝開試弄虞絃懷帝德要當解慍阜民財

應家池在縣治運河南萬歷志

謝公洗屐池在縣西北三十里案在縣西南四十里東山旁俗傳康樂遺跡以其登山躡屐也然華安仁考古詩云謝公白首乘軒地長記滄浪洗屐時則又指文靖矣嘉泰會稽志○國朝顧玘詩草色碧於染池光清復清著來幾兩屐留得古人名石墮時驚鶴花繁欲問鶯炎天泉不竭即此濟蒼生

賈家池在縣西北二十五里花家嶺萬歷志

朱公洗硯池在縣西北四十里嘉泰會稽志○詳見古蹟讀書堂及祠祀朱侍中廟

學正池在六都夏蓋山南上元學正有經劃田爲之今遺

跡猶存萬歷志

鳳池在縣北二十餘里鳳凰山下有二一東淸西濁如日月二眼嘉慶志

始寧泉在東山萬歷志

薛家井在長者山下泉甘而冽萬歷志

羅公井在縣東羅公祠側嘉慶志

龍山頭井在縣西北三十餘里九龍山崖間萬歷志○餘見龍頭山

福井在縣北小越嘉福寺前萬歷志

梁家井在縣北三十里黃婆湖遇旱居民賴濟不竭其泉

甘而愈疾萬歷志

乳泉井在五夫長慶寺後色白如乳故名五夫志

五色井在十都黎慁色黄者可療病新纂

右川

# 上虞縣志校續卷二十三

## 輿地志四

### 水利

運河在縣南二百二十步源出七里湖漁門浦自阜李湖皆會於河西抵梁湖堰東至通明堰各三十五里嘉泰會稽志○萬歷志云橫亘三十五里備稿案今俗稱四十里河宋紹興初高宗次越以上虞梁湖堰東運河淺澀令發六千五百餘工委本縣令佐監督濬治宋史河渠志源出百樓象坤諸山由溪澗會注於河瀦蓄沙湖西溪二湖水以通舟楫資灌溉殺於清

水孟宅二閘而河甚淺窄旱則枯澇則溢舊有則水牌二一在九獅橋側一在姜家橋南今皆湮沒城內河向爲居民所侵明嘉靖三年知縣楊紹芳歸河南侵地爲縴路約廣六尺自通明門抵晝錦門自後往來舟皆由城內頗稱便十四年知縣張光祖復歸河北侵地自通濟橋至水館亭約長五十丈廣八尺連南北共二丈九尺萬曆府志 國朝乾隆間知縣施繩武濬運河合城內外而并治之斥俸先疏縣治一帶以爲之倡後河復被侵佔或建造水閘邑令盧紛更擾民令民每閘出銀如干

以作書院歲修及課試生童花紅之需嘉慶志兵燹以來沿河房屋率被焚燬瓦礫入河致多淤塞同治三年知縣翁以巽督民挑濬同治九年知縣余庭訓商同縣丞陳鑅邑紳陳夢麟等復籌款開掘城河自望稼橋至沙灘用錢一千八百餘緡新纂

萬歷志案虞邑運河在邑治南數十步東接通明西距梁湖又東北有新開河抵新通明堰爲越明孔道第淺狹而之源委時雨降則羣壑之水若懸瀑而下注既過則溝澮不移晷涸矣嘉靖間鄭公芸於曹娥江滸度其地窪下可蓄江濱諸澗之水乃築隄爲防名曰沙湖以注水於河歲久爲潮汐所圮萬歷丁酉胡公思伸增固其堤堰以石閘而水益多瀦又西溪湖在邑西南昔令戴延興所置後廢而林公希元復之國初以來復廢爲

田萬歷癸未朱公維藩復之視舊稍減其水從東涇西
涇入於河又阜李湖在邑西稍北其水從大小板橋二港
入河又百雲湖在城南昔鄭公芸築城時於南城作二
水竇通百雲溪之水入玉帶溪久而溪淤霪雨暴漲城
中之水反由兩水竇逆流而南與百雲湖會循城而東
由新河入孟宅閘之潮河奔於姚江河源幾何泄於東
復分洩於南堪輿家所最忌萬歷初丞濮陽傳始造石
隄以防之水僅積而不能入城又西溪湖龔家畈等處
夏潦時田禾淹沒則其民每乘夜盗決未幾旋廢萬歷
丁酉胡公思伸即其故趾作堰增闊丈餘中爲石斗門
豬而成湖因名百雲又從城竇內循溪舊蹟令民各對
產疏其淤塞水始得駛流而達於河爲邑治巽流云由
是南則百樓坤象西則蘭芎龍松諸山谿之水交注於
河其源漸長而其派漸廣矣乃若郭外西則蒲灣河源
接東西溪地勢稍高北作堰東則南新河源接百雲湖
達於潮河又稍低北亦作堰雖其流與運河隔總之夾
輔城濠而助其勢者也夫是運河通舟航溉田畝防火
患資祓濯固已不當乾枯而邑治在茲又地脈之所藉

以環迴而通貫者今其水從東西釣橋而遶於北門外以抱縣治爲一合水又從東西黃浦而遶出北之任家匯以抱縣治爲二合水則城中玉帶溪青龍溝等淪漣瀠洄縱橫旋繞於南北坊巷之間始折而東大會於東明湖以達姚江以故吾虞號稱山明水秀而人文丕振輝映後先毓秀鍾靈職此之故特水勢直趨於東嫌於傾瀉故楊公紹芳建奎文閣以障之朱公維藩鎮以浮橋捍以浮圖皆爲風氣設也但郭外雖深廣如故而內多淺窄沿河而廛者既久不浚治而又以瓦礫雜委其中故旱時每決湖水城中受漑獨紺沙湖自西黃浦遶至東門外乃稍稍倒映而上西溪湖則必從西溪二涇出自非官爲督治每被截流皁李湖則其民言曹黎二姓所置決多不及時若白雲湖非雨大集不能浸灌矣抑又有弊如蟻穴然舊通明壩南有百丈塘其下爲埭河旱則夾埭河而田者穴塘以竊水東城下新河北有壩夾河而田者穴壩以竊水奎文閣之後有洲洲上有田緣河之田甚低皆堰邊居民所佃每澇禾輒沒則多啟閘板以泄水夫穴堰久則河爲漏卮啟閘多則河爲

建瓴皆耗蠹之弊也而百丈塘關係尤鉅塘南逮河高下相去數丈兩河止隔一小堤風波衝激其土易墮一決則運河之水直奔而東不惟上河涸如焦釜而下流尤被害霖雨浹旬更宜督附近居民時加防捍而又培各湖塘以瀦其源疏玉帶溪以通其流復則水牌以測其勢虞邑運河當永永無旱涸之憂矣惟在位者實圖之利

巽水河在縣治東南自上舍嶺溪逕百雲湖流入城內運河兩岸皆民房水閣兵燹後瓦礫填塞同治九年知縣余庭訓命工挑濬漸復積淤光緒十一年邑紳王濟清捐貲疏濬知縣王承煦立碑永禁堆塞十七年知縣唐煦春以巽水河關一邑文風定每年水小時歸積善堂

董疏濬二十年知縣儲家藻改歸書院董事經理新纂

後新河在縣北明永樂九年鄞人鄭度以通明江七里灘阻塞不便上言將縣後舊溝開濬置西黄浦橋直抵鄭監山堰置新通明壩又開十八里河自新通明直抵江口壩官民船皆由之嘉靖三年令楊紹芳拆西黄浦橋作瓮橋舟復由城中行自東黄浦抵新通明志萬歷後因澇水難洩民苦之仍復西黄浦橋志嘉慶乾隆間知縣施繩武患運河後新河淺狹旱澇無備集紳耆命兩河南北種植之名開浚之南北與河最近者各出其半次近

者又分其半之半有差自外梁湖至十八里河長四十里廣二丈五尺深五尺嘉慶志名宦傳

省河在縣東五里舊通明壩下即所謂潮河也萬歷志東流過謝家橋至四明港口長十里所以殺運河之水下流爲通明江新纂○案萬歷志通明江下云在縣東一十里從省河下注即七里灘也省河下云長十里至安家渡入江查安家渡距縣東二十里許在七里灘下通明江即七里灘則省河入江不待至安家渡明甚舊誤今正

南新河在縣東南長三百餘丈內有橫壩一帶灌田九頃居民割田爲之萬歷志河在東城外凡遇大旱橫壩以下

資灌田禾橫壩以上資城鄉汲飲居民呈縣立碑永禁捕魚及縱放鷔鶩備稿近時沿河私壅甚多急宜剗復新纂

城外濠河自西釣橋經北門橋出東釣橋首尾皆通運河備稿同治九年知縣余庭訓以濠河之水流斷縣後龍脈將挑濬城河瓦屑塡塞又敬橋至今布穀嶺下中間不通新纂

新開通水河在外梁湖六項塘外通曹娥江潮水濟運河國朝道光十九年邑人章鉞等建議署縣令龍澤澔詳請開置

章鉞錢玫請開通水河稟詞竊照虞邑運河東接新舊通明壩西距外梁湖壩橫亘四十

里源出百樓象坤諸山由溪澗會注源流既短河又淺狹旱則立涸是以歷朝賢有司遞引沙湖西溪阜李百雲四湖之水以通舟楫以資灌溉誠良法也無如日久廢弛湖之涸者涸矣佔者佔矣即百樓象坤諸澗又被棚民開墾沙磧壅塞浥注更稀不旱亦涸考運河原係江故道梁湖置壩以來沖決時有移置不常前明嘉靖間江潮西徙漲沙七里邑侯鄭公開浚爲河移壩江邊今河港尚在而壩無形迹鄉民於外梁湖築有六項塘高不過數尺長不及十丈屢遭沖嚙全賴裏梁湖蘭芎山麓之沙湖塘塘長三里高廣鞏固又造無量閘通運河以資捍禦誠虞西保障也欲設一法以爲塘之外衛與河爲內應者莫如就鄭公開河故道一律開浚擇堅實處所造建平閘引江水入運河嘉慶間前任陳道憲李邑侯曾經履勘原擬建閘通江先後以陞任去事不果行今奉憲天大人榮蒞浙東廑念水利謹就管見所及臚列瀆陳伏查開河建閘工鉅費繁宜何如設施之處惟有仰懇札飭履勘明確因地制宜諮詢父老勸諭紳富踴躍輸將妥議章程詳請辦理玫等爲一邑公事

攸關未敢擅便上稟王振綱詩舊塘築六項命名非無著世事更滄桑車路已開鑿潮來捲淤泥河淺水易涸意欲便農商舟楫轉延閣砥柱之艮謀改弦復相度且築塘外塘宜厚不宜薄扼要塞咽喉横截江濤惡有時需灌溉萬夫聽一諾事過修隄防畚挶仍偕作不狥估客私不受官差縛啟閉定章程同心合强弱歲裕須百金經費貴籌畫總爲蒼生謀相約傾囊橐初建閘啟閉旋即沙漲閘壞咸豐二年里紳王振綱等改築泥壩俗呼外横塘凡遇運河乾涸農田缺水商同沙湖塘董事稟縣開放逢雨即須築復以防水患備稿

十八里河在縣東十里新通明堰下直抵餘姚壩十八里故名世傳宋史彌遠創置萬歷志謂明永樂間鄞人鄭

度開浚有辨詳新通明堰河身淺窄資大小查湖分潤自大查湖廢爲田河更易涸道光五年知縣周鏞令居民按田出丁疏浚監生陳國柱等董其役備稿近復河岸傾穨泥淤礙舟光緒十六年知縣唐煦春撥工賑義款開浚自新通明堰至上木橋凡濬河七百三十丈用錢一千餘緡邑紳朱士黻董其役又新通明下有支河九名曰埭河引十八里河之水以灌溉民田者也管唐埭俞家埭下葛埭唐家埭丁家埭黃家埭章家埭傅家埭甘家埭其南俱通潮河有壩霪而黃家埭受潮河之水最多旱則啟壩霪引潮水而入於十八里

河大爲民利若各埭壩霪不固十八里河之水傾瀉潮河亦可涓滴無存最關緊要九埭外復有小灣埭在下木橋之旁南與潮河不通虞地以甘家埭爲界下即姚邑雲樓鄉凡水之入十八里河者其源皆出北岸水口每與南埭相對新通明堰下里許梁鳳溝水口對管居埭又二里四汊港水口對俞家埭又一里大查湖石湫頭水口對下葛埭又里許大查湖夏家湖霪水口對唐家埭又三里餘大查湖大姚山下湖霪水口對黄家埭又里許大查湖七板橋水口對章家埭今塞又里半小查湖鋪橋水口對傅家埭今築斷又三里小查湖大湖門水口對甘家埭○新纂

五夫河在縣北三十五里源出夏蓋湖曰驛亭堰凡三十里東流入餘姚縣之菁江嘉泰會稽志納夏蓋白馬上妃湖

水東達餘姚縣橫河而注於江萬歷志

百官河在縣西北四十里由夏蓋湖直抵第七都界萬歷志

接龍山以下諸溪之水以入街河至下市分爲二流東由文昌閣出礱草堰達弓家路佛跡山爲寍紹往來通衢西由教場橋至新建前江爲崧鎮抵七都之通港道光五六年間知縣周鏞興復水利卒農民對産派掘并伐河干雜木以便行舟光緒十一年邑紳王琖等稟署知縣王承煦詳請撫院劉飭統領馬朝選帶兵疏掘自街河至弓家路止光緒九年十三年知縣唐煦春修治

百官以下河道會同邑紳谷南林等先後籌議以承蔭之田按畝輸捐凡前江後郭新建梁家山弓家路南湖裏外嚴等處總計正港支流二萬二千餘丈一律開浚

新築案百官迤西至七八兩都接毗會邑延德鄉河流淺窄咸豐間於江塘刱造石霪引潮水濟不更致沙淤同治三年邑人錢振聲等稟縣派段分掘由百官港至會界西匯觜首尾六十里光緒九年十三年知縣唐煦春復率邑紳朱孔陽邵煜等疏濬瀝海所一帶前中後三河自會邑牛角心至虞界潭村蔣家等處約五十餘里蓋虞西地高河流易涸疏其淤淺亦所以緩其傾瀉也

崧鎮河在縣西七十里西至瀝海所濱江東至小穴堰四都界北抵陳倉堰姚境年久淤淺光緒十三年邑紳連

芳連蘅捐貲疏濬新纂

蒿壩河在縣西南四十里南至饅頭山北至蒿壁山均可直達大江後江沙西漲河身泥淤潮至不通變爲平地凡六百七十餘丈紳耆籌議僉謂通盤開掘非二丈餘深不能蓄水非河面五丈餘廣不能運舟統領馬朝選同曹蒿委員葉倅元芳親勘繪圖稟呈撫院光緒十二年正月奉撫院劉批俟百官河工告竣帶隊前往開浚并限四月完工新纂

右河之屬

大查湖（查府志作楂餘姚志作樝皆通俗作渣誤）在縣東一都受蘿巖諸澗之水周九里三十六步溉田十五頃（萬歷志）湖水瀦滀本爲十八里河之源至　國朝乾隆十一年廢湖爲田丈量陞科而水源遂竭沿十八里河之民始苦旱矣（新纂○五見山川）

小查湖在一都與大查湖連周七里溉田十六頃東與餘姚雲樓鄉接境當元末時居民漸塡爲田周茂訴之部使者剗復之然兩湖之要害惟在夾塘明成化初縣令吉惠大爲修葺廣博堅厚利賴迄百餘年後漸圮民苦

勿歲嘉靖庚申丞蕭與成奉分憲張可述檄乃督卒而增修之太僕卿姚翔鳳有記記曰虞二十里有大小兩查湖北納蘿巖查嶴磁窰諸山溪之水而界在姚境西亢東傾澤流偏注非所蔭而旁及者尙多湖南之隄長七八里爲竇者四爲閘者二以時啟閉而導其流於河河自通明距江口壩長一十八里爲越明運道支分港瀆一十三處遞南一帶俯臨大江有九埭以過水埭各有竇浮塗陡崖孤虛善崩江潮穿嚙罅漏失塡旋至大潰懸溜直瀉如沃焦釜罔遺涓滴一埭竭則諸埭缾罄而河亦成陸農旋告病則必取給於兩湖之水苟平時有潴庶幾恃以無恐如其無備東手待斃矣兩湖雖聯而高低逈絕橫中一塘實其兩界長亘一百五十丈有奇俗呼所謂中夾塘是也是塘或斷則上流倒瀉勢若建瓴奔騰奮激下湖畔岸并爲衝決而亦不能瀦天順丙子之災湖底龜坼四野絕粒至今恫焉蓋兩湖要害全在夾塘予故曰兩湖者一方之命脈九埭爲襟喉而夾塘其關鍵也欲瀦兩湖

須防九埭其於夾塘尤爲宜防以時培葺可也成化初縣令吉侯惠曾一大修趾闊五丈面縮三丈高一丈餘崇博堅厚民賴攸墍百餘年未聞有繼之者歲時剝削陵夷至今非復故址霖雨暴漲風濤震撼岌岌乎東葦虆以壅蔽患處苟延旦夕歲以爲常民甚苦之庚申歲鄉大夫侍御周公如斗以制家食軫念桑梓乃具議於分憲張公可述檄下判府林君仰成曰事關澤虞爾有專職其速舉以報林君曰地分兩界誰能兼之委任責成其二丞乎乃以干溓橫塘石湫等處隸姚者屬之江侯東鳴而其重且難者則吾虞蕭侯獨當之侯奉命惟虔惟不克共事以仰答上意是懼單車信邁徧歷其地相視形便次第經營履畝以差夫計程以授役量日以命工乃埤九埭截閘其壍壘實截江以塞病源乃協南隄亦壘於昔惟實惟閘毋俾旁隙而卒乃率力於塘申令糾衆大舉合作乃捄陾陾乃度薨薨乃築登登乃屢憑憑起頹補缺平陷實窪增廣一丈高三尺以復基之舊樁杙編棘以爲之衞樹之柳以護之周思豫制堅惟圖可久斯已矣經始於秋九月三閱月而告竣事塘成

未幾會今歲大潦兩湖底定而水無泛溢然後知一塘之爲力也子始號於衆曰覩河洛而思禹功有所歸也屹哉斯塘吾儕其將有賴乎今茲試矣伊誰之功微蕭侯賢勞任事欽上飭下貞固以幹則亦仍前之弊而已其何能底績若是哉春秋工役必書以示勸懲乃因鄉老周輪等立石道旁具書其實使後之觀者有所鑒焉○萬歷志

國朝雍正七年章倫墾田楊金錄等呈阻之十一年陳元亮墾田胡一豪等呈阻之十三年李宏遠墾田周會等呈阻之乾隆十四年姚名立墾田楊武等呈阻之二十年陳祖勳墾田周遇泰等呈阻之三十三年陳亮臣墾田周沛祥等呈阻之四十六年唐漢協墾田姚人陳承稽邑諸生劉規呈復之嘉慶志光緒十年姚人

楊棠等謀奪湖蔭知縣唐煦春移會姚邑並諭令沿湖居民各照舊章冬築秋放不得存私混爭如有塘閘坍漏速爲修理完固以衞田疇新纂。互見山川

竹衙湖在一都蘿巖山下新通明河旁一名瓦窰湖一名竹湖潭計二畝七分萬歷志。餘詳竹湖潭

破岡湖在縣北二十五里嘉泰會稽志在一都吳時望氣者鑿斷其山岡故名湖在岡坂之下舊志西受孔堰閘北合驛亭河水入長壩萬歷志。備稿案湖在二都其北岸係三都界舊志誤作一都湖邊田易遭淹沒故諺曰二都破岡坂一夜大雨便無飯

白馬湖在二都夏蓋之南環系二三十都創自東漢周四十五里八步三面皆壁立大山三十六澗水悉會於湖中有三山癸巳山羊山月山旁有溝閘溉永豐鄉田四十餘頃水經注云白馬潭深無底創始時塘隄屢坍民以白馬祭之夏侯曾先地志舊名漁浦湖晉縣令周鵬舉嘗乘白馬入湖中不出人以爲地仙由此得名事見遺德廟碑記湖之南即江津也江南有上塘陽中三里隔在湖南常有水患太守孔靈符遏蜂山前湖以爲埭埭下開瀆直指南津又作水楗二所以舍此江得免淹潰之患

宋政和初有嬖臣廢湖爲田時執政疏復之入元豪黠競佃而湖遂廢至正十九年尹韓諫移書池州路稅務使徐煥文領其事除元科田數而餘盡復爲湖張守正有記

記曰白馬湖距上虞縣治西北半舍所三面環大山複谷周四十五里受澗三十六而瀦其中其地則當邑之二都良田接畛縈青繚白嘉穀屢登實有藉於湖之力也方春潦暴漲或不能容則淫溢奔放窪下罹害唐長慶中民始闢夏蓋湖以疏其勢限以隄防節以堰埭視盈涸時啓閉沾溉永豐上虞新興寧遠孝義五鄉水利之興有由然矣循白馬東北別築横塘通一溝以達灌注去溝數百步作孔堰以蓄洩宋政和初嬖臣啗利嘗廢爲田時執政疏於朝力請復之事具史典及碑志入國朝以來民有獻言於營田使以瀕湖多高仰沃饒願湮爲田既如其請則豪黠競佃各私其有日增月廣滋蔓莫禁湖之存僅一綫旱則獨專其利潦則

決以病民爲害莫甚至正十九年冬安陽韓侯諫來尹茲邑勵心民事考覈田賦以白馬之田廣狹莫稽賦入之數多寡不一將究正之會軍旅搶攘日不暇給乃致書前池州路税務副使徐煥文領其事徐君遂即其形勢相其源委躬驗虛實得元佃田九百九十九畝一角一十四步計丈數以從其實畝賦二斗二升一合五勺得糧二百二十石三斗四升六合七勺當元科之數其他舊侵田悉復爲湖旣而以地方田形第千字爲號繪一列爲圖仍以畝步糧數承佃姓名具載爲籍每段置由一紙俾執左券更築新塘以限內外凡三百一十八丈六尺高尋又四尺廣如高之數浚其下爲港以便舟楫橋其上爲道以通往來孔堰舊築以土隨修輒隳慮弗經久議改爲之遂累石爲閘俾沾溉之家畝出斗粟饒於田者沈仲實出内之灰石工匠之需不敷者願樂補助屬者艾何文惠以董其役他凡溝港近接山溪沙礫壅滯歲久且窒君悉俾疏濬之由是白馬湖水灌沃利澤遠及矣余惟自井地溝澮之法廢凡陂塘川澤麗於九州者天地自然之利也然能疏導瀦洩以順其潤下

之性因民之所利而利之長民之責也韓侯視政有古循良之風而徐君復能夙夜注心不憚勞勩於是經界既正糧石以均功成於一時而惠流於永久可無紀述以垂無窮乎故爲序次俶末刻諸堅珉俾來者有稽焉時至正二十一年也及明則居民屢廢屢復佔者滋起縣令徐待聘與夏蓋湖合議剗復而事未果萬曆府志萬曆志康熙志。互見山川

上妃湖在十都亦創於東漢周三十五里中有三山弓家山印禄山佛蹟山旁有穰草堰水經謂之上陂今名上妃蓋相傳之訛也其形勢與白馬略同唐地理志上虞西北有任嶼湖嘉泰會稽志載謝陂湖去縣西北三十五里又有皮湖去縣西北三十里舊志云皆上妃別名未詳萬曆志

元末亦稍爲豪民所侵明萬歷十年丈出爲田者五百五畝刻之不免縣令朱維藩方復西溪湖乃相度形勢以抵西溪湖之壆科而無田者嘉慶志

夏蓋湖在縣西北四十里北枕大海海岸有夏蓋山湖亘其南環三四五五六九十等都唐長慶中永豐上虞寧遠新興孝義五鄉之民割己田爲之周一百五里瀦白馬上妃二湖之水以防旱地勢東低而西高中有一潭名梟鏡九墩楓樹墩扁墩周師墩長墩黃蟲墩白牛墩馬墩楝樹墩西晒墩十二山梁家山柴家山刺山鯉魚山董家山洋山土長山石竹山荷葉山梨山馮家山甑箄山旁列三十六溝其

溝在湖東者一十八所自驛亭至蓋山曰經仲溝〔蔭二都六保三都三保〕曰驛亭堰曰賞家陡門〔蔭二都鎮都〕曰朱家窪曰小穴堰曰孔涇溝曰河清溝〔俱三都〕曰千山溝〔蔭三都三保四保〕曰柯山溝曰徐少溝〔一名退溝〕曰十八保陡門〔四都横山前〕曰曾稽溝〔一名陸家溝明洪武間陸仕初創〕曰杜兼溝曰李長官溝〔四都横山後〕曰茹謙溝曰方村溝〔一名闊河口〕曰層涇溝曰張令溝〔五都蓋山前〕

其溝在湖西者一十八所自穰草堰〔一名仰草堰〕至蓋山曰百官溝曰九步溝曰新建溝曰捍江溝〔又名鹹塘頭〕曰柯莊溝〔即前江壽生橋〕曰炭堰〔俱十都〕曰花澤溝曰茭封堰曰蘇州涇

曰短涇曰沈涇曰薛涇薛一作雪曰桃涇桃一作陶俱九都曰丁瀆曰桑家陡門俱六都曰徐家涇一作徐艮涇曰謝逖溝曰西磋溝五都蓋山西由諸溝引灌五鄉田一十三萬餘畝湖計七千一百五十有三丈東二千五百七十丈夏蓋山頭東平至簟浦坊前五百丈茹謙三保管簟浦坊前至茹謙溝三百六十丈寍遠鄉管茹謙溝至柯山溝一千三百五十五丈永豐鄉管柯山溝至福祈山一百三十五丈福祈山北連蔣家山南並以山腳爲界蔣家山南至王家山北係小穴塘五十丈王家山南至牛頭山北八十丈牛頭山北至

山南並以山腳爲界牛頭山南至驛亭經仲溝九十丈俱屬上虞鄉分管西四千五百八十三丈穰草堰至新建堰四百九十丈上虞鄉管新建堰至葉珙門前一千五百十丈孝義鄉管葉珙門前至茭封堰一千九十五丈新興鄉管茭封堰至薛涇六百九十丈孝義鄉管薛涇至夏蓋山頭西規一千二百五十八丈西規至東平係夏蓋寺連山隔斷並以山腳爲界俱寍遠鄉管凡隄防之制趾廣二丈五尺上廣一丈高如上廣之數每塘一丈間植榆柳一株如遇坍塌隨卽修理蓋虞之水利惟上妃白馬夏蓋爲最鉅故其制亦

視他湖爲最詳也宋熙寧中縣尉張漸水利本末作孫漸是廢爲田元祐四年吏部郎中章楶奏復之章楶奏疏前在越州伏見本州上虞縣夏蓋湖本以豬蓄山水灌溉民田爲利甚溥自熙寧年中縣尉孫漸建議乞立租課許人請佃爲田自降指揮今十五年餘人戶請佃陰取厚利爭訟不絕而租課所入至微虧欠省稅甚多乞廢罷爲田復正爲湖轉運司詣勘上虞縣夏蓋湖因熙寧六年朝旨召人請佃爲田旱則資水之田無以灌溉澇則湖勢窄狹不足以貯水隄防決溢並湖之田悉遭衝注爲害尤甚自熙寧六年至元祐二年計一十五年所收租課除檢放及見欠外實得租課米七千一百三十餘石卻廢湖爲田後水旱爲害檢放過省稅比未廢湖以前一十五年所收租課計虧省稅四萬八千餘石今來章楶奏請乞復正爲湖瀦蓄水灌溉民田委得經久允當八月十七日奉旨復正爲湖元祐五年十二月初一日知縣事余彥明主簿何琢縣尉游充邑民湯機等立石政和中明

越二守樓异王仲嶷又廢爲田建炎四年給事中山陰傅崧卿守鄉郡餘姚陳槖上書陳利便書曰古人設湖陂以備旱歲王仲嶷建請以爲田乃引鑑湖自然淤淀已成田陸爲說又有不妨民間水利之語其欺罔甚矣然佃戶帖請之初各有畝數不敢侵冒當時湖之爲田者纔十二三佃戶止於高仰處作捺未敢涸湖以自便民田尚被其利但潴水不如曩日之多故諸鄉之田歲歲有旱處比年以來冒佃不已今則湖盡爲田矣上虞餘姚所管陂湖三十餘所而夏蓋湖最大周圍一百五里自來蔭注上虞縣新興等五鄉及餘姚縣蘭風鄉此六鄉皆瀕海土平而水易洩田以畝計無慮數十萬惟藉一湖灌溉之利今既涸之爲田若雨不時降則拱手以視禾稼之焦枯耳其他諸湖所灌注皆不下數百頃在餘姚若汝仇牟山燭溪上林餘支干金漁浦黃山樂安等湖所灌田動以數百頃植利人戶倚以爲命而乃盡奪之一遇旱暵非惟赤子饑餓僵踣道路而計司常賦虧欠尤多雖

盡得湖田租課十不補其三四又況每遇旱歲湖田亦隨例申訴官中檢放與民田等昨見上虞丞言曾蒙上司差委相度湖田利害因點對靖康元年建炎元年湖田租課除檢放外兩年共納五千四百餘石而民田緣失陂湖之利無處不旱兩年計檢放秋米二萬二千五百餘石只上虞一縣如此以此論之其得失豈不較然民間所損又可見矣但當時以湖田租課歸御前與省計自分兩家雖得湖田百斛而民賦虧萬斛變侫之臣猶將曰此百斛者御前所得也不創湖田何以有此省計虧羨我何知哉今湖田租課既充經費則漕臺郡守固當計其得失之多寡而辨其利害夫公上之於民一體也有損於公有益於民猶當爲之況公私俱受其害可不思所以革之耶竊見建炎二年春邑民常訴湖田之害於撫諭使者使者下其狀於州縣上虞令陳休錫遂悉罷境內之湖田翟帥以未得朝廷指揮數窘之陳不爲變是歲越境大旱如諸暨新嵊赤地數百里農夫無事於銍艾獨上虞大熟餘姚次之其冬新嵊之民糴於上虞餘姚者屬路不絶向使陳令行之不果則邑民

救死不暇況他境乎夫以一縣令尚能爲之棗之所望於左右宜何如○陳棗餘姚人登政和上舍第歷官監察御史擢刑部侍郎知婺州

紹興二年縣令趙不搖言於朝吏部侍郎李光力奏之其略曰一方利害無甚於湖乞比較與湖爲田以來所失常賦孰多孰少乞復爲湖得旨俾知越州張守具經久利害以聞守上言本府邊近大海田帶鹹鹵稍無雨水則苗稼便傷自有湖水灌溉頻年豐熟政和間知越州王仲嶷奏請以湖爲田專爲應奉之用遂使民田頻遭損傷官中雖得些少租課而緣此檢放苗米甚多民間爲害尤廣今相度到上虞夏蓋等湖一十三處見今改爲田計一百三十一頃二十四畝餘姚汝仇等湖一十三處見今改爲田計一千八十一頃四十九畝建炎四年上虞收湖田米三千四百四十九石檢放過旱傷苗米八千五百一十八石餘姚收湖田米二千四百四十四石檢放過旱傷苗米二千五百二十三石紹興元年上虞收湖田米三千五百二十五石檢放過旱傷苗米四千八十八石餘姚收湖

田米二千一百七十一石檢放過旱傷苗米六百八十七石兼此兩年號爲豐熟其減收之數以所收補折外官中暗失米計四千二百三十六石民間所失當復數倍觀此則變湖爲田誠爲極弊如將上虞餘姚湖田仍復爲湖委是便利○通鑑長編紹興元年辛亥冬十二月丁卯吏部侍郎李光請復東南諸郡湖田詔戸工部取會聞奏初明越州鑑湖白馬竹溪廣德等十三湖自唐長慶中創立湖水高於田田又高於海旱澇則遞相輸放其利甚溥自宣政間樓异守明王仲嶷守越皆內交權臣專事應奉於是悉廢二郡陂湖以爲田其租米悉入御前民失水利而官失省稅不可勝計光奏請復之而上虞令趙不搖以便遂廢餘姚上虞二縣湖田

乃得復爲湖民有復湖謠謠曰壞我陂王仲嶷奪我食使我饑天高高無所知復陂誰南渡時左朝請郎方元若撰記立石於府治西壁記曰上即位六年江浙初定河淮未通臨朝弗怡視古有愧凡有害未盡於民及所祈嚮而不可得者皆廢行之乃以五月己

已詔罷上虞餘姚湖田復民願也夫會稽郡負海田嘗苦涸資湖以灌溉非他郡可比自東漢以來莫敢廢也政和間逐末之說起變古之辭用平波汪洋漫不少靳分散四決競弛厥功由初迄今良農受弊穆穆布列有號不知資政殿學士毘陵張公守帥浙東詔公以利害聞公遂條上湖田病民兩邑爲最宜亟罷之詔可闔境之衆讙呼鼓舞謂上恩勤恤不以賦入患百姓而非公精誠爲人主倚信亦安能以一語而除萬世之害神速若此昔白公穿渠民得其饒歌之曰田於何所池陽谷口鄭谷在前白渠起後舉鍤如雲決渠爲雨衣食京師億萬之口翟方進去陂枯旱追怨童謠曰壞陂誰翟子威飯我豆食羹芋魁反乎覆陂當復誰云者兩黃鵠由是觀之湖之興廢利害豈不大相遠哉公既成露門之學入覲戒期猶拳拳不已命僚屬以所被明詔刻諸石而俾元若書其後詩曰德輶如毛民鮮能舉之我儀圖之後之君子必有感於斯言以無忘公之志紹興二年七月庚申左朝請郎主管臨安府洞霄宮方元若記

湻熙十二年邑人夏邦直於

蓋山之陽小穴之陰立二水門潭州左司理參軍厲居正撰記文載水利本末此不錄嘉熙元年或獻於福王府邑民張康等爭之得免監潭州陳謙有記記曰嘉熙丁酉濱湖民徐文才託之王府欲湮湖爲田鄉之士民張康等具詞赴皇弟武康軍節度使陳訴曰夏蓋湖雖周圍甚廣而水源悉出上妃白馬二湖今來徐文才輒以上妃白馬爲漁浦湖打開湖閘泄放湖水竊恐府第一時被其朦蔽未必深知利害乞移文照會使民戶永被隆天厚地之賜奉鈞判湮湖爲田既非舊迹妨人利己亦非本心府司給榜仍牒縣約束士民爲立石於湖東之長慶寺以記其事記曰切惟上虞之爲邑其西北濱海每患於水洩而多旱由古以來有三湖瀦水爲旱歲之備曰夏蓋白馬上妃是也古人憂深慮遠其規模經遠委曲周密靡一不盡既爲之隄以防其滲漏又爲之閘以時其啟閉凡受水之處各爲堰埭限其所往以杜其爭東西二鄉擇士之有常

產有幹略爲鄉評所服者各一人以司之而總其事於邑之上佐其鄉有七田以畝計者殆於二十萬若歲大旱苟積水存焉磨鎌治地以俟其穫必無他慮也民生之休戚關於水水利之得失其重若此嘉熙丁酉濱湖之民有欲湮湖爲田而託之王府者鄉之士民相顧無策自念與其默闇而窘懼孰若冒昧而歸投擇日齋浴連名奏記控敘懇悃而皇弟武康軍節度使洞燭事情曾未踰時大筆特筆謂利已妨人非出本心且移文於邑揭榜於鄉雷動風馳雲行雨施讙聲四起有若更生仰惟深恩厚德無所論報謹刊樂石昭示後來繼自今一方士民孫曾雲來過斯碑之下徘徊顧瞻懷思感慨將與此湖爲終始有若峴首之思羊公云是歲五月初吉儒林郎監潭州南嶽廟陳謙記

元元貞間或言之營田使者湖復湮萬歷府志傍湖之民輒於高處塡爲田至數十畝

元統間餘姚州人王寶爭蘭風鄉水利邑民顧仁等力控之浙江行省劄官屬親勘略云

據顧仁等告該省府相度民命所係稼穡爲本歲旱之防瀦滀當先水勢之行必須自近及遠由高就低其或近疆未溥而遽分遠境高田未足而先注低原則爲此受其害而彼亦無益仰親詣地所斟酌事宜從公予決

至正十二年縣尹林希元定墾田數餘悉爲湖十六年旱又有乘間竊種者尹李睿復之幾盡十七年建南臺於越兵皆田於湖湖廢而涸賴御史察知禁止十八年或又獻於長鎗軍尹韓諫言於督軍郎中劉仁本獲寢

戶部尚書貢師泰爲之記 記曰上虞西北五鄉曰永豐上虞新興寍遠孝義五鄉有三湖曰上妃白馬夏蓋而夏蓋實承其委其周一百五里其門三十有六其溉一十三萬畝其賦一萬石有奇中有潭名鏡潭雖大旱不竭而其支流餘潤又足以被會稽之延德餘姚蘭風一都三保之境其爲利亦溥哉

湖自唐長慶中民始請劃田爲之仍令受水者包其所輸至今五鄉倍地產然其地勢倚江枕海鹹鹵浸淫傷敗禾稼東南又多大山深谷一遇暴漲則奔潰莫禦旱則枯涸可待故其隄防啟閉之法視二湖爲尤謹疊堰分埭以時蓄洩限量晷刻以節多寡序次先後以均遠近而免凶荒捐瘠之憂無侵奪紛爭之訟宋政和初越守王仲嶷嘗廢湖爲田得不償廢南渡後吏部侍郎李光縣令趙不搖疏於朝盡復爲湖嘉熙丁酉幾奪於福邸五鄉民張康等鬬訶爭之乃已始末具見碑志及通鑑長編國家內附以來屬時屢豐水利不講居民乃竊緣隄高仰以私播植元貞間或言之營田使者得田二十頃粟五百石然自是蔓延莫禁湖之存無幾至正十二年翰林應奉林希元來爲尹遂定其墾數餘悉爲湖十六年夏旱豪民乘間竊種其禁復弛縣令李睿力復之明年春行御史臺移治會稽駐兵縣境或妄謂湖膏腴可屯田典兵者忽於察識一旦竭如焦釜所得僅百許石而官民失利不可勝計御史察知其弊俾常賦於官者田如初他皆諭罷明年又有獻之長鎗軍者縣尹

韓自行言於分省時左右司郎中劉仁本督軍至縣遂阻止之於是積水盈溢惠及遠近而湖之利益溥矣又明年父老乃相率謀於邑士徐焕文魏壽延曰湖食我民生死倚之不有紀述將何以示來者具以狀請籀惟溝洫澮川之制廢陂湖池塘之利興而孫叔敖史起鄭國召信臣之流各以治能名於時其載之史傳者班班可見迨我國家內設都水監外立庸田司郡縣守令皆知河防兼渠堰凡所以爲生民計者靡不周密而深遠矣尙何弗修厥職往往使已成之業湮廢崩潰哉且是湖也旱則決水以灌田澇則導水以入江用力寡而成功多與諸湖較實相倍蓰故不敢重違父老之請而敘次其故用刻諸石豈徒爲豪强奸貪之警庶幾長民者知所勸焉中順大夫戶部尙書貢師泰記立石横塘廟左種善堂徐勉之碑陰圖跋古者山川疆域必有志有圖志以記其事圖以著其形有志則始末備而興廢可知有圖則脉絡明而利害易見夏蓋上妃白馬三湖之灌溉重於上虞久矣自唐宋以及我朝興而廢廢而興不知其幾賴公論卒爲湖不易徐君季章魏君仲遠謀

爲永久計請記於尚書宣城貢公而刻諸石既又圖三
湖之形刻於碑陰以示遠近其用心亦仁矣哉予嘗病
會稽郡志不著圖觀者難於考索今是湖也源委之承
注流派之沾被門閘堰壩溝涇隄路按而索之炳炳臚
列雖農夫過客觀摩指畫亦不待言問而喻於心目之
間湖之爲利昭然而益彰矣湖之利益彰豈復可得而
廢乎吁是碑之立百世之賴也學者陳恬以圖示予因
題於後云至正二十年二月戊午朔鄉貢進士杭州路
海鹽州儒學教授番
易徐勉之跋并書　明初旁縣無賴盜決海防鹹水乘
潮而入稼受害洪武六年冬臨淮唐鐸自殿中侍御史
出守會稽躬行海上復古隄仍爲二閘而湖水滀以溉
田者如故正統時豪民復肆佔佃德州守顧琳奏復之
成正間奸民李諒洪貴等冒奏佃種起科聽選官潘用

俞璉等奏寢之嘉隆間復有徐應元等投勢轄眾淤湖爲田當事者又奏越視之而五鄉民始不得不與之爭矣萬[曆]元年王茂貞乃特具奏其略云上妃白馬二湖承瀦諸山七十二澗之水以滋種植但湖小田多流蔭不周唐長慶二年五鄉人民割已田添置夏蓋湖周一百五里旁列三十六溝由喉注腹由腹散支湖供田水田包湖賦永爲定則又慮西北高阜東南低窪水或一決潰若建瓴故於孔堰曹稽溝横山等處設閘壩以嚴啟閉若佔湖一畝妨害田水一十六畝七分今歴年以來累被刁悍佃佔春初則大開孔堰決上妃白馬二湖之水以遂己之東作及各圩種畢則分瀝夏蓋之水以便己之車戽向之順入於腹者今反逆出於喉矣以勢較之則不敵以公訴之則無途向使湖可以爲田則昔人何必割田爲湖云云語甚悲切得旨下工部咨移兩臺轉行會稽令楊維新

同縣令林廷植勘申已得要領遂如議覆奏奉旨行矣

工部覆本爲豪強佔湖洩水懇乞行查以全國賦以救生靈事都水清吏司案呈奉本部送工科抄出巡按浙江監察御史蕭題稱據浙江按察司提督屯田倉糧浙直水利兼理鹽法河道僉事董呈稱蒙臣批據水利道呈詳查議過上虞縣上妃白馬夏蓋三湖緣由蒙批據呈似尚草率所與因仍開復二項未有的數頃畝及分別疆界不惟無以永利日久亦且難以塞責目前本道仍行兩縣官再加勘報蒙此案照先蒙案驗該奉都察院勘劄前事行道備行會稽知縣楊維新上虞知縣林廷植會勘申道備由呈詳蒙批前因復行二縣申稱先該各官親詣三湖處所據集耆里業主人等查勘得三湖創自漢唐瀦水灌田實五鄉民利祗因各湖高阜處所原有額田小民因將近田湖地屢次佔種各經奏勘立碑禁革豪民仍復侵佔至嘉靖三十九年有民徐應元等欲佃爲實業呈蒙軍門都御史胡批府行縣勘明不准但所佔前田尚未吐出至嘉靖四十一年遇蒙丈

量該本府通判林仰成郎作原田丈出多數入冊糧差訖丈量之後各民復佔成田太多且地勢漸低必洩水方可佈種因大開孔堰等閘以致湖水少滀灌溉無資一遇旱魃五鄉遂至啼饑及今不禁則侵佔之漸猶不可止而五鄉之害又不可言所以王茂貞等有今日之奏相應查照原額盡行革復但念前田承業既久糧差已定卒欲更復不無動衆之患議將嘉靖三十九年以前佔種者仍舊管業置立疆界分別湖田三十九年以後佔種者悉退爲湖在上錢糧郎着五鄉居民包辦又以新佔湖田比之額田地勢甚低所以得佔種者爲諸閘之不謹有以洩水故也若湖水常足自難成田而侵佔之源可塞議將孔堰閘築塞堅固其餘小穴諸閘重加修砌設立閘夫老人司其啟閉仍立碑禁諭如有仍前盜開并侵佔湖田比例問發題爲永制庶水利可久而國賦不虧等情已經具申今復查勘前佔湖田原該林通判丈量定有埂界埂內三湖共田九頃四十一畝四分七厘零係業主馬廸等俱於三十九年以前佔種者前議姑令承業埂外三湖共田四頃一十九畝八分

六厘零係業主葉文顯等於三十九年以後佔種前議退復爲湖及審埂內田已經丈量入册糧差埂外田尚未入册亦無糧差包賠各勘明白查得田畝字號業主姓名申送到道據此查得三湖除原額田共二十五頃六十六畝九分後因居民侵佔嘉靖四十一年該林通判丈勘定有埂界自三十九年以前佔種田共九頃四十一畝四分七厘零俱在埂內已經入册陞糧姑令仍舊管業三十九年以後續佔田共四頃一十九畝八分六厘零俱是埂外未經入册陞糧議令退復爲湖其疆界已有石埂無容外議然疆界雖明恐立法不嚴日後復恣侵佔合照二縣前議凡有仍前冒佔者無論多寡比依強佔官民山蕩湖泊問擬杖一百流三千里盜決者比依盜決河坊毀壞人家漂失財物淹沒田禾犯該徒罪以上爲首者問發充軍事例并乞題請著爲定規俱候允示之日備行上虞縣查照原議築塞孔堰閘修理小穴等閘每閘設閘夫二名湖東湖西老人二名以司啟閉曹稽溝閘仍舊爲便不許遷移備將改正過緣由刻立碑石以垂永久呈乞照詳完銷勘合等因到臣

據此案照先奉都察院巡按浙江五千五百四十四號勘劄准工部咨該本部看得上虞縣民王茂貞等具奏上妃等湖水利緣由既奉旨相應行查移咨都察院備劄行臣卽將王茂貞等奏內事情選委廉能官員逐一從公嚴審不得拘泥一面之詞審果情詞是實卽行改正究問如律倘有利彼妨此及揑情妄奏徑自究治等因奉經行據浙江按察司水利道行委會稽知縣楊維新上虞知縣林廷植會勘明白議呈前來尤恐未盡又經批行覆勘去後今據因爲照吳越之間古稱澤國耕稼之利多仰官湖自頃年以後民旣利湖田而敢爲侵牟因而官亦利湖田而輕爲佃稅佔種與佃稅交作致湖蕩與堰閘俱湮水利竟微旱潦何備其在紹興各縣又其尤者在上虞縣上妃白馬夏蓋亦其一也所以王茂貞等切有此奏誠有不可不爲修復者據查徐應元等侵佔至於多頃而丈量亦以多年不惟已派之稅卽難弗許爲田亦且已成之田卽難復濬爲湖至於埂外續開之田又非冊內經丈之數當令盡吐以廣瀦滀然湖蕩廣而堰閘不嚴則水澤之走洩何杜堰閘雖嚴而

細民之覬覦尚滋所據該道議將前項湖田已經入冊糧差者仍令管業未經入冊陞科者悉復爲湖修築堰閘定立疆界比依律例刻懸禁約似亦有見如蒙勅該都查議准令照議修復施行庶法嚴則民無輕犯湖廣則水利永固此一方黔黎之幸也等因奉聖旨工部知道欽此欽遵抄出到部送司按查萬歷元年六月内據浙江紹興府上虞縣民王茂貞等奏爲復水利誅豪强以救億萬生靈以全億萬賦税事已經備咨都察院轉行巡按御史查勘去後今該前因查呈到部臣等看得浙江上虞縣上妃白馬夏蓋三湖利關一方委當修復今既巡按御史蕭委官相勘明白具題前來相應依擬恭候命下本部備咨都察院轉行巡按御史蕭嚴督各司道府縣等官除徐應元等佔種之田已經入冊陞糧者姑令承業外將埂外續佔之田未經入冊陞糧者盡數開復爲湖以廣瀦滀仍修築堰閘定立疆界不許豪强仍前侵佔如違嚴加究治務垂永久其一概禁約事宜悉照原議施行萬歷二年十二月十九日覆本月二十一日奉旨是

沿至萬歷九年而

剗者未剗復者未復適經丈量卽嘉靖三十九年以後佔者且混行入冊萬歷十三年知縣朱維藩又將湖田抵歸西溪湖之陞科無田者而奸民益得借號影射悉行侵踞無論上妃一望膏腴無復有湖白馬僅如綫之流卽夏蓋湖如馮家山大山下等處額田外今年爲池塘明年爲田畝亦效上妃白馬之故智矣宜王瞧等有乞遵明旨之呈也會稽令羅相又與縣令楊爲棟會同覆勘有二議視昔加詳議曰查得上妃白馬二湖自東漢有之後因漑田不足唐民居五鄉者割田爲夏蓋湖湖形上妃高與夏蓋埒接諸山澗之水由穰草堰入於夏蓋湖白馬比夏蓋略低則築

孔堰接山澗之水由石堰入於夏蓋湖而夏蓋則總納二湖之水傍通三十六溝閘疏派於各鄉灌田十三萬有奇當一邑之半譬之人身以上妃白馬爲咽喉夏蓋爲心腹昔曾勒之碑石云佔湖一畝妨水利一十六畝七分祇緣湖濱高阜處有額田而得田之家遂倚田侵佔然猶未敢公然無忌也至嘉靖四十一年署縣林判府丈田鉄額而佔田者乘機竄入冊中爲廢湖張本雖經王茂貞具奏奉旨行委會上二縣知縣勘議將三十九年以前者准爲田以後者悉刬復爲湖其孔堰則堅築之使無洩也已復詳奏復至萬歷九年又經丈量即三十九年以後續佔者且混入冊矣至萬歷十三年朱知縣議復西溪湖刬去民田給帖撥補而奸民移址改換借號影射悉行侵佔且於春水溢則開孔堰排己之浸溢以便東作夏水涸則盜決石堰反利人之瀦滀以贍灌溉是上妃白馬獨有利無害而夏蓋湖不惟無水之源頭昔也由喉注腹今則由腹而逆出於喉屢經荒旱者蓋以此而今權宜利害有兩議焉查得茂貞奏復抄招三湖額田共二千五百六十畝九分即將三十九

年以前者准爲田止田九百四十一畝連前不過三千五百餘畝今據白馬湖居民稱額田七千餘上妃稱額田三千餘況有夏蓋未查除前三千五百外盡皆續佔但原卷已燬幸有四十一年魚鱗圖及林通判丈量十二格冊可考也欲爲久遠之計合照萬歷四年之議將原額田并三十九年以前入冊者及朱知縣撥補西溪湖田四百九十餘畝查出某湖若干分別丈量許其爲田令得田之家自築高堤用防水潦以外悉退爲湖此一議大有益於五鄉十三萬之田而頗不利於兩湖數千畝久假不歸之田非卓有主持力排羣議者不能行其孔堰照今所勘水勢自橋板量下低至三尺八寸積水以此爲準則白馬不但額田無妨即續佔者亦與田底平也盜至淹沒上妃湖尤無碍合將閘改溜水石壩舊閘門廣止六尺以直而瀉今增一丈二尺以橫而瀉逢有餘則自洩止平石則常瀦矣其三十六溝易洩去處如朱家灘亦宜改爲平水石壩洩其汎濫固其停蓄如前制其長壩謝家塘係土築而不免拖船宜改築以石其陸家溝河清溝其土薄也漁者易於盜決宜令得

利民修閘四丈餘則夏蓋卽不能實受二湖七十二澗之水苟非大旱亦可無患彼白馬佔田之民猶以苦水爲辭不知壩之平取準於田底則斷無沒田之理至妄訴民爲魚鼈令勘居民住址去額田高甚豈復有低等窪田者耶則改溜水石壩之議所宜亟行矣此一議則大有利於上妃白馬而小不利於夏蓋不必騷動上妃白馬佔田之家而亦可稍安五鄉人民藉蔭之地似爲易行至於夏蓋湖新池新田必嚴爲剗毀以杜將來效尤之勢不然則日侵月削數十年後其不至如上妃之盡佔爲田不已也

嗣是則黃府判名號職官表無考來署縣篆身履其地覆勘於二議反覆殆盡鑿鑿以剗田復湖改閘爲壩亟上之院道業已詳示而數十年來竟託之空言歲甲辰徐令待聘以樂清改虞以虞之利病莫過三湖身履至再相度地形探訪民情於

前所議覆者慨然詳申條爲六款略曰上妃白馬在夏蓋之上流接諸澗之
水停滀夏蓋故必二湖之水滿而溢然後上妃由穫草
堰白馬由石堰轉入夏蓋由夏蓋分注三十六溝以資
七鄉之灌溉論勢則湖東低於湖西不止尋丈若東鑿
孔堰使二湖之水下走餘姚則二湖可成沃壤夏蓋之
水反由石堰盡流至孔堰爲二湖佔田者之利而夏蓋
漸爲陸地是昔之建二湖也所以培夏蓋之源今之佔
二湖也徒以決夏蓋之水三湖者將存一湖而其源不
長其涸立待矣自湖東刁民之盜佔而又懼湖西之必
爭也於是投託勢宦以相影射獨不思割田爲湖者何
心佔湖爲田者何心顧以升斗之微而忍爲刁豪者樹
赤幟亦可怪已湖西之與湖東爭剝膚之災也爲公也
府縣之伸湖西而抑湖東從民之願也亦爲公也良民
敢怒而不敢言有司能議而不能任所以屢奉明旨雖
經憲詳而屢議屢罷上妃白馬之佔田日加益也爲今
之策莫先於塞孔堰孔堰塞則水不洩水不洩則田不
成湖東雖欲竊據無所用之其次改長壩修溝閘增湖

塘以至查覆佔田帖田申嚴故決盜種之數者不可鈌
一庶三湖還其故道而七鄉受其永賴矣　一築孔堰
上妃白馬之佔爲田也皆由附近居民私開孔堰將二
湖之水一洩而東注餘姚不煩工力便成膏腴故佔田
者四起而夏蓋湖之水源已竭湖東湖西之爭未已者
全在此若改堰爲溜水石壩溢則流平則蓄庶上妃白
馬之水仍歸夏蓋湖而七鄉十三萬之田俱資灌漑矣
兩湖額田之形原高於湖彼藉口於潦之爲害者妄也
其改壩規制丈尺具前議中　一改長壩長壩與餘姚
接境乃三湖各溝閘諸水所合流之處其瀉於姚勢如
建瓴故孔堰固三湖之尾閭而長壩尤三湖之漏巵也
雖常建閘以時啟閉近因商船欲避梁湖之官稅往往
取道百官等鎮以達長壩而該土豪民又利其私稅遂
使閘無寸板一任水之奔注船之往來恬不爲怪閘旁
壩原係土築船既由此拖過則壩易坍塌又何怪三湖
之水不滀而一遇天旱即苦弗歲也七鄉民所以請改
閘爲壩而壩必用石也其謝家塘之利害亦如長壩又
一修溝閘夏蓋湖東西其有三十六溝以分注其水又

有塘以捍海之鹹水有閘以瀦湖之淡水其西固無恙也惟東二都至五都如陸家河清及小穴夏山等處泥土淺薄易於盜決故土豪因而偷水灌田又因而拖船捕魚近該勘視大非舊制若春雨連綿山水泛溢其潰也可立而俟矣應令管湖老人及圩長將各溝作速修濬無致傾洩其閘亦以次輯理堅固庶鹹水不入淡水不出而七鄉之田無旱乾之害也

一增湖塘夏蓋湖三面枕海其北與杭之鹽官相望所恃障海捍田者全賴湖塘今塘皆坍塌低狹僅存一綫之路蓋非獨湖東之盜決其北新漲沙地漸成沃土及屬之竈戶者假竈名色顯然決湖之水以自利水多從旁孔出故塘之削也滋甚及今不爲修築或風濤衝激或霪雨浸潰將海潮直入其腹內其始尋丈其究滔天悔何及乎應照原議令得利人夫修築闊四丈有餘以防奔溢之患

一查佔田帖田佔田非由祖業非由價買夏蓋湖之竊據者較之上妃白馬稍難上妃白馬一決孔堰便成田矣若夏蓋之佔湖者雖假工力藉經理然大山下荷葉山馮家山鷲兒斗等處在在皆有肥田皆不止數百畝而

每畝皆歲收十鍾自種自食以官湖爲已業尚亦有利哉近又有借還湖之名而敢爲佔田之倡者則西溪湖之業主是也朱知縣議復之日恐豪民爲梗遂以新漲沙地給帖抵補而湖田亦在内有帖止一畝而包佔幾十畝者又有假託有帖而移坵換段恣其侵漁者非獨復一湖廢一湖於民情爲甚拂而以有限之官湖供無窮之欲壑其勢不併夏蓋而盡田之不止今除嘉靖三十九年及萬歷四年入册作額田外均應裁之以法亟爲剗復者也不然今年具奏明年具呈今年勘議明年究招而卒無了案使佔田者坐享厚利誠不知其所終矣　一嚴故決佔種法不立則民莫知所從法不嚴則人又易犯三湖瀦水灌田據湖經稱佔湖一畝妨碍灌田一十六畝七分其非他湖之比也明甚今上妃白馬僅存涓流皆爲刁豪佔據而夏蓋亦漸失其舊屢奉明旨剗復卒束之高閣而未終局者則以上之姑息太過故數十年築道旁之舍致佔田者日加益也夫强佔官民山蕩及故決河防律例凛然誰敢干之豈堂堂三尺獨不行於三湖耶此後應照律例究擬仍追籽粒庶佔

者決者懼法而不敢肆無忌憚亦復湖之一端也脩志至水利復反覆言之其詞曰昔人云佔湖一畝妨水利一十六畝七分今之佔湖者何紛紛也余嘗讀本末一書輒掩卷而歎成事之難豈事之果難成哉能議而不能任則難能任而不能請於上則難得請而從旁有撓之者則又難三湖自王茂貞具奏得旨以來所爲議者亦既詳且久矣而竟不能觀厥成眞可扼腕查嘉靖四十一年以前冊田三千五百六十畝九分萬曆四年以前又冊田九百四十一畝四分餘皆新佔亟應剗復姑存以待後之眞能成事者

其辨餘姚志也亦甚公允未幾徐陛任去後令模棱兩端剗復之議竟不果行又萬曆志於白馬夏蓋小查湖另有按語其與姚人辨也亦甚公允徐待聘曰餘姚志稱湖在上虞界而得分蔭者有三處謂白馬夏蓋小查湖也其言白馬湖灌姚之東山蘭風開原三鄉及上虞之西潸五保其言

夏蓋自來蔭注上虞新興等五鄉及餘姚蘭風一鄉有言永樂間上虞修志故云秋後三日於陳倉閘放水四箇時辰其圩甲諸色人指此藉口不得應時放洩以致蘭風鄉之田多槁蒙郡守陳耘立辨虞人之奸決罰之復與餘姚均利其言小查湖灌雲樓一鄉據姚人所志則凡鄰於虞者皆與虞共利姚鄰於虞可有其利然未聞虞得承姚之利何也夫民分隸地分域越境而有人之利果法乎考夏侯曾先地志云白馬湖舊名漁浦湖原在餘姚蘭風鄉唐貞元二年割蘭風鄉西五里置永豐鄉益上虞縣其湖今在永豐鄉界是蘭風之名舊溉於湖習爲故常無足怪者乃今延及於東山開原而上虞止西潛五保是知唐末割地以前而已版入於虞而利輸於姚安用分土爲哉譬若產然始屬於東東家之有也既屬於西矣而猶尚爲東所據耶夏蓋湖周圍甚廣地勢東北最低較之湖西高下相去丈餘是以水去如傾直至餘姚之蘭風一都姚之仰餘潤者往往垂涎故或從鎮都新壩處乘間盜決或從附近溝港處聲言開放相延既久視若當然於是爭搆上之人以爲彼此

吾民也安忍坐視其困如弟方饑而且死則爲父者分兄之粟以濟之不論其非己庾也而乃反曰虞人不肯與姚均利何不易地而觀之且姚之蘭風一鄉既蔭白馬湖矣又蔭夏蓋湖是蘭風決宜全熟而虞人不得自承其蔭張目垂手而供諸姚也昔之劃地止蘭風鄉五里但應此方之田蔭之可耳浸淫及於一鄉又連注東山開原藉令可一決而盡輸之亦不厭矣姚之岑處士原道者且云盡奪漁浦夏蓋歸於餘姚則北鄉可免於暵患是姚人之情畢露於此然而猶謂之曰奪則其非已物亦較著矣至若小查湖之灌雲樓鄉者蓋姚多置田於上虞一都之界故其環湖而田者仰給於此湖由田而波及於姚其境近其勢便也而非其宜也彼謂虞人修志而欲專之將姚人修志而可奪之乎虞人之志志己之土地云爾乃姚人取人之土地而志之乎總之之姚處下流傾注最易時值暘暵望濟實殷原其涸轍之情通以卹鄰之義姚人尚亦有利哉其事固有成議然而昔人所以致是者大抵以近而親不能力爭也故聊爲之辨以明其概如此○以上仍萬歷志舊文略采水

利本末及備稿增入之

國朝雍正六年總督李衞因康熙五十八年海潮泛溢坍糧莫抵將湖內淤土給民承墾編列時和年豐四字號共田六千七百餘畝報陞輸科又七年報陞附和字號田九十畝十一年報陞民安物阜四字號共田一萬一千三百餘畝又附時字號田一千八百二十七畝附年字號田一千七百餘畝先後報陞共田二萬一千六百餘畝乾隆五年奉各憲委員查丈除陞科入額田畝外其餘私墾概行剷除築塍爲界九年八月二十日戸部爲遵

旨議奏事大學士伯臣鄂爾泰議覆浙江布政使潘思榘
奏請嚴禁侵佔官湖一摺奉
旨俟訥親到日大學士會同議奏欽此據稱農政之要水利為先浙省土狹民稠全賴溪湖之水容蓄灌溉而民間之墾佔甚多如餘杭縣之南湖會稽縣之鑑湖上虞縣之夏蓋湖餘姚縣之汝仇湖慈谿縣之蓀湖等處向稱汪洋巨浸今已彌望田疇佔湖之律禁雖嚴民間之墾佔未已總由地方官平日不實力稽查而地棍勾通縣胥一有報墾即濫准陞科且墾地勢處低窪并將舊

置堤閘私行損壞貽害農田非細臣請嗣後凡有報陞
飭令地方印官親履查勘如果非係官湖無碍水利方
准陞科如佔湖爲田卽令剷除禁止倘印官查勘不實
應請嚴定處分仍於每年農隙飭令印官同分管水利
各員親詣查勘申嚴禁令如有土豪地棍强佔私墾者
責令挑復仍照律治罪勘後出具印結通送督撫查核
歲底彙結報部等語查各省湖蕩原爲瀦水之區旱則
以資灌溉澇則以備消納於民田水利最有關係浙省
夏蓋汝仇等湖歷來藉以灌溉民田後因該處督撫以

浙省逃亡地丁及沿海坍塌地畝錢糧無着請將湖內
可耕之地聽民報墾陞科抵補其湖底低窪之處仍留
瀦水奏明辦理在案今據潘思榘奏稱濱湖之地岸坍
泥積水去沙停民間侵佔無已水道日以淺窄於旱潦
有妨等語臣等伏思湖蕩關係水利自應使之寬深容
納庶旱潦有資瀦洩無礙向來地方官止就目前情形
計度每見湖內涸出之地即以爲應聽民報墾陞科可
以盡地力而充
國課不知墾種旣開奸胥地棍藉陞科之名任意侵佔不

顧水道遁塞以致湖身日淺湖水無貲一遇水旱不但他處民田不免漫溢乾暵之虞卽湖內所墾田畝究已先受其害及至成災之後議蠲議賑所費益鉅是開墾湖地雖有升斗之入究竟妨碍民田損失更多不若設法禁制令該督撫等於凡有湖蕩之地委員詳加查勘除已經報墾地畝外其餘滀水之處劃明界限不許再行開墾阻塞水道其從前已墾地畝亦令查明有無壅科分别辦理如此水有停滀民受其利似於水利民田均有裨益倘蒙

俞允交與各省督撫一體遵照妥辦可也臣等愚見如此
伏候
聖訓謹奏奉
旨依議欽此嘉慶五年正月十八日承准軍機處夾片內
開嘉慶四年十二月十七日奉
旨這所參前署上虞縣福建漳浦縣知縣伍士備前署上
虞縣試用知縣繆汝和前署上虞縣餘姚縣丞陳鶴瑞
俱着革職交署撫阮元提同案內人証嚴審定擬具奏
撫憲阮查此案私墾田畝於乾隆五十五年奉文剗除因

經費無項因循未辦並未嚴禁私墾致該處居民復陸續私墾成田至一萬餘畝之多該縣書吏視爲利藪私收租錢藉肥囊槖除飭司將該員及各書吏照例分別定擬外並將私墾田畝自五十五年以前已墾成熟田七十八頃一十九畝四釐八毫六絲五忽又五十八年起至嘉慶元年止陸續墾成田一百三十二頃二百一十畝九分九釐七毫二絲八忽又嘉慶二年起至三年止甫經試種田六十二頃二十八畝九釐三毫三絲二忽均經委員勘丈編列務本力農奉公守法八字號報

陞入冊又額外報陞畈患田一千四百十五畝九分一釐二毫地二百三畝二分八釐三毫池十二畝七分九釐一併入冊

巡撫阮元奏爲特參聽信書役慫恿索取私墾各戶錢文之知縣請　旨革審以肅功令事緣紹興府屬上虞縣地方有夏蓋湖一區志載周圍一百五里係唐時民人割田爲湖瀦蓄山水灌溉該處田畝後因年久湖身淤墊該處居民卽於湖旁淤高之處陸續開墾成田先於雍正六七年及十一年并乾隆二十五年三十一四十五等年六次具題報陞科田二萬四千餘畝分別民安物阜時和年豐等字號給民承種在案嗣湖旁日增淤漲居民陸續私墾約計田七千餘畝乾隆五十二年前任紹興府姜開陽稟經前撫臣覺羅琅玕飭委該府親詣勘丈議結陞科卽經前督臣李侍堯以夏蓋湖附近老田十三萬畝全賴湖水灌溉若將湖田再報陞科將來蓋湖盡成平陸於農田大有妨碍批令司道議詳嗣經該司道等仍請照例陞

科具詳呈覆又經前督臣伍拉納批飭委員覆勘旋據
前任寗紹台道左周於五十五年五月內勘明詳請將
私墾湖田盡行剗除以資儲蓄卽經伍拉納如詳批准
在案嗣於五十六七等年卽經前任督撫各臣照案檄
飭該府縣剗除因剗費浩繁因循未辦各墾戶仍舊耕
種附近居民因見已墾之田並未剗除隨自五十八年
起至嘉慶元年止又陸續私行開墾茲據委員丈明前
已開墾成熟未經剗除田七千八百餘畝之外又陸續
私墾成田一萬三千餘畝其低窪處所有甫經私墾試
種田六千二百餘畝勘明該湖周圍向有二十餘里且
支河環繞瀦蓄充盈四圍田畝足資灌溉無碍水利等
情臣等伏查此案私墾田畝乾隆五十五年奉文剗除
因經費無項因循未辦並未嚴禁私墾致該處居民復
陸續私墾成田至一萬餘畝之多而該縣官吏視爲利
藪私收租錢藉肥囊橐此夏蓋湖歷年私墾官吏索詐
之原委也臣飭委司道等拘傳墾戶及該處畈長人等
委員研訊究出自乾隆五十一年前縣鄒宏贊因近湖
淤地私墾日多僉差戶書馬文奎余懷德等到地清查

各墾戸因私墾有干例禁願納租錢每戸出錢百餘文及三四百文不等五十一二三等年共征收租錢八百餘千五十四年前署縣繆汝和到任聽信戸書余懷德等慫恿復收租錢三百三十餘千五十五年因有剗除之議各墾戸不肯出錢五十六年秋間縣書余懷德因見田稻成熟慫恿前署縣伍士備以剗除爲名索詐各墾戸租錢四百六十餘千五十七年亦收租錢四百七十餘千五十八年以後接任各員並未飭着清查亦未私收租錢至嘉慶三年署縣陳鶴瑞到任復聽余懷德慫恿復私收租錢二百四十餘千隨飭提縣書余懷德陳倸裕顧國治唐廷華等質訊亦供認每年所收租錢各分錢二三十千不等餘剩錢文繳進縣署鄒宏贊任內係交管門家人王二經收伍士備任內係交管門家人范洪經收陳鶴瑞任內係交管門家人姚得胡昆許全經收其各該縣等得錢數目必須提同各該縣管門家人三面質訊方足以成信讞茲據兩司道府各揭報前來相應據實參奏請 旨將前署上虞令調福建漳浦縣知縣伍士備前署上虞縣事試用知縣繆汝和前

署上虞縣事餘姚縣丞陳鶴瑞一并革職以便提同案內人證嚴審定擬具奏除飭立拘該縣等家人范洪姚得等到案質訊究明索詐分肥確數照例定擬并先將勘丈私墾田畝分别已未滿陞科年限造具花戶畝數細冊由臣元核明另行恭疏具題報陞科外所有查明私收租錢各員謹合詞恭摺參奏並將夏蓋湖私墾各田畝分别新舊麥田繪圖貼說恭呈 御覽伏祈 皇上睿鑒再此案臣元未能先事查出咎無可辭相應請旨將臣交部議處其歷任失察之督撫司道府各員容俟查取職名隨案咨部核議合並陳明謹奏戶部議奏爲遵 旨議奏事浙江司案呈該臣等查明浙江巡撫阮疏稱云云等因前來查先准刑部咨稱議覆浙撫阮奏前署上虞縣知縣一伍士備等索取夏蓋湖私墾地畝各戶錢文審擬治罪一摺內稱夏蓋湖地畝自乾隆五十一年以後該地居民陸續私墾並未陞科現委妥員會同該縣丈明已未成熟畝數開造花名頃畝細冊另行題請陞科毋許再行續墾等因經臣部行文該撫遵照辦理在案今據該撫造送冊開自乾隆五十五年

以前起至五十九年共開中田一百三十八頃四十七畝六分九釐零每畝征銀一錢一分一釐一毫共銀一千五百三十八兩四錢七分八釐每畝征米四合七勺共米六十五石八升四合一勺零請於嘉慶五年入額征解又乾隆六十年開墾中田三十頃六十二畝五分四釐零共應征銀三百四十兩二錢四分八釐共應征米一十四石三斗九升三合九勺零請於嘉慶六年入額征解又嘉慶元年開墾中田四十二頃三十畝八分二釐零共應征銀四百七十兩四分四釐共應征米一十九石八斗八升四合九勺零請於嘉慶七年入額征解又嘉慶二年開墾下田四十七頃四十四畝一分五釐零每畝征銀九分五釐四毫共銀四百五十二兩五錢九分二釐零每畝征米四合一勺共米一十九石四斗五升一合零請於嘉慶八年入額征解又嘉慶三年開墾下田一十四頃八十三畝九分三釐零共應征銀一百四十一兩五錢六分八釐零共應征米六石八升四合一勺零請於嘉慶九年入額征解通共征銀二千九百四十二兩九錢三分一釐零征米一百二十四石

八斗九升八合一勺零等語臣部按冊核算併該縣賦役全書開載科則應征數目雖屬相符惟查此案田畝刑部原奏內聲明於乾隆五十一年即已私墾輸租是官民侵漁獲私歷年已久今若仍按水田六年之例起科各墾戶轉得遂其利欲且查定例民間開墾田畝於初墾時不行報官後經自首者即以自首之年入額陞科此案係該督撫參奏後始行勘丈陞科更非自首可比所有前項查出各田畝應征銀米自應統於嘉慶五年一例入額征解以重　國課今該撫復案水田六年之例分别年限起科殊未允協相應仍令詳晰妥議題報到日再行核覆至此項田畝該撫疏內僅稱係轉飭紹興府委員會同該縣查丈恐未免有不實情弊並令轉飭遴委隔屬道府大員前詣該地詳加履勘有無隱匿不報取具切實印結隨揭一併送部核辦等因嘉慶六年五月十九日題本月二十一日奉　旨依議欽此相應行文浙江巡撫遵照辦理可也○以上嘉慶志備稿

九年邑人何淇等稟請知縣崔鳴玉於陡門菱池華

溝等處建則水石壩並時建造
其高下以蓋湖新陞中田爲則道光八年驛亭河清小
穴等壩村民開掘放洩連聲傳等復稟知縣秀山並呈
請撫院築復石壩高下仍視則水定式按秀令初議河清小穴兩處均
照則水壩尺寸驛亭一壩較則水壩低五寸連聲傳等
呈稱西鄉河道面闊底狹河底蓄水一尺不及河面一
寸面寸之水可以灌禾三日壩高五寸即可免半月之
災誠爲寸水寸功且若驛亭一壩獨低水仍歸底直瀉
官民浩大工程亦必盡棄禾命仍無撫院劉批建築堰
壩自應以農田水利爲重驛亭壩照舊制則水建築不
得改
低工竣之日令鄭錦聲詳請憲示勒石永禁爲重整水利等
事案據紳士連聲傳等稟稱驛亭河清小穴三處石堰
前因壩夫漁利廢石爲泥削高就低以致水難瀦蓄田

無灌溉職等循照則水壩定式捐建石堰呈明府憲批飭前縣主勘明移委糧主督辦詎驛亭壩夫舞弊未循舊制控蒙撫憲批示飭將驛亭壩仍照舊制則水建築不得改低以杜爭端等因茲職等遵將河清小穴驛亭三處石堰建築完竣其高低尺寸悉與則水壩一律相平洵於農田水利大有裨益但恐年遠時湮各壩夫及附近刁民罔知法紀再生拆毀洩水害農爲累匪淺伏叩詳請給示勒石永禁等情當經勘明通詳在案茲奉各憲批示到縣合行給示勒石永禁爲此示仰該處壩夫及坍近居民總保人等知悉要知驛亭等處石堰專爲水利農田照則水改築此後倘有漁利之徒私便車拔船隻膽事拆毀洩水害農一經訪聞或被告發定即提案從重究辦

道光二十年驛亭等壩爲壩夫圖便改造邑人陳燮功等控縣勘訊旋令築復二十一年知縣劉廣湄復爲勒石爲遵批給示勒石永禁以杜私拆而垂久遠事查接管卷內道光二十年十二月初九日

奉本府正堂定札開道光二十年十二月初八日奉布政使司常憲牌道光二十年十二月初二日奉撫憲劉批上虞縣具詳境內驛亭等處石堰實爲西北鄉全河陂障被壩夫圖便船隻行走擅行拆低據各鄉衿董控縣勘訊究賠業經捐修完整該董事等誠恐日後再被私拆叩請給示永禁似係保護水利田疇起見仰墾俯賜給示勒石永禁等緣由奉批據詳已悉仰布政司即飭勒石示禁毋違仍候督部堂批示繳等因奉此合行轉飭等因奉此合函飭知仰縣即便遵照勒石永禁毋違等因並奉各憲批示到縣奉此查驛亭小穴河清三壩爲西北鄉全河陂障實屬攸關水利前於道光八年間據紳董連聲傳等查照則水捐砌石壩詳請前院憲給示永禁拆低嗣後壩夫圖便拔船拆低據紳董陳燮功何棻俞泰連仲愚控經前縣將各壩夫分別枷杖賠修具詳在案茲奉前因合行給示勒石永禁爲此示仰該處壩夫地總人等知悉爾等毋許圖便車拔船隻將各壩私行拆低致礙糧田水利倘敢抗違不遵一經訪聞或被告發定即提案究辦

同治二年小

穴壩爲鄉民漁利盜決一時陡門華溝等處則水壩開掘甚多邑人連仲愚等稟請知縣翁以巽嚴訊究懲築復完固至於巡防之法其初七鄉但設司水老人一名至明崇禎間東西鄉始各設老人二名互相巡察然每年迭易有同過客而責任不專　國朝順治十七年西鄉士民立法分巡俞得鯉西鄉合巡水利記略曰水利大事也急水利同心也西鄉之士不一姓姓不一人併力協謀而計姓巡之直一二日事耳遂檢搭諸姓得應巡者若干數置大牌一面書衆姓日期於其上并某溝某堰某閘次第書之列款陳法分布井井又議湖陂之下者姓出瓦屑一二船障其流云云餘詳水利本末並稟縣令蔡覺春詳憲勒石給發官勘印簿臚

列巡湖各款歷久遵行詳載水利本末光緒十七年知縣唐煦春條爲四款唐煦春曰余每於春仲勘江海塘及蓋湖各溝堰而知水利與塘工實相表裏焉夫蓋湖自續陞而後水僅涓滴所恃以無恐者全在堰壩之固巡查之嚴萬一疏懈無論舊蔭者幾同石田卽新陞者未必有秋國課奚出民生奚賴此今之水利當倍嚴於昔日也爰謀諸紳董陳四款如左以告後之維持水利者

一舊印簿立法綦詳在嘉慶初未盡陞科猶且切實認眞自三四年續陞務本等八字號灌溉失資高田皆石九年間故紳何淇相度形勢斟酌高低稟請前縣崔創建陸門菱池華溝則水壩並驛亭河清小穴一律完整於萬難設法之秋垂永遠蓄水之計後人應曲體苦心認眞巡修保此十餘萬糧田是爲至要

一蓋湖昔有其名今無其實惟南首小穴湖北首大小瓦泥潭尙有數區蓄水奈墾田之家每因已產對出築埂私佔竟有糧號無多畝分加倍影射牽扯皆所不免司巡者宜留心察看稟官剗復以杜侵佔之弊

一上

妃盡爲田疇白馬尙留河道查舊志諸山之水出石堰注夏蓋湖今從孔堰東瀉不歸蓋湖嗣後應將孔堰斟酌修築謹視啟閉以養夏蓋湖之源　一舊制横山至蓋山一帶多設溝閘志載確鑿陞科後諸溝皆廢閘且改建爲橋與謝家塘闊河口等壆水勢竟無高下之分此水利之大壞處司巡者須緊防東北諸堰閘認眞巡查俾涓滴之水不至盡入　照會公正練達紳士總司巡姚境亦亡羊補牢之意

防新纂〇互見山川

右湖之屬上

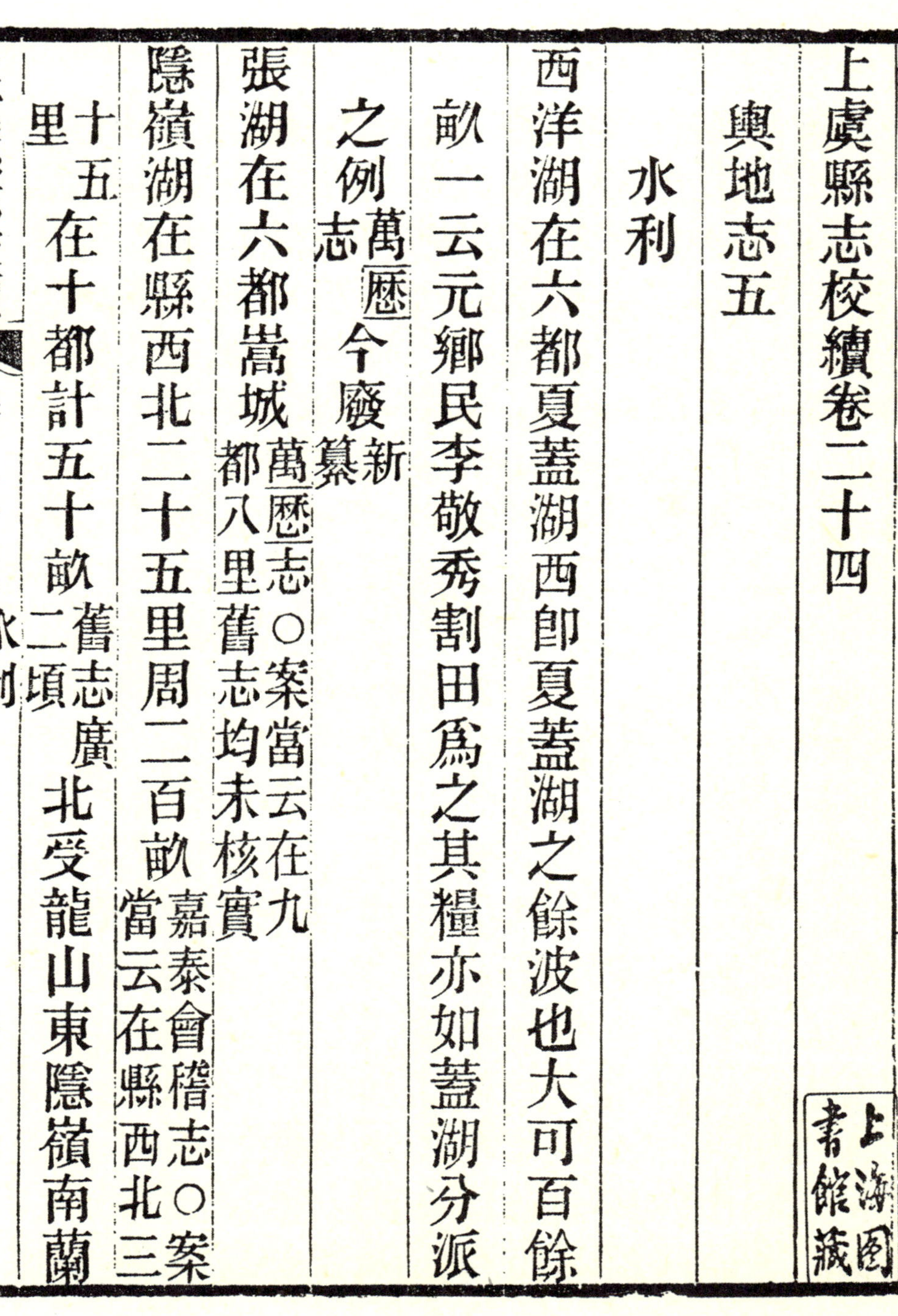

# 上虞縣志校續卷二十四



## 輿地志五

### 水利

西洋湖在六都夏蓋湖西卽夏蓋湖之餘波也大可百餘畝一云元鄉民李敬秀割田爲之其糧亦如蓋湖分派之例萬歷志今廢新纂

張湖在六都嵩城萬歷志○案當云在九都八里舊志均未核實

隱嶺湖在縣西北二十五里周二百畝嘉泰會稽志○案當云在縣西北三十五里在十都計五十畝舊志廣二頃北受龍山東隱嶺南蘭

䓫西金雞諸山之水溉田四百畝萬歷志

國朝知縣陳宗功勘詳查虞邑隱嶺湖在縣治十都地方計五十畝舊志廣二頃東南北三面環山西屬田受龍山隱嶺蘭䓫諸山水西有溝閘蓄洩啟閉以承蔭熟田四百畝緣年久衝塞湖底淤滿茭草叢生不能容受多水前人濬湖之制殆失其舊矣雍正十三年民人金我安呈請墾田濬湖王虞綎呈認蕩稅蒙前藩憲批飭檄委會邑楊令虞邑鄒令會勘議詳案經督撫兩院批示飭禁在案迨乾隆八年金我安復具呈前藩憲認墾濬湖蒙批飭勘議前任各令未經詳覆茲於本年九月初六日奉藩憲檄委會勘卑職遵於十六日親詣該地逐加查勘並據金我安繪圖前來查該湖約廣二頃現在淤漲乾涸無水若照舊制以五十畝一律掘深湖深則蓄水亦深南北西三道各建溝閘以備蓄洩其中計可墾田九十五畝八分四圍築高土塘旱潦有備如此則所墾之田既未侵佔原湖而湖已濬深又掘河溝三道湖河蓄水較前更多是熟田四百畝固可足資灌溉

即新墾亦可不致有旱乾之虞以墾田利益作抵濬湖工費民情自必樂從似應如金我安所請准其濬墾但民情奸良不一勤惰難齊必須先濬湖而後准墾田凡墾田一畝濬湖五分深六尺以此核算計濬湖之丈尺給認墾之多寡俟濬湖完竣另行查勘分别給墾再查該莊熟田四百畝歷資是湖承蔭水利攸關誠非淺鮮天時旱潦無常每年夏秋之間所有溝閘應聽熟田因時啟閉以佐滋溉不得因新墾而借詞爭阻有妨熟田至熟田與新墾均賴湖水所種禾稻須早晚同時庶同溝共洫彼此攸宜不致緩急妨碍應請飭禁永遠遵行管見如斯未敢擅便爲此備由具申伏乞照詳施行乾隆十二年十月十二日詳○新增

高公湖在縣西南十二里周二百餘畝嘉泰會稽志 在十都西倚湖嶴底山受泉蓄之水計一百三十五畝溉田四百畝舊志周二里畝溉田十頃 舊名南塘湖後邑令高公割田益之故

名萬歷志

洪山湖在十都有內湖外湖受鳳凰牛山之水計二百餘畝溉田一千三百畝萬歷志宋邑人張逵割田爲之嘉慶志

金石湖在十都今名小湖計三十畝溉田一千三百畝萬歷志○案萬歷志山川篇有小湖云在嶀山之南當是別一小湖而水利志不載在縣西三十里嘉慶志

孔家湖在縣西南四十二里嘉泰會稽志在十都受福泉山之水計六十畝溉田五百畝萬歷志在洪山下產蓴菜無異

湘湖嘉慶志

皁李湖在十都距縣西北十五里原名曹黎湖唐貞觀初鄉人曹黎二姓率衆割己田爲之後以姓音近似呼爲皁李周十五里受衆山之流南有東西二斗門置閘鑰隨時啟閉灌溉十都二十二都田共一萬一千畝有奇十都重芥薑海鹹河淡字號共七里二十二都惟屈家堡平字號一畈至唐家衖爲界　明洪武辛酉石沏土崩湖民黃直如等捐貲作三閘翰林待制趙俶有記略曰上虞縣治西北有湖曰皁李自西斗門而下析爲二渠一出蔣家堡一出大板橋其流皆抵縣城漕渠故建閘限水使無所洩歷歲既久成績寖弛漕渠之水涸暮夜或竊決以駕舟田失其溉而歲薦凶矣國初令信國公爲征南大將軍道經上虞漕渠膠舟議決防父老黃正倫等具事上白遂寢夫國公手握

重兵猶以水利爲民命所係不妥決防入可得而竊決乎彼竊決者以石閘未固此黄生直如之所以議建也其費則視田入之多寡會粟以給之始自洪武辛酉秋八月至明年春二月訖工三閘既成僉謀勒石謁余求記乃記曰昔先王爲治未嘗不以農政爲先畎澮溝洫咸盡力焉自井田廢先王之法不可復見惟得陂湖以備水旱今阜李諸閘未理防決不常水無所儲直如乃能義成三閘俾是湖之利永有於民顧不賢哉直如係正倫子余嘗嘉正倫能力陳上官而息患於前復善直如克承先志而興利於後故樂爲之書　已卯夏旱通明鎮奸民希圖分蔭誑官屢訟終不能奪永樂丁亥翰林學士王景章有記略曰湖之水東下屈家壩西下蔣家堡大板橋各建閘限水運河無通涓滴洪武已卯夏大旱東通明鎮民任宗等妄訴湖民黄直如等霸佔不均縣令馬馴輕聽誑詞擁衆臨湖勒令決閘瀕湖者老援例力抗卒莫能挽俄頃湖民聞而會救者其來如雨以身庇閘角持不屈翌

日官誣以罵慢之罪執民送府府亦不辨曲直聽以罪加者百三十九人決以杖斷者萬計痛決而號呼徹天者又不知幾何計會電雨交至斷乃中止湖民項圭五徐友直等抱圖記以陳憲司司直之檄文下府府雖曲受終闕互愛反又摘拘被對黃直如深情極獄逼欲順承直如哀告曰湖本高原發委不廣僅供該蔭素無餘積況湖水經運河二十五里乃至通明縱使盡發一湖不給運河一吸尚望濟彼田乎彼田未濟而湖已告涸一舉兩失害莫大焉必欲奪蔭寍粉我身官遂感而平焉明年夏復旱時憲僉唐侯泰偶按臨鎮民俞士珉等仍捏前詞幸唐侯未理密巡田野察諸耆老而曲直瞭然遂按圖合記直在湖民遂使妄控者不威自服向使不遇唐侯不幾艮民利奪於强民腴田倏變爲旱田乎唐侯其明哉誠不可以不書

正統庚申湖民徐學言等重修三閘侍郎周忱有記略曰案上虞志縣西北十五里有旱李湖唐鄉人割已田而爲者也南立二門釃水注田於蔣家堡大板橋二河口置閘以限漕渠由是受漑

田無儉歲其爭執之由濬洩之故有趙待制王學士之碑記在茲不復書永樂戊戌漕渠龜圻欽差主事李讓洎藩臬二司官董奉等取浙東所造運艘千數至通明不能進分憲率府縣決湖者民徐友直項原起等上圖記堅執不從於是決梁湖壩引江潮入而濟之宣德癸未旱鎮海中貴歐誠舟至娥江適欽使西洋劉指揮貢舟艤通明督邑丞趙智決湖湖民羅友睦等如干人詣麾下以利害反覆陳訴牢不容決遂氊包肩運其貨挽舟陸行既各聞就圯正統庚申朝廷檄郡縣興利除害於是邑令李景華挾簿姜文華行視命耆老徐學言等以畝會粟以口集傭伐木斬杙貿灰鳩工循舊制作者起之缺者補之經始於其年秋告成於次年春堅壯固密視昔有加會余巡撫江南適常熟令郭南子禧亦湖民也以父相知具狀速記余惟民以食為天不可緩也蓋產其地者食其利古今不易況割己田而為濬瀦之具乎故雖有勢力不能奪長民者緩而不理豈情也哉若李令輩可謂得其要矣故樂書之以詔將來

萬曆三十四年邑人葛曉修志

豪民鄭用九乘間賄囑僞創七説毁古志湖民黄文等備陳七説之謬上控於郡郡守朱芹同郡佐葉詣湖勘悉具詳督撫甘改正七説勒石永禁邑令王同謙立石有記略曰爲查修水利以奠民生事萬歷三十五年三月二十八日據湖民黄文等控豪民鄭用九朋奸易志奪蔭殃民等情赴告按察司及督撫軍門甘蒙批水利通判葉查報間適本府朱經縣湖民數千擁道號訴本府問之僉云皁李湖爲鄭用九私易志書告開接濟河道當同通判葉會勘此湖旁湖之田萬一千餘畝皆賴其灌溉自唐迄今未有異議查舊志此湖原名曹黎湖肇自唐貞觀間至國朝正統郭南志改皁李湖然名雖更而瀦洩如故今鄭用九修邑志忽倡七説欲將湖面之水濟河湖底之水滋涸勢不至罄走湖水而注之河不止且決湖一丈不足溢河一寸河乾不過稍碍舟楫湖乾則一方之民靡孑遺矣爲此計者欲以河

南之田而取足於河北之水以一人之操縱而變亂千
年之規則無論於理於法萬萬不可即以利害之說較
之亦必不得之數也會勘既明本府復看皁李湖原爲
湖邊糧田而設置閘以防走洩自唐以來安堵如故今
鄭用九私圖洩水濟河除該原行究罪招詳外非奉憲
諭不足以垂永久故恭請明示嗣後不得假借濟河之
名而告放該湖之水勒石湖邊永爲遵守等因申明分
守道臬憲督撫憲立石該湖閘際永爲遵守萬歷三十
七年九月日知縣王同謙縣丞陶民　時七說刊就未即
瞻主簿儲統祚典史吳顯同立石
改正　國朝康熙十年郡守張三異檄縣修志湖民張
俊等據前案控撫院范行府查報府飭縣令鄭僑查勘
得實具詳覆院請剗僞復古撫院復行藩司袁轉查申
覆院批允詳立碑　略曰爲亂志奪湖等事康熙十年四
月十五日本府張奉巡撫都察院范

批發上虞士民張俊等呈稱前事仰紹興府確查速報志冊四本并發奉此遵行隨據上虞縣知縣鄭申稱一臯李湖始唐貞觀間居民割田瀦水灌十都十八堡田一萬一千餘畝向來湖民修築不費官帑不輕私放蓋因虞之一地西高東低最易傾瀉而湖身尤高出運河勢若建瓴一放則涓滴無餘傍湖之田悉成龜坼案查明季葛曉修志創爲七說欲決湖注河士民曾號於府府同水利廳沿湖親勘勒碑永禁今邑志重修衿民張俊等欲削除七說遵舊制而禁放湖水遂聚衆控院以死爭之亦因事關切膚不得不大聲疾呼卑職細查有湖以來皆湖民私力修築涓水灌溉若其洩水於河則沮洳變爲桑田水無所瀦田無所賴莫若照舊聽其自修自溉仍勒禁垂久等因前來隨該本府張核卷明白詳覆撫憲復奉批仰布政司查報隨該本司袁看得上虞縣臯李湖唐貞觀初鄉人曹黎二姓割田爲湖瀦水溉田一萬一千有奇自捐自築不費官帑以時蓄洩歷朝守此勿失因明季葛曉僞創七說載入縣志大要欲强奪湖水分沾其潤傍湖之民恐洩湖防水無停注環湖之

田失其灌溉苗則槁矣翻閱湖經碑志及相訟案牘是此湖之水不可抱注其葛曉七說前明萬歷間湖民黄文等已經具控院道府聽會勘湖水照舊蓄蔭近田仍改正新志勒石永禁在案先年以七說刋就未即改正今該邑修志故衿民張俊等有亂志奪湖之控請削僞說仍復舊章其詞原屬不誣且覆經該府縣詳議明白擬合詳請憲臺批示削去葛曉七說永絕異議仍行勒禁等因覆院奉批如詳删削浮論仍勒石禁飭繳隨該本司劄付行府轉縣遵照勒石永禁乃刻削僞說復古志之舊康熙志六十一年及雍正元年邑曹姓重修湖閘曹章有記載文徵○新纂

乾隆間近湖種藕民人莫阿瑚等遇十八堡大水堅閉湖閘俾水不得入湖禾苗被災邑人朱文紹等呈請邑令飭保禁止俾潦水銷納湖中俟田中水退然後放洩

湖水永爲定例湖中有高阜處近湖奸民私墾植禾乾隆五十三年邑人倪士元等呈縣禁阻久而未決仍行墾種至嘉慶六年邑人朱文紹倪端曹夏統等呈控府縣嚴行禁止又湖身空闊內糧池無幾湖中多生水草農圾取以糞田并可開濬湖底永免淤塞嘉慶五年近湖居民陳某等欲據湖利借湖內藕池爲由聚衆强拉里民取草罱泥農船各里民朱文紹等呈控府縣詹本府百查核明晰諭令取草罱泥者不得侵犯藕池其有藕池者亦不得私自拉船致啟爭端嘉慶志厥後屢有奸

民謀奪湖蔭邑人倪端倪璲前後控縣及省府嚴懲之光緒十年澇水入湖上下湖居民因啟閉大閘相爭呈控府縣署知縣王承煦奉憲札定斷照湖經閘板以七尺爲度以時啟閉其蔣家大板二閘啟閉時日見橋渡新纂互見山川

梁湖在縣西四十里嘉慶志作三十餘里灌田甚溥舊志皆失載宋濂陳克和墓誌梁湖者溉民田甚溥右族利其腴將堙以爲田民病暵君復浚之乾隆府志○案湖今廢

沙湖在十都距縣西三十里北倚蘭芎山南濱曹娥江周

六里明宏治閒侵於姚人怙勢者嘉靖戊戌縣令鄭芸復之漸爲潮汐所淤萬歷已亥令胡思伸率民開濬築隄建閘以時啟閉若旱則遞決而注於運河與二十一都西溪湖同爲運河所資萬歷志後爲畜牧之場當事者議開濬未果康熙志國朝雍正二年里民王聖凡等呈請報陞湖身僅存一帶嘉慶志○備稿案即今沙字號田而無量閘旁及蘭芎山足有二潭尚大旱不涸云新纂餘見沙湖塘

錢家湖在縣西南三十里嘉泰會稽志在十一都南姥山峻壁下計三畝五分又名嚴家湖萬歷志距縣西南四十里許

其側有小湖嘉慶志

江淹湖在十一都卽廟山湖一山垂兩乳可數十丈下爲隄以障之計五畝漑田數十畝萬曆志

員湖在縣西南四十里嘉泰會稽志在十一二都之間各分其半計八十畝或云周一里北抵横山南抵尺雞山東抵長大山小山西抵田畈萬曆志

光嚴湖在縣西南四十二里嘉泰會稽志在十一都計一百八畝西受㠊山重澗之水三面爲隄以障之漑田八百畝

萬曆志○案㠊山萬曆志作嵩嘉慶志作蒿今從備稿

高鏡湖在縣西南四十里周四十餘畝嘉泰會稽志在十一都計四十畝溉田四頃餘今名瓦窰湖萬歷志在花墳山下康熙志

漳汀湖漳府志作章在縣西南四十二里周三百六十畝嘉泰會稽志在十一都縣西南曹娥江西岸漳汀山下周二里蔭旁近之田明時爲勢家所佔甚妨種植民屢訴當道以僻遠置不問萬歷三十三年令徐待聘蒞治民復訴乃躬履其地而剗復之比部顏洪範有記記曰越娥江而西以南固虞壤也有湖當漳汀山之麓山水下注其窪而瀦以成湖可三百餘畝因山以名云環湖而田者悉飲湖之潤且畜

且穫以粒有秋載在圖志所從來久矣以歲之久其淤不無葑合故勢家得規而爲田旁近之農稍値旱暵輒苦灌漑鳴諸當道者且數十餘萬率以窮鄙小民之事一切弁髦之而湖又介在僻遠棄若甌越夫天之生人開以自然之利而俾食其土毛豈其恣豪右者扼人滋養之命脈而奪爲已腴以病此一方必不然矣會令甲辰秋七月紹虹徐公以材賢調吾虞甫下車而慫俗之呰窳蠹事之骫齹百廢具舉四民胥悅居民加額而起曰是吾天乎非此時白吾冤狀則湖必折而盡入於勢家不幾斥鹵其田而涸鮒其民耶因相率哀籲於公公慨然曰是不可以臆決也乃身履其地度原隰覽阡畮而曰噫微湖山水曷歸即廢湖田農曷灌庸可堙而田也借堙而田也吾當復之而刻未盡堙也乃勢宦者欲堙而爲田乎且也湖廢而田則勢家利湖而灌田則吾民利爲民父母者將誰利而可乎前是任事者之不爾直以未覩所利耳不可以當吾世而病民卒爲直之當道韙其議下所司嚴戢爲湖永圖者民任湖十五等詣不佞範請樹石以記其事蓋閔鴻陂之壞與歌黃鵠召

埭之築致頌新城水利之於民大矣湖佔於勢久不能決而公不憚跋履之勞定於俄頃誦其移文固懸諸日月不刊典也雖鉅材乎實子惠之心出之人亦有言何知仁義享其利者爲有德公之德視湖而加浚民之詠德緣石以不朽所云覩河洛而思功無大小一致也湖不佞藉執簡之役第序次其實耳敢以陽鱎進哉

中又有小湖瀦汀水涸而小湖不涸故名萬曆志

瀦湖在縣西南四十二里瀕湖居民多瀦姓故名嘉泰會稽志

在十一都和尚山下計二畝七分萬曆志

金家湖在十二都計三十畝溉田一百餘畝又名水滄湖萬曆志

菱湖在縣西南四十五里嘉泰會稽志在十二都許家嶺下長

八十畝形如菱故名溉田百餘畝舊志周五里溉田六頃水下江

有新閘石橋二架又一在八都萬歷志明史河渠志正統

八年易菱湖土壩爲石閘備稿

和尙湖在十二都江家山下計二十畝溉田百畝又名湖

尙湖萬歷志

尙湖在縣西南三十里嘉泰會稽志近虹樣山周二里溉田二

百頃萬歷志

姥山湖在縣西南四十五里周四里嘉泰會稽志在十二都周

三十七畝溉田十頃萬歷志

靈芝湖在十二都東山下溉國慶寺田一百八十畝萬歷志

雙湖在縣西南四十里周四里嘉泰會稽志 在十二都又名椿湖溉田八頃萬歷志

伶仃湖在縣西南五十里嘉泰會稽志 在十二都萬歷志

馬家湖在縣西南五十里嘉泰會稽志 在十二都計三十七畝溉田十頃萬歷志

上湖在縣西南四十里嘉泰會稽志 上湖子嘉慶志改作上子湖誤 又名王家湖在十二都計六十五畝溉田十頃受嶺頭之水有閘三面皆石山萬歷志○案萬歷志山川篇云周五十餘畝與此不相應水不入

江嘉慶志

鍾湖在縣西南五十里周二百二十畝一名鍾家湖嘉泰會稽志在十二都卽蔡山湖溉近田萬歷志

瀦湖在縣南五十里嘉泰會稽志在十三都東受余家山白雲山諸壑之水計一千三百畝舊志周九里三十步溉十三十七都田共三千七百畝一面爲隄以障之隄廣高三丈長一里餘萬歷志○案今隄廣丈餘基闊三丈高一丈長三十餘丈沿江一帶苦水患十一都至十七都湖凡三十六惟瀦湖獨潤古制於河頭佛國溪涯築土壩以障黑白龍潭剡江萬壑之水澇水

衝決冬築春崩爲患最烈居民苦之明萬曆四十一年
里老謝尙滈等相度地勢進二十丈山陂相對下有深
潭外横石骨遂改築其上以避水患民屢有秋稍得休
息崇禎元年七月颶風海潮盡壞下七都塘塍民居此
壩據上流幸勿壞七年八月雨連五日夜水溢壩潰無
餘累歲修築迄無成功至十三年有勢豪據阜處佔佃
爲田列坵分段約五百畝十六年夏旱禾黃熟忽内水
暴發淹没三日豪糾衆數百掘毁埂圩決盡湖水沿湖
士民合控縣令余颺令隨賫志親勘諭以理法且勸且

懲豪感服仍劃復爲湖　國朝順治十三十四年洪流下注壩址俱湮民皆竄丐里人謝東里具控邑令高之蕙勸諭田主每畝出粟五升招率各佃督築基廣三丈六尺直亘九丈五尺高逾二尺平闊二丈內栽楊柳外樹葦荻增繕五載工方告竣康熙己酉復增築鮑壘溜水石壩高一尺二寸次年庚戌水災辛亥旱災八堡均樂有秋咸呼爲高逸壩云康熙志　雍正十三年唐含可報墾湖田千餘畝邑人丁子功等控制憲當委山邑令劉晏邑令鄒洪會勘勒石永禁有二令碑記嘉慶志○碑云雍正十三

年十月初二日蒙本府正堂葉憲覆案布政使憲牌本年九月十八日總督浙閩部院郝批上虞縣人民唐含可等呈報上虞縣十七都有瀦湖含可墾田千餘畝有丁子功等借水利爲由阻墾等因奉批仰布政使司委員確勘議詳又據丁子功以一墾萬害等事呈稱瀦湖承蔭十三十七都熟田三千七百餘畝唐含可等只知利已不顧病民若瀦湖一墾必致三千七百餘畝熟田盡爲荒土等因奉批候詳到日奪在案奉此合行抄詞飭委仰山陰縣立即前赴上虞縣會同該縣將瀦湖地方於地唐含可墾田若干是否關係承蔭有害禾苗立即議詳以憑轉詳院憲等因到縣卑職遵奉憲委隨即訂期減從扁舟親詣瀦湖等處親勘瀦湖計一千三百餘畝湖坐上虞縣之西南受余家白雲諸山之水湖南虞人等字號熟田三千七百餘畝賴其灌溉查志書內載崇禎十三年有勢豪據高阜處佔佃爲田十六年沿湖士民合控邑令仍劃爲湖今會勘湖內雖高阜一帶似屬可開以致唐含可等具呈請墾藉高者新墾成田低窪之水勢必分以承蔭湖南已熟之田少水灌溉必

致反爲涸廢且如果可墾無害從前已佃爲田又何仍劃爲湖前車之鑒合可見矣緣奉委員事理合將勘過情形繪圖詳報茲奉憲查察轉等因本年九月二十日奉布政使憲票內開本年九月十八日奉總督銜專管巡撫部院程批本司呈詳上邑瀦員二湖高阜漲地據山上二縣會勘似可開墾藉高者成田則湖水盡灌新田向日賴蔭之熟田少水灌漑查舉行墾政原爲足民起見今各湖淤地既據勘明一經開墾必致熟田涸廢而受害者多自應禁墾將淤地概行疏濬深通以資灌漑并繪圖形詳候批示緣由奉批上邑瀦員等湖既據委員會同確勘有碍水利未便開墾如詳轉飭永遠禁止取具依結報仍候督部院批示圖繪繳奉此合行飭知仰府文到遵照院批事理令該縣民人認墾瀦湖各處淤地勸諭受蔭田畝各業戸上縣通力合作濬深勒石永遠禁墾取具依印結碑摹以憑轉呈院憲等因行府到縣奉此合行轉飭承蔭田畝各業戸遵將瀦湖阜地上縣通力合作疏濬深通毋許豪勢覆墾致妨水利奉憲勒石永遠禁止須至碑者乾隆二年三月日立○

新增乾隆八年徐益恭以濬湖爲由謀墾邑人王叔揚等控藩憲潘飭縣禁止二十一年陳洪芳以育嬰堂爲由謀墾邑人王化玉等控府憲興委姚邑令李縣令柴會勘劃復四十五年胡學海等墾種邑人夏廷一等控縣令鄧雲龍劃復永禁志嘉慶旋以世遠年湮石碑模糊復有掘壩開墾之釁同治七年邑人夏春臺等呈令王嘉銓出示嚴禁

爲出示嚴禁事據耆民夏春臺等呈稱十三都虞人等號糧田三千七百餘畝全賴豬湖之水灌溉承蔭因湖水下注故在鮑墨湖口向築溜水石壩蓄水灌田雍正十三年間因虞民希圖開墾高阜瓶地致湖水盡灌新田控奉各憲飭委山上兩縣勘明禁墾於乾隆二年間勒石永禁在案今因世遠年

湮石碑模糊無知愚民仍有掘壩開墾妨害糧田茲耕種在即該壩水利攸關爲此黏呈奉憲禁碑原底聯名公叩出示嚴禁等情前來據此除批示外合行出示嚴禁爲此示仰該處居民人等知悉爾等須知水以蔭田壩以瀦水一經掘壩開墾糧田乏水灌溉湖水仍難留瀦自示之後倘敢故違許該衿民人等指名稟縣以憑究懲云云　光緒三年壩復被掘經夏春臺等修復控縣縣令唐煦春諭令照常蓄瀦毋得更改新纂

椿湖按椿當作椿舊志俱誤　在十三都周二里流注瀦湖溉田七頃萬曆志○按當即瀦湖之旁流云從瀦湖流注嘉慶志

黃灣湖在縣西南四十里嘉泰會稽志　在十四都鄭家湖邊長三里溉田十餘頃萬曆志　今廢新纂

郞家湖在十四都成功嶠右兩山之中周一里其源甚淺萬歷志嘉慶志

池湖在縣西南五十里周七十餘畝嘉泰會稽志在十四都周二里溉田六頃萬歷志

四角湖在縣西南五十里嘉泰會稽志在十四都一名竹衙湖長五里溉田三十頃萬歷志

法華湖在十四都一名江家湖一名清湖在浮來廟前又呼廟湖萬歷志

人字湖在十四都落塲埠側形如人字故名新增○案萬歷志謂法華

湖形如八字今查法華八字截然兩湖不當混合爲一

雙碁湖在縣西南五十里嘉泰會稽志在十四都兩山對峙中有小陂三面皆石山峻坡或云山形如旗當稱雙旗萬歷志周一里溉田十頃嘉慶志

前竈後竈湖在十四都一山而前後兩湖故名郭志云即雙旗誤周二里溉田二十頃萬歷志前湖周一里溉田十頃後湖周二里溉田二十頃備稿

鄭家湖在十四都環一畝地勢高仰無水灌田又一在十八都萬歷志

赤峴湖在縣西南五十里嘉泰會稽志　在十四都一云勅峴南至馮處湖西至橋北至路長二里止灌近田萬歷志

斷江湖沿山爲渠長可二里廣十丈以蔭兩岸之田北出龍潭山萬歷志

沐憩湖在十五都昔有人沐此而憩故名後倚金家山上受龔嚳山之水環八十餘畝界爲三區無出口內有納糧塘計二十畝八分有小山二名獨山廟山湖外龍山壩一帶壩外即曹娥江萬歷志

前厲湖在十六都計六畝九分六釐八毫溉田三頃明隆

慶二年沙塞二畝中有木橋有五聖廟萬歷志○案嘉志會稽志有萌厲湖云在縣南四十里萬歷以來諸志均無之疑前厲即萌厲傳寫之譌○新纂

蚌湖在縣南四十里嘉泰會稽志在十六都形長而彎計四畝一分九釐溉田二頃萬歷志

分家湖在十六都即太平湖在太平山下受泉水其形似河計十二畝萬歷志在圓山下嘉慶志

銅山湖在十七都銅山下湖內闊而外山拱峙計六十畝溉田六百餘畝萬歷志○備稿云嘉慶志作銅湖從萬歷志也後又載銅山湖從府志也重出今改正之○

互見山川

山莊湖在十七都季嵒計三畝五分溉田八十畝萬歷志

圭山湖在縣南四十里嘉泰會稽志在十七都廣一百餘畝舊志周二里東西皆田南北倚山塘隄種桕溉田一千三百畝萬歷志

周家湖在縣南四十里嘉泰會稽志在十八都計三畝舊志云周一里溉田四頃萬歷志

李家湖在縣南四十里嘉泰會稽志在十八都舊志云周一里溉田四頃萬歷志

西溪湖在二十一都距縣西南三里周七里溉田二千餘

畝宋戴令延興爲隄七里以障之又名七里湖慶歷中將湖利歸學爲養士之費紹興初割三分之一給功臣李顯忠爲牧馬地顯忠挾功兼併僅以緡錢七百歸學迨宋末民私其田輒獻之福邸旋籍入太后宫供輸租稅入元豪民肆侵湖盡爲平陸至正間林尹希元謂此湖當復條議不可廢者五議曰昔蘇文忠公言杭之有西湖如人之有眉目其不可廢者五愚謂上虞之有西溪湖如人之有臟腑三十六溪導其源東西二涇承其委人無臟腑何由而生其不可廢者亦有五竊觀西南溪澗之水盤旋交曲注入於湖達於運河溉上管孝義崇嵋三鄉之田包納湖面三千七百畝有奇蔭田供稅全賴湖水蓄積若雨不時降則民拱手以視禾稼之焦枯耳此湖之不可廢者一也

虞邑南距犨山北面大海東傾姚江西抵曹娥地勢高仰河渠東流其水易涸若以湖爲田遇旱則溝港斷流農民坐以待斃是官常虧賦民常告飢公私悉係於是此湖之不可廢者二也虞之四壓其在西南地勢高東北地勢下爲諸大川之所會華渡孟宅諸陂其地甚窪方春積雨連朝則浩淼泛漲奔潰莫禦平原之野必致衝激蕩決之患且有齧隄崩岸之虞及天一霽則水之既去者不可復留而病涸矣惟爲隄以防其滲漏置閘以時其啟閉旱則決水以灌溉澇則導水以入江庶積水汪洋永藉沾渥之休禾黍登場咸樂平康之福此湖之不可廢者三也西南一境多大山深谷砂礫土磽磊藉湖內擁汙泥剗草芽以爲種植之本若以湖爲田農夫必無所取畎畝何從得饒所謂霈而田疇淤而泥塗翠浪千里玉粒如峙炊粳釀秫既甘且旨者無復可望此湖之不可廢者四也傍湖窶人家無粒食之儲惟賴入湖採取魚蝦貿易錢米以資口食若以湖爲田魚蝦既不蓄息窮民無所採取是猶扼喉吭而奪之食生意微矣此湖之不可廢者五也治平當作淳熙中徽國朱文公

與觀文殿學士孫邦仁宣教郎主管建昌軍孫應時友遊始盛嘗過訪焉見西溪湖山水之勝遂寓其家註書考證講學於西溪湖上後提舉浙東因而浚治虞人德之迨元豪民嗜利盡以爲田大失水利至正壬辰希元出史館來尹茲邑見夫湖左庫而右仰葑藁之所湮汙淳之所淤秋冬之交則爲芻牧之場支便之逕時攝郡判李推官錢會總浙閫都元帥提兵平饒信盜駐慶元道出於虞父老遮拜道左具述其事閫切郎日成文書希元親往白丞相府可其議然又不敢輕妄也博訪通邑士夫先達耆老諮諏林壑宿儒聞人按圖合說倚山接水率循漢唐舊蹟西自古源院亘眠牛山後而止焉則南嚮瑞象諸水可西入湖矣南自古源院對前村由橫河港泥橋而止焉則東西二溪象田諸水可南入湖矣東自泥橋沿至半湖祠荒塯港東山頭而止焉則水可洩東西涇而通運河矣北自東山頭沿至諸家葑甑底山虞家溝而止焉則水可洩華渡口而通孟宅閘矣或以爲湖不必盡復惟擇窪者因勢以浚之則水可以蓄而湖之名不廢稅易足供而民力可省殊不知湖之

復所以壯一方之勝豈瑣瑣於涓滴之間而已耶夫土地者天子所有而農者奉耕出其什一之稅以供上湖復則田廢田廢則無其稅可也分田定賦有正辦虞壞褊小有未經插量民得開墾私相佔植者有詭名寄戶飛隱走貼虛增漲并之弊者有堙塞荒廢低窪溺患改築爲圍者凡此皆法不容縱可以抵易補還則徵科有據常賦不虧而民無失業之怨夫大禹平治水土而畎澮溝洫咸盡力其在成周稻人掌稼下地而豬防遂列悉定制焉然則今西溪湖之復希元非敢利斯　且有民之德而爲之也不忍斯民之困於焦釜云爾

賦以紀其風物賦不錄　明仍元舊陞田輸稅者久之嘉靖二十三年知縣陳大賓力圖恢復甫經始被徵而寢萬歷十六年知縣朱維藩毅然以復湖爲己任邑人京兆尹陳絳有復湖議議曰上虞建邑自秦漢其自百官而遷治今所則始於晉太康中顧其地

勢高仰河流傾側霪雨暴漲則直瀉姚江一經亢暘則三農束手議者恆苦於水之不足而不知一邑之水自足以供一邑之用所以處置水利者有未悉耳邑之西南古有西溪一湖合三十六溪而爲瀦其源不爲不長亘七里爲塘其區不爲不巨灌四都三鄉而爲甲其承蔭不爲不廣且山川所聚卽風氣所凝風氣所凝卽人材所毓卽使雨暘時若旱澗無憂而西南水土長生之地汪洋浩蕩匯爲巨浸亦可以儲精氣之美而資人文之盛此與杭之西湖越之鑑湖均爲一方勝概而係於民生則尤要者也故有是邑卽有是湖古人建制非無深意而宋末偷安重臣駐牧元政不綱巨臣逐利以致紛紛佃佔而此湖遂廢爲田自此湖廢而諸溪之水無所歸泛濫而橫溢矣自溪水無所歸而運河之源堙河流易竭矣自河流竭而農苦於灌溉旅困於舟楫暫暫載道途矣水淺而土瘠風散而氣漓而人材之鍾美者亦因而寡矣家鮮蓋藏仕乏卿相東視姚江西視山會乃我獨處其陋非人則然地形實使之也元長林先生希元來令吾邑慨然興思謂此湖決不可廢於是詠湖

有賦復湖有議賦以賦此湖之風物議以議此湖之利病躋一時未克舉行實萬世之長策有在於是且冀後世復有長林則此議不爲空言耳我國家龍興悉取一天下之田而籍之而時當草昧無能爲之建白使此湖一仍元舊陞稅爲田而莫可誰何至嘉靖二十三年江陵陳侯大賓蒞虞詢咨民瘼因知其故方圖規復而以行取不果然當時父老之所講求十已備其四五後陞總憲復恢前議移文董成而以喬遷未竟然當時父老之所規畫十已備其六七要其所以將成而未克有成非多議論少成功亦機會之不逢耳蓋邑中田有定額賦有定數而復田爲湖則田不容不爲之抵補不容不爲之處分見今履畝丈量清釐宿弊凡勢豪之所侵佔奸胥之所飛灑咸登冊籍故以今日之所賦而較諸前日之舊額所溢之數奚啻千數今卽弗奪其田聽其納價而陞稅或以荒閑湖田從便抵補無不可者向時湖田之價極貴者不過三兩而此湖之成旱潦無虞則爲膏腴上田歲有常收價當倍值卽酌宜加派人情亦無不樂予者此湖地形如釜淫雨彌旬溪流羣注而低窪之

田漫焉淹蕪十無一收徒賠糧稅以其所納之價抵此湖田之直卽人情宜無不樂取者夫爲可爲於可爲之時與爲不可爲於不可爲之時此其時相半而功相倍也蘇子有言古之所謂從衆者非從衆多之口從其所不言而同然者乃眞從衆也卽此復湖之舉非無衆口不齊然成天下之事在權利害之實利苟可興而或不勝其害則如無興害苟可除而或不勝其利則如無除二者較若觀火若千萬世之利或以一旦畏難而遽止則千萬世之業隳矣億兆人之利或以一人私意而搖奪則億兆人之望孤矣夫可與樂成難與慮始凡民之情大抵皆然而不有一勞則無永逸此立功之士所以撫機而投會也白樂天浚西湖而其名與西湖並流孔愉築鑑湖而其名與鑑湖並著有能繼二公之後立二公之績則此名與此湖豈不永永無極也哉　朱以成田甚久恐有梗議者不得已而以丈出上妃白馬夏蓋湖諸逸田及十二都隱地補之以塞衆口築隄建閘

修濬諸港而湖始復然識者猶以不得還其故址爲憾云詳具朱自記及姚江大學士呂本記山陰徐渭記朱記曰方今屬內守土吏疇不以奉揚德意周咨民隱爲亟然每至於興革之大者輒相與閣手而不敢取置一厝何以故誠重之也萬歷壬午余受命宰上虞適歲事入覲癸未春旋徂夏弗雨民以旱告則合境內薦紳及於士庶徧禱於山川羣祀得雨弗洽則爲之環視而歎曰邑故有西溪湖儲衆山之水爲負郭三鄉利乃今湮塞不可復興遂稽往牒得湖之興廢顛末於是率吏士者老往尋湖源周迴四顧又得前令見吾陳先生昔所規畫於是上其事於郡及撫按藩臬監臺諸公咸報可乃決策步自湖山之麓爲湖東界折而北至鄭家堡爲湖北界由北而西至龍舌嘴前村高阜爲湖西北界由西而南至長港埭爲湖南界直長九百二十七弓廣損三分之一周迴共計一千七百五十二丈內復湖之田總計一千六百二十六畝第田故有賦鉄孰與補田故有

值奪孰與償因檢諸額冊得丈出夏蓋上妃白馬三湖諸逸田五百餘畝及十二都隱地九百餘畝既補且償原額僅足遂卜日諏衆祭告而舉事先築塘每里遞計一丈二尺高廣有則界限有址又相度其地之遠近以爲難易難者先倡易者從焉給穀以資饘不旬月功乃竟凡塞諸水口七道爲之港以通水源則西接南嶴諸溪南引東西兩溪監坊以爲表按成議也爲之閘以防蓄洩在北爲鄭家閘在南爲龍舌閘責里遞以爲守俾勿壞也建官廳一所以備駐節扁曰復古志厥初也嗟夫天下事建議非難主之難任事非難成之難是役也上得當津者主之弗搖下幸斯民之相與信而贊其成也豈一手一足之烈哉嗣予吏茲土者能次第修舉盡復古昔之盛余有待也或曰虞邑山羸水詘堪輿家蓋諱言之今湖復而西南境上汪洋澄澈可以迴風氣培地脈昌文運將從此始日者倘徵忠而符焉無委口於余一人則厚幸矣呂記曰粵稽輿地志上虞邑治西南三里有西溪湖中通九十九港昔令戴延興築隄七里捍水又名七里湖溉田二百餘頃宋慶歷中湖之利歸

於學備養士之資紹興初劃三之一給功臣李顯忠牧馬顯忠挾勳併據僅以緡錢七百歸學宋末民私其田以爲已業者輒獻之福邸內附後籍入太后宮供輸租穀歲久籍田力薄耕夫失利終歲勤苦先是徽國朱文公講學湖上後提舉浙東嘗加浚治上虞德之迨元豪民盡吞入喙而湖鞠爲芻牧場矣由是承蔭之田大失水利至正間天台林公希元以翰林出宰是邑覽觀故跡志圖恢復旣爲賦以誇湖之勝又爲條議不可廢者五屬望將來明興二百數十年尹茲土者凡若干而賦與議具在讀之而犁然有當於心毅然冀復者誰歟淮陽朱侯以甲科初令於鄞歲壬午復領茲邑事癸未覲旋徂夏弗雨民苦旱暵徧禱而雨尙弗洽侯喟然曰邑上接羣山下傾姚江地勢高仰水易乾涸故有西溪湖儲山水爲負郭三鄉之利湮塞雖久乃今顧不可復耶或言其難者以田故有賦缺難補也田故有値償難償也雖然吾檢額冊以丈出夏蓋白馬上妃三湖諸逸田五百餘畝泊十二都隱地九百餘畝補賦償値額原僅足湖豈不可復耶遂率吏士耆老周覽湖源并稽前令

見吾陳侯曩所規畫上其事於郡及撫按藩臬諸公咸
報可乃卜日經營給穀募役首築湖隄次塞水口建閘
以備蓄洩濬港以通水源守以里遞表以綽楔駐節有
廳扁曰復古不忘其初也始於癸未仲冬畢於甲申季
夏輪廣共計一千六百二十六畝詳具侯記中嗣茲旱
澇有備轉瘠成腴非特歲乃有秋而斡旋風氣培固地
脈物產人文將並隆於無疆矣厥功不其偉乎鄉大夫
大京兆陳公輩相率父老諸生請記勒石以詔後來余
老於姚江之上而侯愷悌之澤被及鄰封敢以耄辭乃
言曰柳子有云賢者之興而愚者之廢廢而復之爲是
循而習之爲非然復豈易言也哉非明則不足以燭物
情非斷則不足以權利害非勇則惑於浮議而利有所
不究非誠則慾於期會而功有所不濟侯具衆美而興
廢於一旦非偶然也歟陽子曰作者未始不欲其久存
而繼者常至於怠廢西門豹之遺利漳水白居易之議
明聖湖使不得史起蘇長公追始作之心而修築之民
安得至今受賜矣乎侯之於延興希元曠世相感何古
今不相及也延興有靈必當陰相是隄以爲虞民萬世

之賴焉繼侯而政者尚其三復希元之賦後之視今猶今之視昔可也侯諱維藩字价卿號貞石丁丑科進士善政惠民遍於兩邑此其一也徐記曰虞之爲縣壞高河水東下舊有湖曰西溪者當縣西南主蓄水以備旱三鄉負郭之畝恆賴焉宋末李顯忠既請其高者以牧福邸仍之遂盡佃以莊湖始廢旱輒不登元尹林希元欲復之不果入明田既稅則湖益不可復矣萬歷癸未夏旱知是邑者爲朱侯既合衆以禱乃更求長策得湖以請於府某公某若省及分省諸公並得可遂復湖湖東起湖山麓北抵鄭家堡迤北以西至龍舌嘴前村之高阜南盡長港埭縱而長得弓可九百二十七衡而廣損縱者三之一周而度之爲丈者千七百五十二當湖爲田時計其畝可千六百二十六茲復田以湖宜仍抵湖以田也而夏蓋白馬二湖適得新括浮畝可五百有奇第都之區曰十二者括地復得隱畝九百餘二百直買之以抵田而稅有隱羨於某所者若干括得之適相當復用以抵稅蓋二抵具而湖告復始果他若水道宜塞者塞之凡七所宜引以佐湖者引之凡三十有六所

閘之以豬以洩，坊一以表築室，一以省責其成於里之正長。畚臿所及，計高廣遠近而課之，並有差。費取倉粟，庸取募丁，閱幾月而訖事。是役也，不勞民，不耗公，取存修墜，下相地紀，上佐天時，而中免夏畦之桔槹，使虞邑千百年之久，魃雖苛不能必飢與殍於虞民也，是孰使之然哉？衆謀記於予，予謹記曰：侯名維藩，字某，淮安人，丁丑進士，來知虞，治廉平而興學獎士尤諄諄云。○萬歷府縣志備稿

國朝咸豐間知縣劉書田重修西溪湖石閘有記 記曰：環虞邑而湖者七十，唐宋以來號稱澤國。小者無論，其大者如北鄉之夏蓋、上妃、白馬，東鄉之大小查湖，灌田多至數萬畝，或萬餘畝，少亦數千畝，誠沃壤也。我朝承平已久，生齒日繁，豪強者佔而爲田，吏私其利，有司莫能察。沿至嘉慶年，積弊日深，遂丈量陞科，湖之留餘不啻杯勺。偶遇亢旱，皇皇然以缺水爲憂。今所存者，獨西鄉之皐李湖、西南城外五里許之西溪湖耳。皐李湖土質堅細，人利陶埴，且鄉約嚴，故開墾少而湖水多，旱亦上收，田肥沃甲一邑。余未至其地

莫知其湖之形勢西溪湖東西長十里南北亦五六里設兩閘焉東曰上半湖閘西曰下半湖閘湖高田低灌溉甚易田肥沃亞皁李湖較他處獨勝今年春聞上半湖閘牆有洞穿透土人恐水洩湖涸也暫以稻草和泥塞之余往觀諭以宜急修否則石閘傾圮則工益大而費愈難集首捐廉俸五十金以爲之倡且告以法曰良醫之治病也必求其病之源而鍼砭之病乃瘳若舍本治標雖目前稍安久則必敗庸醫也閘有漏洞其下必有物如蟹獺者穴乎其中每見洞在左而漏在右洞口窄而腹內寬故必尋其洞之源委掃其穴而平之洞乃可塞此良醫治病求本法也不然祇曰洞在是也則旋塞旋漏吾未見其能塞之也且此洞非石所能塞也石有稜角有稜角必有空缺有空缺必有滲漏故塞洞惟三和土最宜質堅體實中邊俱到誠能內填和土外護大石則牢固完密永無傾圮之患此又良醫對症投藥之妙用也土人曰公言是也謹遵法以行聞已擇日興工矣惜余赴山陰任不及見其工之告成也然余觀其耆民多老成人而總理其事者候選訓導夏君廷俊有

才智能和衆吾知其事必有成也故書而記之○新增

東明湖在二十二都東城外奎文閣後運河積水之委也以稍闊故名湖萬歷志

百雲湖在二十二都南城外巽水菴下諸樓山諸澗之水元時林尹希元疏玉帶溪通是水於城中明嘉靖間鄭令芸成城復爲二竇以納於運河後漸淤塞萬歷二十八年知縣胡思伸重浚玉帶溪築堰於其下流爲石斗門以啟閉水得停蓄而清澈因名爲湖分流於城以培風氣邑人鄭一麟有記記曰夫百雲湖者邑城南之湖也湖之源出百樓山山去城十

里岡巒嶂屼若屏障開聳峙霄漢爲邑治所賓焉羣壑之水交注而下於溪淪漣洄瀠滙於城下浸爲巨潤無隄以防至則馳而東若過客不舍而去水由山出靈氣洩乎水入其境無以納受山亦因之渙散形家者多非之故老言勝國時林侯嘗疏玉帶渠通是水於城中日久湮於民居世廟時閩中鄭侯成城爲二竇以納水亦漸以淤塞萬歷丙申歲新安允寰胡公以世家名儒成進士來令吾邑甫下車廣諮民隱邑中利弊興革一新既稔知其狀一日出南郭以觀其流闊源望山慨然而歎曰百樓邑之案山鍾靈毓秀是水正當巽方形家目爲三陽御堦實文明之徵無計蓄之安得貫城而入弗入則渠不濬終於不通遂覽圖志考故址籌略既定乃下教邑中授執事鳩材趣工先築堰基固以石隄捍以斗門水始汪汪然蓄爲湖矣復浚玉帶渠使循故道閻右無壅每時雨降湖水湧入環流於學宮之前折而西復東出注之江以入海工既竣公閱而樂之因氏之曰百雲湖士庶懽悅且歎公來之晚也相與築室於湖上肖公像其中將以時祀而永瞻之以比於觀河而思功

云

由巽水閘而上曰溝瀆涇南山諸澗之水奔注而下溪塍衝潰緣塍之田沙淤就荒　國朝康熙十年七月知縣鄭僑率僚佐王衡才張鳳麒相度形勢捐資鳩工市木爲杙陷土中編以竹筏畚土版築居民協力不旬日而沙塍告成後水道如故而湖面被沙石堆壅寖失其舊萬歷志康熙志嘉慶志備稿同治六年邑紳羅寶森等請令王嘉銓設法疏濬新纂

蠶子湖在二十三都距縣東十八里一曰潤滋湖周廣十七畝東南分受四明西港之水瀦而爲湖中有泉穴亢

旱不竭溉沿湖田四五頃新纂○案舊志所載延袤十五六里既與十七畝相碍勘所載港壩於今湖又絕不相通今刪正

小越湖在縣北三十里又名小穴湖萬歷志

黃婆湖在鎮都五夫市南山谷中有清泉不竭其流從高墜下凡三十六疊溉田至千餘畝萬歷志

陳嶴湖在陳嶴山下周三十畝溉田百餘畝萬歷志

下湯湖在鎮都方圓一里萬歷志

西燕塘在鎮都止三分而源出寶泉溉田甚廣萬歷志

謝陂湖在縣北三十五里舊經云謝靈運莊也自湖至謝

氏西莊一十餘里

任嶼湖在縣西北二十七里舊經云唐寶[歷]二年縣令金

堯恭開置溉田二百頃

梨湖在縣西北二十里唐縣令金堯恭開置

皮湖在縣西北三十里

葛糧湖在縣南三十里

廟門湖在縣北十二里周三里

旱湖在縣西南四十里

韓湖在縣西南四十里

圖湖萬歷志云又名杜湖在縣西南四十二里

江湖在縣西南五十里萬歷志云近馮家浦周八里溉田十頃○案在十二都戚家山下通大江故名

大湖在縣西南五十里湖雖闊其水利止及近田

案謝陂以下十一湖均見嘉泰會稽志萬歷志水利篇僅載任嶼云任嶼府志作金嶼此外圖江二湖則附見山川篇中梨皮二湖及旱湖韓湖大湖等則附見水利篇末總論中今皆表而出之

田家湖　葛家湖俱在十八都已廢

太康湖在縣西南四十里互見山川

萬年湖在縣南五十餘里糜家山頂一名大胆湖

臺墅湖在縣西南二十餘里近新窰周一里溉田二頃

鳳翎湖在縣西南鳳凰山下

坯塘湖在縣南互見山川

思湖近西洋湖在夏蓋山西

案上七湖均見萬歷府志及萬歷志山川篇

畢湖在縣西南四十里嘉慶志

萬歷志案虞之爲湖者亡慮數十而湮塞已過半矣今即其見存者繫之以里或廢而不存者繫之以名雖陵谷滄桑漫然莫辨而因其蹟之可循者以復其舊庸非議水利者之所取證耶徐待聘曰余讀陳公槖請罷湖田書與李公光復湖田䟽思深哉二公之爲民也又嘗閱晉史謝靈運從文帝乞回踵湖爲田會稽守孟顗堅

不聽有陳令者不奉朝請悉罷境內湖田而強飭勒之
不變嗟嗟彼知有民不知有官耳虞田如千萬頃灌漑
咸仰給於湖昔人不惜膏腴割爲巨浸誠爲一方不爲
一家計萬世不計目前也今上妃白馬僅留一線皁李
尚民與官爭而夏蓋及查沙西溪諸湖雖汪洋千頃而
射利之豪方耽耽從旁睨而視焉守土者可漠然置之
不問乎大概湖有源有蓄有洩而塘而壩而堰而閘而
溝皆由湖設脫湖址佔爲田則靡所容瀦塘閘圮則又
瀦不勝洩溝壩毀而竊於奸民則彼潤而我竭是惟長
民者如孟守陳令不畏強禦勿使蹄涔蟻穴釀爲漏巵
庶幾虞民
常有秋乎

右湖

上虞縣志校續卷二十四　輿地志五

上虞縣志校續卷二十五

輿地志六

水利

三义港在城中金罍山東源出上舍百雲諸溪由蜻蜓漕入便水門稍折而東迤北過來學橋支港三义者是折流而北東滙通澤門西南來之水出望稼橋達運河新纂

四汶港在一都北受蔡庵岡入支山大樓灣之水西北受唐家灣之水東接大查湖湖水入焉有張家湖𡌴南出永豐橋入十八里河橋內二百餘步有閘蓄水以時啟

閉新纂○案萬歷志一都有沈家港七里港云發源白馬湖溉永豐鄉田今查七里港在三都沈家港一都無攷而白馬湖之水斷不能流入一都永豐鄉亦非一都界從刪

楊家溪港在二都萬歷志

小越港萬歷志 蓮花港水利本末 湖門港刊補 以上均在三都案刊補小越港湖門港西與七里港俱在三都東七里港屬鎮都此河由小越閘洩夏蓋湖水至柯家閘止自西而東脈絡貫通舊志遺湖門港而七里港誤作一都

中堰港 徐虎港 陳倉堰港俱在五都萬歷志

彭澤港 嵩下港 吳港俱在六都萬歷志

徐澤港 温涇港 竇堰港俱在七都萬歷志

五义港　張墓港　菱湖港　蔡林港俱在八都萬歷志

大小板港發源阜李湖溉上虞鄉田　徐義港　楊涇港　華渡港俱在十都萬歷志○案十都又有瀾漕港在湖田三社引夏蓋湖水入前江新建後郭諸堡東為梁家山港闊而易淤旁分支流數十條溉田萬餘畝道光初年令周鏞濬治之光緒十三年令唐煦春率士民復加疏濬視舊更深永豐港在湖田二社引湖水入葉家埭等堡新掘港在湖田頭社引湖水入施家堰炭堰雁埠諸堡○新纂

東涇港　西涇港俱發源西溪湖　虞家港俱在二十一都萬歷志

黃公橋港　昌福港　黃家橋港俱在二十二都萬歷志

九曲港距縣東二十里會四明七十二溪之水為四明西港上流向有石山沙壩旱則聚沙築之高不得踰

三尺五寸　四明東港　一曰半溪距縣東十八里發源四
○新增　明雪竇諸山會烏膽山之水自邱
家灣轉水閘北注過張相七星二橋至烏沙壩納冉溪
之水復北流至黃泥壩折而西南至三汊港與四明西
港合　○　四明西港　一曰龍溪距縣東十七里東承九曲
新纂　港西流過萬安橋經章馱潭灌永興
閘折而北過西石橋經永和市至三汊港與四明東港
合西旋出永濟閘至呂家橋入通明江俗稱四明港口
案四明地勢東南高西北下諸山溪澗之水盡出通明
而上列三港爲咽喉積雨則合流傾瀉急湍橫溢掠隄
齧岸原野爲壑禾稻淹沒或二三日或七八日歲以三
四計旱則上流諸溪同時堵蓄水勢驟縮司壩閘者稍
一遷延便可脛涉又咸同以來四明茶筍諸山新墾者
衆浮沙隨潦而至港底淤積成灘即及時堵塞而所儲
不多水車挹注旬日而涸　章家港　四明東西港章家港並
涸鄉人漸苦之○新纂　發源四明山灌始寧鄉
田○萬歷志○距縣東十四里由高墩　橫涇港　包村
港永興閘分受四明西港之水○新纂

港在舊通明之東南自孟宅河下迤東過大郎橋至包村約十里溉田二十二頃舊水源東瀉爲确土萬歷二十四年邑令胡思伸詢得其故置新安閘蓄水田爲膏腴○萬歷志山川篇

石溪港在縣東十五里長四里闊四五丈中有石溪太平二橋○新纂

横山港港在縣東二十里通石溪港長二里闊三四丈○新纂

俱在二十三都萬歷志

蔡家衕港五夫志云郎應家漕之南水入五夫河

五夫港五夫志云有東七里港自東北新堰起西南出五夫河有西七里港自西北夏家起南出蔡家衕入五夫河

俱在鎮都萬歷志

右港

望稼橋溝

清河溝

佛蹟橋溝備稿案此溝舊志誤屬二十二都以上皆郎玉帶溪

浴堂橋溝備稿案郎青龍潭

俱在縣城中萬歷志

張家溝備稿案即今張家壩　戴家溝　徐孟溝　梁鳳溝案即新通明後河受蘿巖諸澗水達於十八里河今堰下水口通濟橋俗猶呼梁鳳橋　唐家溝　何家溝

姚家溝案在夾塘叢桂坊七板橋下放查湖之水灌溉農田俗名放水路口今溝尚存泥淤待濬　小

查湖溝俱在縣東一都界萬歷志

孔家橫塘溝在縣北二都萬歷志

臺墅溝　大善溝俱在縣西南十二都萬歷志

還珠橋溝備稿案即今孟閘下河　清河坊溝　四水閘溝俱在縣東南二十二都萬歷志

橫路村溝在二十三都橫路村南田地甚确自康熙二年鄉人於郭山下溪中橫作暗溝至

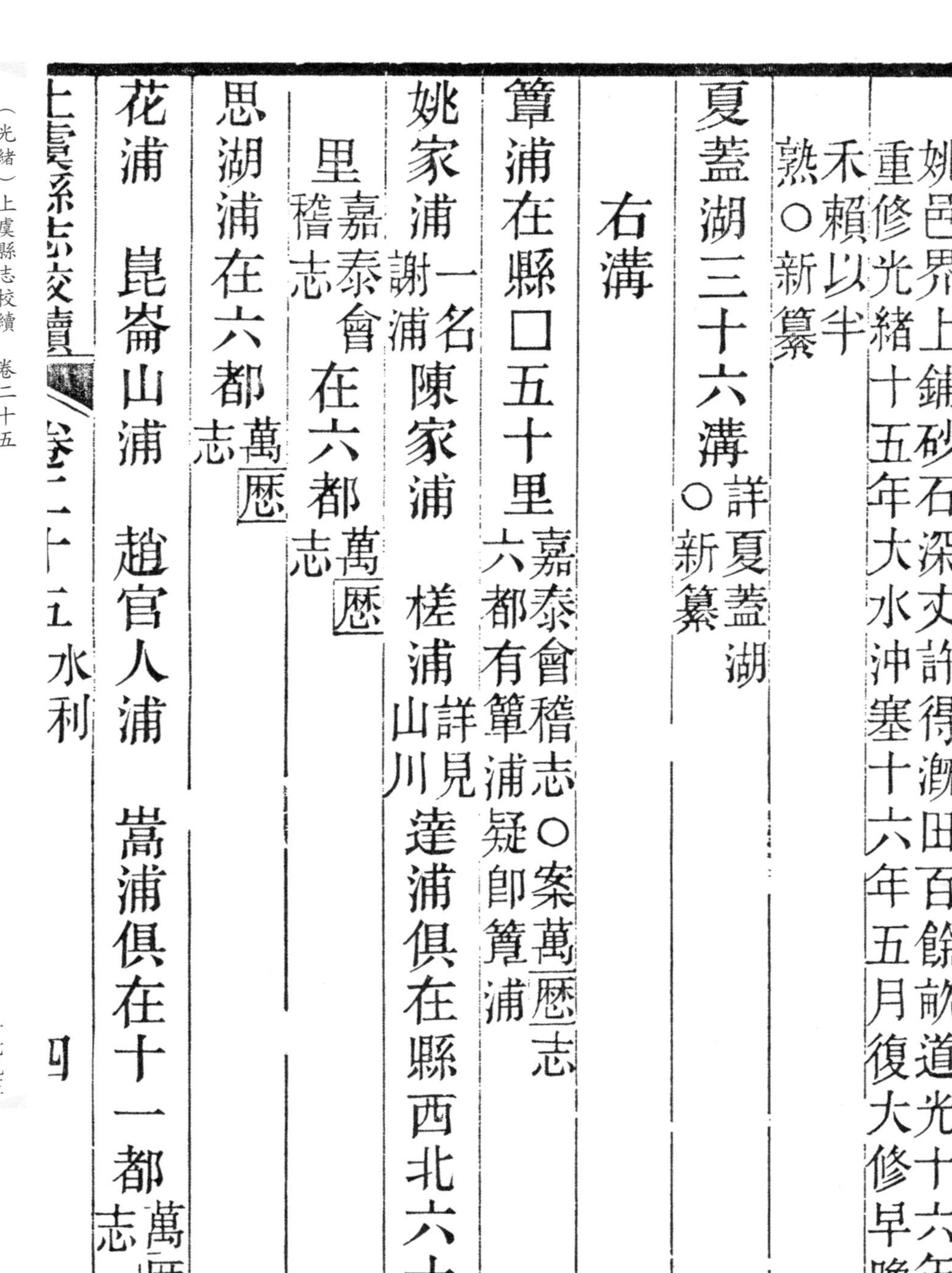

姚邑界上鋪砂石深丈許得溉田百餘畝道光十六年重修光緒十五年大水沖塞十六年五月復大修早晚禾賴以半熟○新纂

夏蓋湖三十六溝○詳夏蓋湖新纂

右溝

箄浦在縣□五十里嘉泰會稽志○案萬歷志六都有箄浦疑卽箄浦

姚家浦一名陳家浦　槎浦詳見山川　謝浦　逹浦俱在縣西北六十里嘉泰會稽志

思湖浦在六都萬歷志

花浦　崑崙山浦　趙官人浦　嵩浦俱在十一都萬歷志

杜浦詳見山川○案杜浦今在十一都　漁門浦　項家浦　周郭浦　呂家浦一名吳家浦　顧墅浦亦作灘詳見山川　俱在十二都萬歷志

新河浦　鄭家浦　傅村浦　白馬浦　趙浦　威家浦　葉浦俱在十三都萬歷志

十字浦　斷家浦亦名斷江浦在十四都江沿村下江水舊由斷江過十六都經十七都出十三都浦口入江漸因沙淤前明隆慶間改從章埠直注娥江今其故道尚存○新纂　葛家浦　下塘浦源出十六都諸山過裳池磡出迴瀾閘入江○新纂　俱在十四都萬歷志

東黃浦縣東五里○案當作二里　西黃浦縣西五里　俱在二十二都萬歷志

右浦

倒轉水在縣東二十餘里賀溪之東其水東南自四明歷白水而下西北自建隆歷賀溪而下匯於箭山獨一水自西北發源過烏牆逆流而南反合於箭山之口然後縈迴九曲注於姚江爲世所無萬歷志○案賀溪之東東字當作北西北自建隆句西北當作西南○備稿案曰南門外百雲溪水自南而北經南釣橋分流折而入西復曲折入城下水竇蟠旋西南半城出望稼橋達運河亦一倒轉水也

又一在十都距縣西三十餘里新纂

建隆水在縣東二十餘里嘉慶志涯於賀溪至箭山謝家埭地名楊河承蔭田畝數百餘頃萬歷志○案涯當作匯建隆水有東西二流至

賀溪始合

八字橋水在縣東二十餘里源出四明山下注姚江有石山沙壩旱則鄉人築之以資灌溉利濟甚溥嘉慶志

右水

竹湖潭一名竹衙湖又名瓦窰湖萬歷志在縣東十里舊有土塘堵滀運河之水以資灌溉歲久圮　國朝乾隆二十六年邑人劉度陳弈募捐修築並請邑令撥百丈塘章字疑宇字三千八百二十六號田二畝五分令塘長佈種輸糧作歲修工食之資嘉慶志湖已湮廢塘僅如塍塘

内有小溝一帶旱時官爲開放則水由小溝達於下河然非上官大差不得私放備稿潭在西小壩西低窪通十八里河姚民屢次盜決光緒七年邑紳劉煇等照舊堵築新纂○餘見竹衕湖西小壩

波羅潭在縣南四十里徐邵灣村側大五尺深三尺溉村前田大旱不涸新纂

南潭在縣南三十五里管溪上流塔嶺石佛廟山下生員徐增耀浚溉塔嶺畈田新纂

廣塔潭在縣南三十五里管溪上流塔嶺下生員徐中樞

浚漑塔嶺畈田 新纂

巽浪潭在縣南三十二里塔嶺上莊後漑沙田衕田 新纂

冷水潭在縣南三十里兒峰山下生員徐旦浚漑溪西畈田 新纂

鹿花潭在縣南三十里方山下今爲山沙充塞 新纂

石龍潭在縣南三十里石龍山下管溪中深不可測 新纂

疊石潭在縣南二十里疊石山下周四百二十步漑田數百畝 新纂

冷潭在縣南二十里任家溪下流廣數畝漑田數百畝 新纂

檀樹潭在縣南十五里灌漑近田大旱不涸新纂

漩井潭在十一都距縣西南四十里大旱不涸漑田百餘畝新纂

潮沖潭在九都塘外距縣西六十餘里東西各一道光間被潮衝決潭大周圍里許不知其底新纂

右潭

張家井在縣東二十里曉山漑田一千畝大旱不竭萬歷志

七里灘在縣東七里舊通明壩下沙積水淺舟常待潮而行萬歷志

朱家灘在三都距縣北三十餘里爲七鄉水利之吭灘皆石骨誠一邑閘則所賴不淺惜未講耳萬歷志

楊家瀝在二十二都距縣東二里舊有土塘堵滷運河之水歲久圮　國朝乾隆二十六年邑人劉度陳弈募捐修築並請邑令分撥百丈塘羌字三十三號田二畝二分七釐令塘長與孟宅閘閘夫合種輸糧作歲修工食之資嘉慶志

九字瀝在縣西六十里蒿城市東水勢環繞形成九字新纂

南池在前江南湖墩上兩池並列圓而深水質較重大旱不竭遠近多取以釀酒相傳泉通龍山有關夏蓋湖

地脈北池在前江北元寶池在葉家埭東南雙蓮池以下諸池俱在江塘外近池竈地可栽稻灌溉較內河尤足老倒池　龍迴池　南大池　半海池

鉞斧池　四浦池　茶亭池　車盤池俱在十都新纂

金壺池　銀壺池二池以形似名源出蓮峯山亢旱不竭溉田數百畝在二十三都新纂

三畝蕩在十六都牛步大實不及二畝泉出蕩底愈旱愈湧挹注不盡農田咸賴灌溉地近隱牛谿中隔一山相傳蕩與溪通新纂

南蕩在十七都大經畈周八里碧水澄泓中有小山其狀

若浮因呼浮山山麓村落數十家山有石曰石星新纂

新燕蕩在十八都湖溪村西距縣南二十五里面圓廣丈許溉田六七百畝大旱不竭相傳順治間開濬掘至深處忽有雙燕飛出泉卽暴湧泛溢因沉石鎮之故名新纂

麻蕩在縣南十八里向盧村西畧口蕩有三大各數畝溉田千餘畝新纂

藕蕩在縣南二十里向盧村西二里藕蕩畧周六百餘步溉田數百畝新纂

右井灘瀝池蕩

海塘在縣西北寍遠新興二鄉東抵餘姚蘭風鄉西抵會稽延德鄉元大德間風潮大作漂沒寍遠鄉田廬縣役合境之民植楗畚土以捍之費錢數千緡完而復圮至元六年六月潮復大作陷沒官民田三千餘畝餘姚州判葉恆相度言海高於田非石不能捍禦府委恆督治適徵調去縣尹于嗣宗募民出粟築之至正七年六月大潮復潰府檄史王永議築永勸民田每畝出粟一斗以相其役伐石於夏蓋山其法塘一丈用松木徑尺長八尺者三十二列爲四行參差排定深入土內然後以

石長五尺闊半之者平置木上復以石縱橫錯置於平石上者五重犬牙相銜使不摇動外沙窊窞者疊置八重其高逾丈上復以側石鈐壓之内填以碎石厚過一丈壅土爲塘附之趾廣二丈上殺四之一高視石復加三尺令潮不得滲入塘成凡一千九百四十四丈民有謠以頌其德謠曰王外郎築海塘不要錢飲粥湯夏泰亨撰記記曰上虞縣重作海隄及二水閘成父老具其事實屬余爲記案上虞負海爲邑其北爲潮汐上下之地舊壘土爲隄以障之興作修治歲久沿革不能詳焉國朝自大德以來水暴溢則隄岸時有衝潰既治輒壞至元又元之六年六月風潮大作其地曰蓮花池等處齧入六里許横亘二千餘丈並隄之田莽爲斥鹵歲加繕完民遂罷於築隄之役至

正六年民杭庠等羣訴於縣縣上其事於府時餘姚州濱海諸鄉同受其病州判官葉恆與民議以石易土俾凡有田者畝出斗粟或輸其粟之値鳩工伐石更爲之而工遂成府令上虞縣循其故實仍檄葉判官董治之會葉君以公故弗及而去明年秋民復訴於府郡守瓦刺沙公與幕長吳君中議以府史王仲遠爲能即以委葉判者委之仲遠承命既至即與監縣偰烈圖縣尹張叔温集民之醇謹更事者商究經營之凡出粟之家無敢有後計其値總得中統鈔三十二萬九千五百貫有奇掌以傳壽昌盧安翁而公其出納採石於夏蓋山浚溝浮舟以進售材必良擇匠必精趨事者無惰受傭者無怨仲遠旦暮程督食寢起處與工作同事雖更歲時冒寒暑卒不以勞勩爲憚其爲制則錯植堅木以爲杙入土八尺卧護側石以爲防高與杙等然後疊巨石其上縱橫密比穹厚堅錮復實剛土雜石而築平之重覆以石隄之崇庳視海壖爲高下焉既成以度計之凡爲一萬九千四百四十尺又即所浚溝上築土隄以爲内備高廣過之隱然若重城之捍蔽矣訖工於九年之冬

先是縣東門外有清水孟宅二閘受沙湖西溪諸水達於運河而注之江視水大小而閉縱之故田不病旱舟不病涸積久弗治日就圮壞歲必堰土以遏之數費而不能持久父老請乘海隄之便并新之府檄郎以仲遠爲屬是時海隄事雖有緒而工未畢仲遠以農作方殷不可使失灌注之利乃先事二閘清水閘拓二爲三孟宅閘視舊有加累石坊以一欒弁流樹石鑿以納懸板爰琢爰甃堅緻款密先海隄一年而成其費則出於縣浮屠三年嵗助役之項於是海隄二閘相繼告竣而民力稍息矣豈非郡守幕長愛民之切知人之明而委任之力與夫府史以贊決簿書爲事耶仲遠一奉承上意能以身任之殫慮盡力使積嵗爲民病者一旦遂獲休息其惠利於人者亦豈小哉昔之良史於凡川防溝洫之功筆之簡書以民力不可重煩民事不可寢弛也若上虞海隄水閘關於一邑之政又烏得而弗書書之非徒著其美也庶幾俾後人以圖無斁焉爾　二十二年秋颶風頓發土塘衝嚙殆盡府檄斷事王芳督治兼

縣尹總理之遂與邑人帥闔架庫徐昭文建議請於府府下令如所請度夏蓋湖所溉之田畝出升米於西偏鵲子村築石塘一百三十二丈補葺舊石之傾泐者一千九百二十四丈又築復湖隄二百三十丈計直總費三萬九千四百四十緡以帥闔史王權邑人俞龢潘翔分董其役夏揚庭司其出納錢敬主其籍算經始於至正二十三年正月竣事於是年冬十月劉仁本有記記曰越上虞之有海隄也其來舊矣西首杭江北面大海患夫墊溺則壘土爲岸以隄防之附隄半里許瀦爲巨湖名曰夏蓋世傳神禹朝會諸侯於會稽時輪蓋所嘗駐也湖周百有餘里又重環以小河灌溉田不通濟舟楫

厥利溥哉然而江海之堧潮汐往復遲之以歲月積之
以壅閼於是廣斥墳鬬風潮一鼓雖高岸爲決橫流奔
潰隄且卑塌既不克捍禦而潮淫於陸散入於湖漸潰
爲鹻不可以灌而田無有秋之望不可以居而廬値漂
蕩之危民乃阻饑罔安集矣故修治之役無歲無之國
朝大德間嘗屢壞屢築至正六年崩損爲劇而蓮花池
又劇之尤者臬籲於郡請得如餘姚州判官葉恆治法
以授府史王永永潔已斂事踰年告成修亘一萬九千
四百四十尺其崇逾丈其廣倍之蓋亦規所甚害者堅
石以牢籠耳餘則土隄猶故也自是海鄉之田歲獲屢
登民得奠業既二十二年秋海颶大作怒濤掀簸土隄
衝齧殆盡衞以石者亦爲震掉民不堪命又羣訴之縣
會府檄斷事官經歷王侯以督制兼尹遂與鄉之人帥
閭架庫徐昭文建議請於府府下令如所請俾就綜若
事大約謂海之溢害於湖湖之害傷於稼度受溉之田
畝出升米工農助力共資畚築材具之費相維築石隄
二千三百二十尺以障之制視舊規稍密以帥閭史王
權儒士俞穌潘翔分董其役夏揚庭司其出納錢敬主

其籍算俟則日月一至吏不得擾民忘其勞繼補葺舊石之傾泐者一萬九千二百四十二尺而修築土隄江隄之尋尺不與焉又築復隄二千三百尺爲鵠子村之備而疏河治湖之工役不與焉直新隄之費因米爲錢總估三萬九千四百四十緡而凡爲疏補修治者用悉非在算計內也經始於至正二十三年正月竣事於是年十月功成民用和會讙呼載野父老攜杖謁文刋示垂後固請不獲辭仁本惟鞭石捍海治湖溉田斯政之仁者昔春秋時白圭築隄壅於鄰國孟軻氏譏以爲仁人所惡今茲役也當干戈擾攘之塡思禦大災患以爲經久圖浚畎澮距江海以爲壑茲固仁人君子所喜聞而樂道者也余往歲凡兩按視上虞餘姚境撫神禹之古迹感葉恆王永之治隄既爲謌詩以慰民志具載在冊今幸聞諸父老之言安得不重其請而樂爲之書與

明洪武四年秋土塘潰土塘者先是王永築石隄凡八里餘尚壘土至是復潰郡守唐鐸與縣令趙允文策之

易以石委其事於府史羅子眞會趙令秩滿去子眞殫心力經畫之隄築四之三子眞以事赴府府檄縣主簿史文郁繼董其役令張昱丞達貫道協相之自纂風至荷花池計一千三百丈一如元時王永所築又相故隄之圮缺與溝之淤塞輒補浚之越明年冬十有一月而工訖民歌之謝肅有記

記曰洪武四年秋七月越之上虞海隄潰大傷田稼民以訴於縣縣白於府太守唐公以爲憂乃亟臨海上行視決隄召縣令及父老長於里者諭曰天子命我出守以昭事境內山川之神而爲民徼福也今海乃肆菑於民其咎在余余可不禦之耶夫禦海莫善治隄治隄宜先鑿渠鑿渠得土郎壘以爲內防然後外作石隄則不患無渠以通舟致石而隄成無難者第以吾民不能無費且勞

耳縣令趙允文曰太守所以來者將隄海以爾苗又不忍勞費其民然海隄於民雖暫勞而終逸之雖暫費而終惠之公又何憂乎父老及長於里者曰願爲海隄也得驗田以治粟何費之借差力以共作何勞之辭以廉幹者爲程督之何事之不集惟太守所令而已公幡然喜曰凡若之言吾之意也吾與汝圖之即還與僚佐議無不謂便遂以事委府史羅子眞子眞奮曰是吾鄉邑事也且太守所委能不盡吾心乎既至則趙令以秩滿去子眞獨蒙氛霧觸風濤度地合度穿渠一萬三千尺爲防如渠之數於是乎大起石隄自纂風至於荷花池以屬故隄故隄者郡吏王永奉檄所築也永見往時隄皆土累故善崩始易以石凡八里餘尙累土則今爲隄處也隄址布杙四行沒土八尺前行既陷側石以護之乃置方廣石於其上外則疊以巨石縱橫上下勾連參錯以拒洪濤之衝激內則取夫石之小者雜以剛土築使堅密完壯仍包以石而與外稱焉其廣四十尺其高視廣得五分之一其長以丈計之至一千三百其石與杙以枚數之至十餘萬其用人之力以工積之至十二

萬有奇方隄築且四之三子眞以事赴府府檄縣主簿史文郁繼董其役而知縣張昱縣丞達貫道咸協相之夫以府史暨邑之長貳用太守命以勸督事宜其成之甚速也然而率作恐違農時且必在水潦既乾之際間有相故隄之缺圮者與溝之塡閼者輒補浚之以故越明年冬十有一月而工始訖焉是年並隄之田收倍於常民歌之曰彼海之蓄捍者其誰我有賢守作我石隄又歌之曰水既潤下田彼海旁甌窶汚邪秔稌以穰以食我於無疆言徭役罷而耕種遂也已而邑人謀刻石以誌以訓導黃韶所具事實徵記於余余辭不獲乃爲之言曰上虞北據大海海面有湖曰夏蓋夏蓋之南又連白馬上妃二湖而田之西盡江東接陳倉南距羣山北屬海者皆受灌於湖也然湖既通於海海隄時壞則鹹流乘潮而入而田爲斥鹵五穀不育民且告饑矣是則海隄所以衛湖衛湖所以護田其利害豈細哉今隄既成截然潮汐不復爲羨溢之蓄故民思其惠利於永久豈非規畫有方任屬得人遂底於成歟是 二十四年不可以不書故謹記之使來者有所考云

築隄四千丈改建石閘建文二年西隄又潰臨山把總聞於朝府檄主簿李彬督治未幾簿別調委史陳仕繼其役兩閱月而事竣嘉靖間知縣陳大賓躬親築隄以捍潮患陳大賓事從萬歷志名宦傳增後土塘時圮石塘亦漸壞其石半爲土人竊用萬歷四年丞濮陽傳清釐水利有海塘湖塘要害議議曰縣治西北三十里之外有曹娥江江東一帶南自十都起至九都八都七都六都五都北抵餘姚縣界約地一百餘里其沿泊江岸海潮泛漲則有漂沒之患內有白馬上妃夏蓋等湖隄防廢弛則有旱乾之憂故沿江之岸當築埂以防潮汐田上之湖當瀦水以防乾旱但海塘湖塘年久低塌及至修理圩長閘隣堰隣皆係無產棍徒嗜酒貪利不能號召服衆以致富豪有田者倚強高卧貧困無田者枵腹

虛應公差紛爾催勾完狀徒爲虛紙或湖塘遭旱或海塘被衝不惟害稼且致溺民公私俱困今當勘得各該堰閘壩埂等處如西踏浦荷花池思湖前莊鵲子查浦番花廟董家灣張家埠大河口花弓王家潭譚村賀家埠趙村河口葉家埭備塘者隨即酌處照產田丁口派工修築著令居民種插細柳桑柘等樹毋得將灑水草絆剗削糞田抵浪蘆荻竊挑供爨等因又勘得原有會稽縣三十三都犬牙相參本縣七都之間最爲崩損低薄者自章家墓起至西匯嘴灣底瀝海所北門馬路頭纂風寺五里墩邊止約計一十餘里雖係會稽實與上虞同此一岸海塘相應協力修築此會稽三十三都有關於六都之緊要者合無申請著落會稽水利官知會照例修築并行瀝海所重禁蘆之條方可無礙及勘湖塘南自十都起至九都八都七都六都五都四都三都二都內有長壩等各閘並宜修築外其上妃白馬夏蓋三湖埂如穰草堰杜兼溝計三十餘處坍塌頗多亦應照田丁派工修築并嚴諸閘以時啟閉仍禁張捕魚蝦偷洩湖水并拖拽船隻以致損壞埂岸又勘得有蔣家

堰蓮花臯角閘陳倉堰四處係七鄉下流底界喫緊處所亦宜時修築毋致坍塌俱各着近堰隣人等看守獨有鎮都新壩一處向被餘姚隣近强民盜決且壩址曠野難於守禦往往餘上二縣百姓爭訟爲此宜加令築高闊二畝有餘方始無患今後照該田丁每田三十畝派夫一名無田寡丁十丁攢夫一名士宦不得優免其圩長閘堰等鄉各要田產居上公道能幹者爲之則庶乎役均而任當矣又縣治之西有沙湖暨運河如外梁湖夾塘之類亦合如前起工修築外此若十一都之杜浦等處十四都之敗塘等處二十二都橫涇壩又二十三都永盈閘等處俱宜照前項規則施行者也

嗣知縣徐待聘亦有議議曰余嘗以勘塘至海上登夏蓋山北望鹽官城郭隱隱天際而山去海則里許波濤洶湃亦一邑要害也詢之耆老所恃以障海捍田者僅有是塘而歲久漸圮不惟修築之詘於物力其石半爲土民所竊此與割腹藏珠者何異嗟嗟今幸海不揚波耳設颶風大作其關於五鄉民命甚不小也而得晏然已乎　至　國朝康熙

十七年沙磧峙中流長廣百餘里潮水分齧兩岸淹沒竈地二十餘里民田村落廬墓不勝計厥後連年潮患沿海居民告溺告災迄無安歲五十年間隄岸盡崩荷花池復成海口與夏蓋湖潮汐相往來湖水受潮成鹹滷環湖七鄉雖大旱不敢以一勺灌田立視禾苗枯死居民大病五十七年知府俞卿委上虞署令王國棟築之又於內築備塘堅固比舊有加至次年八月海嘯大作飄蕩無尺土督憲滿撫憲朱交章奏準請帑易石乃推郡守俞卿督理其事監視工匠則郡丞閻紹僎辦物

料則縣令王國樑估值採運則山陰丞李懋分督趲築則縣丞王承榮蕭山丞賈克昌梁湖司楊名世廟山司朱蘭三山司黄灝錢清場大使馮宿重批驗所大使孫霽隨工相度則邑庠生俞文旦至措置之方出納之謹郡守實主之計石塘三千二百餘丈高三丈闊九尺內貼以土寬四丈餘土塘自曹娥百官團北至瀝海東抵餘姚縣界總計萬一千餘丈石塘費帑銀五萬八百有奇土塘費捐闔邑助役銀九千有奇經始於五十九年二月告成於六十年五月較元至正間所築逾數倍又

於夏蓋山建廟以祀海神俞自爲記記曰從來舉大役興大工未有不協人心而能有成者捍大災禦大患未有不邀神佑而能有濟者郡東百二十里越曹江爲上虞縣之西北四十里爲夏蓋山山之南爲夏蓋湖湖水灌田四十餘萬畝故址稍狹里民割田增湖周圍六十餘里環湖而居倚湖而養戸口數萬課賦二萬有奇虞邑富庶之鄉於是乎在山之北自東而西爲錢塘江自西而東爲海潮在昔安瀾南北岸雞犬聲猶相聞也康熙戊戌歲沙磧峙中流長廣百餘里潮水分囓南岸竈地淹沒二十餘里民田五六千畝村落十餘所廬墓不勝計蓋自至正間小有石砌久沒波中迨今四百餘年無有問及於斯者矣夏蓋之東潮汐暗長獨至山所陡然衝激高十餘丈或數丈或丈餘一潮莫支患口絡繹居民捧土填鍤旋築旋圮未有寍歲固波濤之肆虐哉未必非守土者之罰也康熙五十一年余以中樞郎奉 命出守越州是歲八月秋潮洶涌傷殘無算聞於紹人爲之大戚冬杪抵任越三日即有事於山陰患塘詳載山陰碑記次年

閱夏蓋思湖沙浦等處極盡補苴而無由易石告患告災歲無虛宇已亥秋蒙計典循卓　特旨入覲不越月而海嘯大作沿海村落山陰以易石得全蕭山有舊石塘次之會稽易石未竟又次之餘姚離海較遠又次之惟上虞受害最深既引見復奉　旨還任候陞時督憲滿公撫憲朱公交章入告請帑易石興功於五十九年二月告成於六十年五月計石塘三千二百餘丈較原估廣築四百餘丈石高二三丈寬八九尺內貼以土寬四丈餘土塘自曹娥百官團北至瀝海所東至餘姚縣界萬一千餘丈湖東西十都既闔縣均願輸自築樂成之歲百穀咸登文風丕振蒸蒸然洵樂土哉且不止是塘以外邱墟漸復魚鹽蘆葦取之不竭豈非害既除而利即興乎潮患向夏蓋入內湖經餘姚慈谿數縣　茲皆無患豈非一邑虛而數邑默受其蔭乎百姓咸曰　皇仁之廣被如此各憲之加意民事有功如此農夫之有慶爰及多方又如此而尤有異者塘石購於山陰羊大柯諸山相去百三四十里航海輓運無潮則淺有風則逆須石十三萬餘塊塊厚闊尺五六長五六尺枕石採

於蓋山須四百餘萬觔共須船萬餘艘越明年訖事無有漂溺損傷一奇也岸下水深三丈隔沙磧十餘里磧出水二丈許鋤鍬不能斷正向各憲籌畫疏通皆曰無資也又無法無何起工三月後磧忽崩塌已奇矣少又蕩入南岸一望汪洋之地不期年而平衍者三四十里大奇也曹江自東陽新昌嵊縣北流二百餘里經瀝海所等處匯錢江入海以磧阻遂折而東與湖沖塌計開故道非萬金不可迺夫百餘名船十餘隻不一旬而北道暢流東潮有瀉且以資運石之便更大奇也攷縣志夏蓋山一峰崒嵂高出天半狀如蓋又云大禹東巡駐蓋於此因名山北麓有夫人廟規模卑陋相傳祀塗山氏者又云帝相后緡避羿害曾居此歷數千年民奉甚謹豈禹治水東南神實佑之歟里有陳謝二烈婦者被倭虜不辱肢體裂江濤斯地原有祠至廢後潮汐頻加謂非苦節幽靈鬱結所致歟伍相國文大夫諸公陰靈常在江干俗所謂潮神是也不有以妥之安知不興波鼓浪歟他如山頂之辰元君廟百官之帝舜廟前江之陳侯廟類傾圮剝落中庸謂鬼神爲德之盛患不積誠

以感之耳余始事時各禱以辭祀以牲醴而塘工一一如願謂非有鬼神以憑之不可烏能敬報其萬一哉夫人廟改建高廠二烈婦主附於旁楹而以翻軒圍以走廊廟前楹三楹位十潮神護以照牆刪其冗祀時其筦鑰可謂煥然改觀矣帝舜元君各廟又皆重葺一新是役也不借員於他人不購材於別邑監視工匠則郡丞閻君紹僅辦物料則縣尹王君國樑估計採運者山陰縣丞李蕙分工趲築者上虞縣丞王承榮蕭山縣丞賈克昌梁湖司巡檢楊名世廟山司巡檢朱蘭三山司巡檢黃灝錢清場大使馮宿重批驗所大使孫齊此皆潔已奉公焦思竭力無有盜晷隨工相度縣庠生俞文旦督工修廟候選州同顧宗孟至於措置之方出納之謹余不敢諉焉石塘費帑銀五萬八百有奇詳在　奏冊土塘費捐銀九千有奇詳在各催收生監里老之簿籍俱不贅康熙六十年辛丑十有一月上浣之吉　又王文知浙江紹興府事候補副使道古滇俞卿撰

達有記　記曰去縣治西北數十里有湖曰夏蓋汪洋千頃灌溉一十三萬餘畝爲諸湖冠第南逼長江

北隣滄海無嶺東山繼之固有沙虛土薄之虞故洪水時懷山襄陵五穀不登禹停車蓋於此以治其水而一十三萬畝遂成膏腴則是民之衣於斯食於斯聚國族於斯者皆禹之功也迨康熙戊午間西小陡亹淤塞濱湖桑田多崩於海而湖遂與海通一遇風潮則淹禾稼溺人民漂室廬而發邱墓其復罹昏墊者已數十年矣前涖是土者皆築塘禦之而所用惟竹木泥沙隨築隨壞俞公以夏官尚書郎出守我紹覩虞民之復罹昏墊也慨然歎曰嗟乎恃竹木以抵悍潮曷救子胥之怒用泥沙而障巨浪徒勞精衛之塡是非石不爲功因詳其事於督撫藩臬諸公會同踏勘請諸　朝可其奏公卽鳩工庀材身董其役自蓋山抵鵲子凡十五里皆築石塘以遏其衝高一丈五尺厚一丈八尺猶恐不足以禦潮更於臨海者每畝捐銀六分瀕湖者四分其在別圖者或一分二分北自烏盆抵瀝海南自龍山抵西匯凡六十餘里皆築土塘以防其溢其高厚悉與石塘稱方公創議時皆以難成爲慮及役興而海遂漲論者謂非公之精誠足以感天地而動鬼神烏能使數十里之洪

波鯨濤將盡田廬而江海之者一旦遂平沙萬頃哉石塘計費蠲例銀六萬兩土塘計費捐助銀九千七百五十兩經始於庚子三月易十八朔而告成嗚呼偉哉繼是禾稼人民可無淹溺之患室廬邱墓可無漂沒之憂矣然則前之衣於斯食於斯聚國族於斯者固禹之功而後之衣食國族依然無恙者實公之力也詩曰纘禹之緒舍公其誰歟公諱卿別號恕菴滇之陸涼人其治我紹興利革弊除害去惡美不勝舉茲弗具載第就築塘始末記之於石以垂不朽云

雍正三年邑令虞景星請項築石自漾塘起至姚邑界止

案康熙間郡守俞卿所築塘在蓋山西三千二百四十丈前志誤作二千三百餘丈虞景星所築塘在蓋山東一千四百六十六丈六尺當時請項建造艱苦萬狀前志記載疏略塘內諸民傳聞失實又誤以虞公爲俞公連仲愚有辨載塘工紀略中

其康熙五十九年所築東西兩頭土塘坍塌甚多先於二年經尚書朱軾會

同撫臣法海議將塘底開深二尺塡築亂石上鋪大條石寬六尺高六尺貼石築土寬二丈高一丈三四尺具奏亦卽於三年夏興工時知紹興府特晉德因條石不易搆致且並無一尺五寸厚者緣採買就近臨山衞夏蓋山等處亂石塡中條石托外完工五六分會署撫臣傅欽恐不堅固奏請拆改仍照原議辦理四年巡撫李衞詣塘勘得臨山衞至上虞界烏盆村十五里自村至會稽瀝海所四十五里一帶工程塘底俱係生成鐵板沙土性堅固毫無軟硬不同之處卽亂石在下亦屬鞏

固塘外漲出沙灘離海三十里十餘里不等非秋汛大
潮海水不致到塘奏請將署撫臣傅欽已拆改正之工
並前撫臣法海任內報完石塘擇其堅固者毋庸拆毀
其已估未修並攙搭亂石已修未拆之工揭去浮面蓋
板將碎小爛石檢出下存墊底石板每層用大條石釘
鈴以原議墊底亂石檢有稜角成塊者牽配搭砌隔一
層再用整條石鈴制橫豎勾搭壓縫牽成一處誠恐辦
工不固委奏帶來浙備用之雲南教官尹曾監督於秋
汛前趕築告竣又原任兩淮運使何順等捐修石塘二

千九百八十七丈用銀四萬一千八百一十八兩亦於三年開工至四年七月報銷乾隆元年有上諭一道敬錄登天章紀內乾隆二十七年邑令莊綸渭以康熙五十九年王國樑所築塘工因外沙坍近塘身低狹面石欹斜請將低者一律增高三尺塘身牽寬二丈更低者再加一尺五寸動項四千七百三十兩零三十五年七月風潮大作後海塘自會邑纂風起至六都止間段坍損邑令李珠林署篆陳瑞枝前後詳請動支捐項修築以上參用乾隆府志萬歷志嘉慶志備稿○案今後海石塘自纂風學字號起至烏盆濟字號止長四千七百六丈六尺立碑二百三十六號詳載

塘工紀略　塘外沙地三四十里不等漲久沙堅鄉人築圩植木棉往往歷歲久遠仍倒於海滄桑迭爲循環道光二十三四年以後潮水南趨海循故道三十年秋霖爲災令張致高深恐海塘危急稟請加修統塘大府以帑藏支絀飭先報首險於是刪除次要將首險工程自查浦村東首連字號起至金馮劉村楹字號止稟報八十二號屬邑紳連仲愚經修並先後捐錢九百緡仲愚督率夫役趕築首險一載有餘咸豐三年海潮直逼塘下護沙不盈十丈寺前邨一帶尤危署令林鈞創捐錢二百

稽旋稟大府劃款五千緡仍屬仲恩董其役修理江海塘並時興築海塘秋季開工閱兩載告竣會江塘屢決經費不敷仲恩將海塘次要暫緩而專力於江塘咸豐四年閏七月東北風大作水立雲飛沖決鼓字號塘十六丈鹹潮奔赴急用半草半土搶築燕子窩雖決口不爲災五年正月於決處重建石塘三閱月告竣遂續修次要工程是年冬後海全塘完工而沙地亦遂於數年間漲起七年七月望颶風大作狂潮怒發查浦邨懷字號漾蕩菴筵字號並有衝潰邑令劉書田捐洋銀二百

番爲興修費連仲愚竭力堵築幸不潰決霜降後統塘翻修一律加高完善者二十餘年沙地坍廢海道逼臨塘脚光緒九年七月疊遭颶風怪水狂潮泛溢塘面節節崩圮內地幾成斥鹵之患仲愚子連芳連蘅獨任捐修十二月興工次年三月竣事自纂風學字號起至湯家瀝員字號止凡八十五號一千七百丈用錢三千九百八十餘緡由縣轉詳撫院劉給予惠周桑梓匾額十五年秋霪雨損隄連芳連蘅捐修前莊雀子一帶石塘一百九十三丈十六年邑紳王濟清修整五六都界內

石塘二千五百二十二丈六尺撥用義賑款以上據塘工紀略及縣冊纂

江塘自十都百官抵七都會稽延德鄉橫亘萬五千六百丈利害與海塘同萬歷府志。案今前江統塘自百官綺字號起張家埠竟字號止工長六千六百二十六丈立碑三百三十二號其間柴塘一千二百六十丈土塘五千三百六十六丈詳載塘工紀略明崇禎間水勢曲割衝決隄岸鹹水直注蓋湖上陳潭壅塞江潮橫溢居民大危時朱鼎祚孫敬等投哀兩臺太守王期昇相度水勢躬親督築并浚隔江之塘角沙水復如故民懷其德爲建祠立碑於前江東北隅倪元璐爲之記水利本末。記曰上虞之爲國以江海爲外懼而內親湖湖曰夏蓋方廣百里浸田一十四萬有奇挹拍娥江歸墟於海往江由白堰屈曲二十五里强節塘角自狩其郊未嘗過湖而問自項居民規便抗弓取弦使水奔怒而囓上陳之塘上陳塘者湖江之所表限也時則名田千計奄化爲江自是以來塘歲一決至崇禎九年秋潮乘颶威吼決葉家埭塘以尺計三百有六十廬墓徙於馮夷桑田歸於滄海自虞洼姚至於甬東邑八大號其時上下聘貽無能治之者昆陵王公以南祠部郎來守越州元璐季父封侍御晉源公仲兄侍御三蘭聞之大喜曰虞不沼矣蓋聞王公節警而思深節警則能決謀思深則無墜計乃率衆籲於公公應聲投袂起曰事有大於此者乎下令急築塘既循衆願計區徵輸又請之臺使者發鄉社穀若干濟之遂以其年十一月築新塘明年正月築備塘塘成邑人皆賀王公曰不然今江不歸而睨湖其勢不吞湖不止也乃又求江故道所謂塘角者躬乘樏橇審端究歸盡得要領而慮餱糒之不供爲出歲俸什伍日倡輸者於是平致材石簡斥鍤募丁徒信罰賞十千維耦如雲如風心串力屯爭水猶鹿自四月甲寅至於五月壬午江通敬告厥成矣王公意未慊命築上陳益功致堅又相湖要害江海咽喉若干所疏者益磧靡者益杙視蔭之輩譏爲葸謀也居亡何龍躩於江大風揭石高岸四隤之木圍五尺以上者悉拔而塘無恙泉乃愈神王公當此之時農謳於野婦笑於室其父老以爲有德於民宜祀之而士之髦者謂我公至德不自功即祀之無使公知乃閑匠曲房凡二十日祠貌俱成又使元璐陰爲記元璐作而歎曰嗟乎天下事曷有任之不成者哉以其誠則必得之以其計數則必得之誠者天人所際計數者神明之歸也昔者禹受命治水順用疏瀹逆用排決是故禹者萬世之師也西門豹則之以治鄴河李冰則之以治岷江治鄴河始於投巫終於鑿十二渠治岷江始於立三石人三石牛終於分三十六江今王公之治娥蓋也始於爲德於湖終於爲德於江蓋惟本之至誠益以計數近取諸身遠師神禹故尤爲天下之治才也獨歎王公爲其難而天下之可以爲王公者且不能爲其易

豈不惜哉公毘陵宜興人舉崇禎辛未進士美姿容鬚眉華悅其爲人無欲有氣治其民慈健並形民受牒入對者無問絀信皆翔舞而出潁川南陽之流與雖微茲功亦當祀也祠枕上陳而望塘角東去虞城三十里西距會稽境二十里先是富順湯公紹恩守越建三江閘利越百世越人祠之三江其祠翼然孤峙百餘年至今而偶云

國朝雍正五年署令許蓋臣修治聖恩寺前江塘詳請自木橋頭柏樹墳起至前江村止計塘二百十丈聖恩寺前河口起至葉家埭止計塘二百五十丈改建石塘動帑銀一萬四千兩零乾隆二十三年知縣黃福以呂家埠賀家埠舊土柴塘逼臨曹江上有新嵊等邑山水交注下有江海二潮會合頂沖撞擊搜削僅存

塘面五六尺詳請險處建築柴塘緩處加帮土戧動征收捐錢項下銀七百三十兩零修築二十四年八月呂家埠淡忘罔等字號賀家埠傳習堂等字號土塘共六十一丈又賀家埠堂字號柴塘五丈風潮沖損知縣黃福詳請於塘工引費項下支銀一千三十五兩零一體改築柴塘二十五年呂家埠莫字土塘忘字柴塘及賀家埠聲堂積福緣善慶等字號柴塘共一百二十三丈五尺風潮損壞知縣黃福詳請一律改築柴塘併加帮裏戧請撥帑銀二千五十二兩零二十七年請帑修築

百官老壩頭土塘自前江塘三里起至百官余家埠計長五百數十餘丈二十八年前江土塘因風潮坍損知縣莊綸渭詳請加帮寬厚撥帑興修費五千八十五兩零三十五年七月風潮後郭十都昃字號土塘八十餘丈七都貴字號起至六都夫字號止一帶石塘被水漫坍知縣李珠林署縣陳瑞枝前後詳請動支捐錢修築三十七年知縣孔繼睿詳請動支塘捐銀一千一百八十兩有奇築余家埠至後郭土塘五百四十五丈四十年賀家埠善字等號坍卸柴塘四十六丈并續坍呂家

埠忘字等號柴塘九丈知縣鄧雲龍詳請修築費九百兩零四十一年三月至五月呂賀二埠糜字等號間段坍損柴塘共百餘丈八都雙墩頭墨字等號柴土塘四十餘丈譚村是競字號柴塘八丈知縣鄧雲龍修築四十七年雲龍又修呂賀埠彼字等號柴塘六十九丈五十年知縣鄒宏贊修築莫字等號柴塘六十一丈五十二年又修緣字號柴塘六十丈莫字等號五十九丈罔字等號五十一丈五十三年鄒宏贊修塘灣履字至取字號一帶土塘四百一十丈五十五年知縣伍士備改

建前江孫家渡正字等號舊土塘爲柴塘五十七丈五十六年伍士備又修莫字等號柴塘六十四丈尺字等號柴塘六十三丈罔字等號柴塘五十一丈各支用引費及塘捐銀兩有差是年伍士備又增修余家埠至後郭土塘用塘捐銀九百兩有奇乾隆府志乾隆以後新昌嵊縣鄉民開墾山場種藝包粟番薯每逢大雨泥沙隨流俱下江身日積日高水愈駛而塘愈危道光三十年秋八月霖雨風潮大作決大口十有七如聖恩寺珠稱夜三號決口四十餘丈內外衝成深潭徑七十餘丈錢庫

廟師火二號決口三十餘丈內外衝成深潭徑五十餘丈其餘決口二十餘丈及十餘丈不等又間段坍卸柴土塘一千二百餘丈高田水深五六尺漂散廬墓不可勝數餘姚慈谿兩縣盡遭淹沒布政司汪本銓臨視借庫款銀三千兩飭知縣張致高交董築復致高屬邑紳連仲愚經修以數千款項經理柴土石塘一萬一千三百丈有奇閱一年而十七決口皆合致高爲記記曰不佞於道光庚戌年八月杪奉檄宰上虞適值大水浙東所在成災虞邑曹江一帶當新昌嵊縣之下游蛟水上沖海潮下漲泛濫旁溢致前江各處土塘多就坍塹田疇廬舍半棲洪濤前任孫君曾請上司發歲修塘工銀兩未至

查上虞海塘前江等處向領景工生息銀於司庫以爲歲修知縣任其事南塘通判驗其工者也時值庫款支絀無可承領方伯汪公親至其地查勘並諭令勸民捐築不使初經縮緩卽延請紳耆商辦捐修無有應者一以正被災荒無力籌資一以本屬官工不樂承手深閉固拒莫肯聽從復據情上請幾遭嚴譴後乃札發銀六千零以其半爲歲修仍歸知縣領辦事畢報銷以其半爲借款飭紳董領修次年攤徵還款皆向來應領歲修之項也不佞復邀紳耆議分修之舉湖鄉之士悉閉門而不納連樂川先生者家居松夏名著膠庠讀書養親有以自樂家產不逾中人非有肩鉅任重之貧者也乃覩百姓之流離如彼有司之誠求如此義形於色起而任之滿志躊躇擇要修堵或當砌石者增石脚或當衝要者作盤頭訪尋良友分任各事而自董其役遇有險工無論風雨深夜悉露立河干指麾夫役皆得以危爲安不日而承辦工完其鞏固數倍於昔日之官工乃知先生抱經濟之大才卽處鄉里間未嘗不見其端倪也此後塘有坍卸先生獨肩之歲有工費先生獨任之慘

澹經營迄今三十年一線之金隄不聞有坍廢餘上二縣之田廬相安於無事是誰之力歟不佞於壬子去虞乙卯又調他缺與先生闊別久矣庚辰春閒居武林先生哲嗣名蘅來晤知先生於同治甲戌三月歸道山矣傷賢人之凋謝悵觸萬端并悉先生晚年設立管塘會復建捍海樓於孫家渡捐田二百畝以爲歲修之貲莫爲之後雖盛弗傳先生之始終盡力於塘有如此不佞與先生經始此事故特記其緣起云爾 咸豐三年六月連日狂雨上游出蛟江水衝齧塘址又決大口三署令林鈞捐錢劃款議築決口及修後海塘語詳海塘又以事屬仲愚秋季興工踰二年而就鈞爲撰塘工紀略序

序曰越州之東屬邑曰上虞枕江而瀕海任斯邑者必諳度夫水利焉咸豐二年余奉檄攝是篆次年夏潮汛大作衝刷塘隄橫流氾濫漂沒田廬波及鄰境邑人以災狀聞亟謀所以修是塘者僉謂向惟連君樂川

董其事例在請帑民力弗任焉余乃進樂川而勸之曰塘爲虞之障億萬生靈繫焉府藏方絀安能待帑願以故箧二百緡爲諸君子創務各念祖宗邱墓集畚捐資扞其患所不勝者再商進止耳樂川許諾既而虞之人亦景從余遂上書郡守繆公請之大府黃公以虞邑所輸餉捐撥五千緡以資塘工樂川一力任其事簡役庀材悉以堅實爲歷屆所未逮不數月而患息閱兩寒暑而功成由是虞邑十餘年來無水患樂川之力也樂川之從事有爲人所不可及者遇潮汛水漲親率鄰里自挾資具巡塘而守之必俟波靜瀾安而後返雖烈風猛雨連宵達旦無倦容公費不足出己貲以補之歲視爲常退然無矜色司牧者屢欲以其績上聞皆力辭故歷時久而旌功之典不與焉夫士君子無尺寸之柄而能以一鄉之飢溺爲己任不矜勞善不邀名譽斯亦當世所不數覯者歟虞固多賢士其所爲皆有公爾忘私國而忘家之風而修塘之功則樂川不得而讓也今以海塘紀略示余用述梗概爲後之從事者勸 七年知縣劉至其任事之苦心孤詣具詳於略余不贅

書田與仲愚商水利，仲愚用鄉人章三畏議創修臨江大牆，閏五月興工，九月竣事，東與後郭辰字號接壤，西與呂家埠莫字號接壤，工長三千六百丈，而內塘有重關之固。劉書田有重修大沙牆記

記曰：天下有事焉，無智愚皆知爲患害，而卒至於敗壞不可收拾者，皆任事者利心中之也。司民牧者明知爲患害，又目覩其敗壞不可收拾之形，而不惻然動於中，思急起而補救之，非有司也。虞邑西北兩鄉濱臨江海，自後郭村至呂家埠，外竈地而內民田，竈地有沙牆以捍蔽江海，猶民田之有官塘也。沙牆修築向歸賦首，竈地之有賦首，亦猶民田之有糧保也。若輩貪污性成，每以修沙牆爲利藪，若惟恐其堅固也者。前任恨賦首之貪利，革而去之，令某某修築，而孰知其弊也與賦首等，故互訟不休，而沙牆益壞。余到任後，深悉其弊，又深悉其患害至於敗壞不可收拾也。不得其人

徒咨嗟悼歎而已謀於官塘董事訓導連君仲愚連君曰難哉任事之人也余曰十室之邑必有忠信環竈地而居者數千家豈無有知利害尚廉節而可任者乎君其爲我察之閱數月連君曰公必欲修沙牆今於農民中得兩人焉曰章東序曰朱彰德此兩人者有操行可任以事余見之問以沙牆事皆深痛從前之貪利者願肩而任之於是分地段勘丈尺釘標記買泥田均夫役外邱畝三工內邱畝兩工又選十八人以分其責連君令其子生員茹佳鎭海殿司出入而課勤惰焉余親往工所凡三日祭土開工始返署後十餘日余復至工所章朱兩農之工果大起餘或以暑熱辭或以農忙諉且有怨言草草不能成式余復嚴諭之曰此沙牆江海捍蔽也此時不築何以禦秋潮有不如式者令官塘工夫間段板築以爲榜樣始各勉强從事而不敢怠未幾七月十七至二十等日連日雨注風猛浪激江水與海潮比旺正海塩塘工被沖時也而此牆幸險工已成章朱兩農復於風狂雨驟之際披草衣率子弟晝夜往來防護於其間而全牆得以無恙竈之丁戸皆喜曰非使君

爲我修之田禾何以有秋前日之怨言遂息余復至工所諭之曰爾毋恃潮退無恐八月潮勢尤大宜將其沖塌者急補之否則仍恐有患僉曰吾儕小人知過矣必不再貽使君憂爭先恐後而三千六百丈之全功不日告成是工也非連君之區畫精詳章朱兩農之任事樸實不及此而連君哲嗣少年英雋精細廉明有父風焉於是首險次要次第經理其最險者曰賀家埠孫家渡外江內河地勢局促不能加廣卽無可增高乃築柴塘八十餘丈以分水勢而趙村余家埠雙墩頭黃家堰呂家埠自道光三十年至咸豐十年先後新建石塘一百九十二丈九尺同治初年粵匪擾虞仲愚兵燹中不避艱險釘立孫家渡坦水樁九十餘丈四年春黃家堰孫

家渡東西花弓一帶塘隄多有坍損仲愚捐貲間段修理值霉汛汜濫狂雨六晝夜水高塘面二尺餘寸塘已沈陷仲愚集近塘居民管守急用炭包盛土夾水堵築屬邵培福杜梅占率領夫工防堵呂家埠賀家埠等處險塘而後郭地勢高阜本非要工被樹根穿穴潰決韓煩字號塘凡三十六丈夏蓋湖及北鄉遂遭淹沒邑紳王淦稟知府李壽榛借款興築當領番錢一千六百枚又銀二百六十兩交連仲愚修復此款於同治九年並時文廟捐內撥還興築黃家堰一帶坍塘盛暑開工三閱月完竣五年仲

愚復修整老塘五百餘丈會沙牆坍卸遭洪潮沖激危在旦夕迺舉鄉人章三畏杜梅占循照舊章修復大牆半載完工仲愚籌善後事宜設立管塘會名曰衆擎先後捐田二百餘畝作永遠歲修費屬邵培福經理累年築塘興役苦無堆料停歇之所九年冬仲愚捐建捍海樓於孫家渡會稽陶方琦撰記記曰虞當巖壑之會臨溟渤之濱夏蓋以北賀維海門雷輷濤怒厥地稱險其西南瀕曹江江出新嵊諸山霖潦時降衆壑爭趨風潮逆流互激交匯奔盪訇礚昌隰瀰原於形爲尤險先民有作堤之坑之江塘堙其前海塘障其後而水勢稍殺雍乾之世迭請 内帑以時修築迨道光季年塘漸以潰漫溢田廬汨及鄰壤屬當軍興府藏支絀官民束手邑人連公仲愚徘徊塘

上慼然傷之謂江海兩隄數百萬生靈所託命使無人設法堵禦任海水氾濫爲災是無桑梓即無餘上也從斯南北驅馳任勞任怨并率其從弟桂初冢子茹分道捍護以數千之款經理柴土石塘一萬一千三百丈有奇又值隄工坍廢決裂之餘議者咸爲公危卒之焦思竭力挽狂瀾於既倒迄今樂土可安民歌舞之公躬親櫛沐者蓋二十年而公年亦既耄矣迺謀久遠之計首置田百畝爲捓續助百畝鄉里慕義者爭附之並得田四十餘畝號衆擎會爲歲修資又憫徒輩風餐露宿遂度地庀材建樓於塘之隘曰孫家渡以鎮之而題其額曰捍海凡爲堂三楹中祀潮神耳房二以庋器具廂九爲庖湢梟夫役寢食之所登斯樓也左海右江風雲百變潮汎之消長畚挶之勤惰歷歷在目暇則讀書其中蒔花觴客以爲別業經始於同治九年冬明年四月落成於虖公之捍水患也遠矣夫天下事固有志壹而用宏事半而功倍者彼庸庸者其能知乎哉公承父兄之詔勉督率祗懸任厥艱鉅蓋本其孝弟之誠發爲義舉而又不敢輕糜　國用毀家紓難以抒其惓惓忠愛之

況其惠周乎羣生其澤流之百世豈不偉與昔潛溪宋氏記古虞魏仲遠見山樓美其經營於兵後而推言子姓之象賢今公蒙難之餘剏造斯構利賴無窮固遠勝乎仲遠之遊觀者而公子若孫咸以文行有聞於時益欽公貽謀之善爲足與鄉賢後先輝映也銘曰在昔錢王築捍海塘灑沈澹災利及千霜翼然斯樓與古頡頏夏蓋斯控舜田斯稷緬維連公澤被鄉邦靈風靈雨光神魂迴翔江流載順海波不揚跻彼元石邦家之光

緒七年秋後郭何遵約法用軍最七號暨譚村寸陰是三號塘被潮衝坍邑紳連茹熏知縣唐煦春請款興築布政司德知府舒先後委員查勘十二月興工次年五月一律完竣凡築柴塘石坦二百六十丈並加修會盟牧地宙日月等字號土塘六十五丈六尺提用存縣餉捐

餘剩錢一千五百餘緡留郡善後經費錢五千四百九十餘緡共紥錢七千緡由縣稟憲批結十年潮水泛溢後郭韓煩起三號塘坍損邑紳連芳連蘅捐築柴塘三十四丈八尺添釘坦水排樁及修整各處險工用錢七百六十餘緡並承故父仲愚志續捐歲修田百畝合前助三百畝勒石捍海樓詳請　奏咨具載連氏義田事略十五年秋霖雨爲災塘工危險連芳連蘅招集災民擇險堵築修復後海石塘參見海塘條下並修柴士江塘八百八十九丈共用工料錢一萬三百二十緡賑捐核獎局如報給獎

十八年江水沖坍孫家渡聲字號險工內臨深河致塘上路亭及張神殿崩圮連芳連蘅捐貲購料屬邵培福興築改建石塘十八丈添釘坦水排樁重新殿亭二十一年塘工多損連芳連蘅間段修整重建西花弓淵澄字號柴塘三十一丈賀家埠非字號柴塘二十五丈餘會曹江變遷水勢北趨直攻沙牆而臨江大牆延亘三十餘里自同治五年修復官塘倚爲捍衞三十年之久牆身敝敗要工刻不容緩連芳連蘅稟縣分別修築牆身坍塌者增高一倍增廣兩倍江潮沖齧者相度形勢

移築退保舉章星齋沈茂慶爲沙牆董事照章按畝派工經費由連芳連蘅籌墊二月初旬開工東西齊舉分段堅築五旬告竣知縣儲家藻兩詣江干督視是年霉水氾濫隄工坍損交伏風潮大作衝卸花弓塘半根一綫危隄急需堵築連芳暨弟蘅墊款興修凡東西花弓川流等字號患塘建柴工七十一丈五尺加築塘臺三十四丈修整損隄二十九丈又賀家埠慶尺字號建柴塘二十二丈趙家壩約法字號建柴塘二十一丈五尺加修何遵字號後戧二十丈合計工料費用錢三千二

百二十餘緡江塘綿長險工迭出花弓一帶尤爲頂衝
二十二年復經霉秋風挾潮勢直攻花弓要口九月初
三日崩卸決口七个連芳偕弟蘅風雨中督率夫役急
用草包盛泥夾水築復四處購採樁柴各料分段建造
專力首險如西花弓息淵澄取映五號間段建柴塘五
十三丈三尺雙墩頭難字號建柴塘十丈六尺王家堰
克字號建柴塘八丈六尺次築孫家渡柴塘堂字號九
丈習字號十九丈一尺賀家埠建柴塘工程因字號十
丈五尺慶尺字號十七丈二尺後郭韓煩字號建柴塘

二十丈又花弓息淵等處險工添做坦水百十二丈培築老塘後戧百五十一丈自冬迄夏次第完竣統計墊用工料費錢七千五百緡有奇迭興大工險塘一律完固詎春汛洶涌晝夜乘虛撼激致失修緩衝隄工節節坍塍連蘅兄弟瞻顧危隄大有潰敗之象明知經費支絀購料維艱第坐視決裂遭災功敗垂成慨然竭蹶從公逐段修整先建王家堰景建名字號柴塘二十丈三尺雙墩頭詩染羊字號柴塘十七丈四尺趙村恃己字號柴塘十五丈一尺花弓取映澄字號柴塘十八丈六

尺趙家壩何約字號柴塘二十五丈一尺又王家堰建
名字號加釘坦檣二十二丈五尺雙墩頭詩字號加釘
坦檣五丈一尺花弓不息兩號加釘坦檣十七丈自光
緒二十三年冬興工迄二十四年春季完工計墊用工
料錢三千六百二十緡零以上據塘工紀略及縣冊纂

百丈塘在縣東關外東嶽廟後堵澮運河之水俾不奔注
下河建於何代年湮莫考　國朝乾隆二十六年邑人
劉度陳[弈]募捐修築並請邑令將舊所置愛宇羌章四
字號田十六畝二釐三毫撥分孟宅閘西小壩張家壩

楊家濿竹湖潭外酌留愛字六百號田二畝九分宇字一千九百四十三號田三畝四分令塘長佈種輸糧以給歲修守望工食之資嘉慶志光緒十二年知縣唐煦春暨縣丞陳鑅捐廉爲創集貲修整完固用錢二百七十餘緡邑人錢振錮俞藝董其役新纂

沙湖塘在外梁湖距縣西三十二里宋邑人張逹創置以禦娥江潮水自西山至蘭芎山麓築塘長三里塘盡處築舁塘數十丈建石閘一座遇潮水汎濫則堅閉其閘厥後增築年湮莫考　國朝乾隆二十年潮水横溢塘

潰董事王全珍劉度龔惠卿朱勤玉徐瀍然等白令黃福申請各憲府委山陰丞陳宗功幕長胡某督理其事捐綮湖至通明各紳士殷戶銀七千一百兩零修築增廣之塘址闊四丈五尺面闊一丈五尺高如之閘旁設望隄所三間案郎無量殿熊中丞學鵬兩次詣塘履勘深爲嘉歎厥後屢潰邑人倪士元徐嘉言朱文紹等相繼募捐修葺嘉慶六年潮水大作塘閘大潰歲歉收知縣崔鳴玉張德標相繼令邑民派捐得利田畝修築並議遇大潮水派十都附近村莊民夫持簞片耒耜等物守望

捍禦殷戸二八董其事第乏歳修塘長工食民夫守望等項田畝雖經附近士民置買姜字一千十七號田一畝一分二釐又一千二十四號田五分七釐芥字六十九號田三分五釐朱文郁捐重字六百號田九分六釐一毫五絲又六百二號田一畝一分九毫曹錫安捐姜字一千十七號田一畝一分潮神會平字六百八十八號田三畝三分又六百八十九號池一分五釐重字一百九十二號田一畝咸字一千二十五號田二畝二釐海字二千六百四十八號田二畝一分六釐七毫五絲

除敬神飲福支銷錢八千外餘錢劃歸是塘需用而所入無幾嘉慶志　嘉慶二十五年大水塘決民田淹沒無算知縣李宗傳令邑人王望霖等自梁湖至通明各都按田畝捐築道光二十三年霪雨潮漲塘復潰署令戴堅令陳廷楷王燕藻等派捐重修三十年八月洪水泛濫塘岸坍崩無量橋閘俱圮淹沒民禾廬舍民益困苦知縣張致高甫下車謀諸邑紳倪暄王振綱夏廷俊等議照舊章按畝派捐貧富慨吝民情不一僅收得捐錢四千餘百緡夏廷俊增築石牮塘一帶倪暄等培築舊土

塘而橋閘以經費不敷延擱未成咸豐三年六月復遭大水禾稼盡壞張令捐俸四百緡後署令林鈞又捐殷戶錢一千二百緡委夏廷俊陳晉王兆申董其役自秋迄冬橋閘告竣較舊址高且固次年五月潮水復至勢及塘而塘以外廬舍俱毀塘內賴橋閘堵禦雖瀦田亦無損害備稿

國朝王振綱贈夏霈亭倪春臺築塘詩

漢王善將將淮陰善將兵衆夫力齊努厥塘洵有成虞風本古樸積慮皆和平謠詠亂眞宰愚者更性情一旦豁然悟心地原光明夏君長才幹調劑持權衡倪翁亦老健鉅功隻手擎兩隄雖決潰不日成經營況有東門錢慨助將囊傾購田鋤沙土畚掬勞編氓我望梁成得普濟毋令來客臨河驚鐵門一閘巨浪鎖金湯萬古成長城庶可高臥隄上不知曉但聽秋風颯沓黃

葉聲咸豐六年知縣劉書田以塘址損壞首捐廉俸並集各堡耆舊派費興築劉自爲記

記曰余於咸豐五年冬捧檄來虞過曹江入虞界見兩山之間橫亘土塘一道破壞不堪余問役人役人曰沙湖塘也失修久矣余謹誌之任事之後取邑乘閱看知此塘五百六十餘丈上禦曹江之水爲東西四十里田廬保障每一沖決不獨田禾淹沒城內亦積水數尺其工最爲緊要細詢其失修之故知積弊使然也蓋此塘非官工向有十八堡集民夫修築而玩惰者每以老弱充數是以集夫愈多而課功愈少兼有業戶慳吝拖欠塘費效尤者亦漸成風氣更加紳耆不能和衷共濟南轅北轍每以口角細故輒行停止有此數弊是以屢築無成余慨然曰民間一利一弊皆有司責耳若諉爲民間之事而漠不相關地方安用有司爲余折柬邀向之董事者而問之咸謂此塘向有紳董王望霖等賠墊修築今則任事之人難得而且民夫難集地費難收余曰以諸君之言其弊若在民而以余觀之其過實

在官若官視閭閻身家之事爲一已分内之事不計勞怨而毅然任之雖有百弊不難立革諸君其能從我乎僉曰公若任之固虞民之福所禱祀以求之也官塘董事訓導連仲愚通達人也深曉塘工利弊急往請令踏勘丈尺估其工而計其費焉余首捐廉俸百金復親至梁湖工所集各堡耆舊均其費務使之平留吏一人以收之招官塘工夫擇日興修余時乘小舟往來督催於其間五月二十三日工將成而曹江之水忽大漲與無量橋齊幸塘加高三尺面寬二丈底三倍之得屹然不動否則田禾又付洪流矣嗣是而所派之費不日皆完無一戸忍欠者工亦不日而告成塘之南有牮塘三十餘丈前派十都修築因費涉訟訓導夏廷俊代築之余仍邀夏君任其事其高厚與横塘同亦先後完工余於完工之日設酒醴於公所令各堡散董勾稽出入酒罷歡欣而散是工也紳董舉人倪暄候選同知王塗職員沈占奎與牮塘紳董夏廷俊不避風雨在工經理最爲勤勞而工之堅固完整尤得力於官塘董事連仲愚鳩工之力居多嗟乎天下事特患無任之者耳能任之而

又知其弊之所在剔而去之事未有不濟者豈獨沙湖塘也哉同治四年夏連日大雨江潮氾濫塘閘均被衝坍邑紳王淦等議將承蔭田畝派捐興修用有餘存發典生息光緒十五年邑紳王耀紱修葺橋閘并橋邊坍損之路撥用義賑款洋二百元光緒十七年王耀紱等復修築塘外沿江之備塘自梁湖百官交界之大通口至古里巷之蛇山長一千二百餘丈新纂

六項塘在外梁湖距縣西三十五里堵塞江水舊以竹木雜貨過塘易致傷損令壩上六項民夫承認修築故名

國朝嘉慶四年塘外私墾佃戶張鳴鑣私將是塘開掘霪洞引運河之水以溉墾田邑人朱文紹陳祖烈白知縣詹錫齡申請各憲塡塞之案六項塘既名塘矣長不滿數十丈何也曰是塘兩邊田俱高阜內有深溝一帶並大車往來車路一帶年久路低溝路狹塘故不用獨廣曰蘭芎抵西山之麓旣有沙湖塘矣不里許而卽有是塘何也曰沙湖塘有閘以通舟楫非潮水橫溢不得閉閘苟無是塘江水直通內河潮汐往還閘永閉則舟楫不通啟則田不淹沒故是塘雖蕞爾最爲虞邑要害○嘉慶志　道光間邑令欲鑿塘通舟邑紳陳廷桂倪暄王燕藻王振綱王邦獻等力陳諸害事遂獲已陳廷桂等稟詞爲公陳諸害事竊虞邑西鄉西逼娥江向苦潮患特於外梁湖地方建設六項塘捍禦塘雖蕞爾實爲虞邑要害縣志可考偶逢極旱通霪進

水灌溉田禾衆民管守隨通隨塞不敢疏忽恭聞仁臺擬於塘外車路開河將塘身鑿斷通舟職等世居西鄉素悉情形娥江上承新嵊洪水下接海洋大潮築截尚虞其患塘之不宜開者一內地略高外江稍低江汛有大小一月閒大汛十日小汛二十日小汛日則內水流注外江糧田無可承蔭運河反礙行舟塘之不宜開者二江水渾而不潔潮進潮出愈積愈阜內河易於壅塞塘之不宜開者三有謂造閘以禦姑勿論沙土浮鬆閘不堅固商圖通舟必欲長開農切保患必欲長閉永生訟端塘之不宜開者四有謂鹹水傷禾放西溪皁李兩湖之淡水以濟江潮之鹹水二湖啟閉自有一定古制斷不能挖他人之肉而補自己之瘡歷朝闢過巨案反添訟端塘之不宜開者五伏思仁臺斷不爲就小利而貽大患之事故敢謹陳弊害○新纂

外横塘在六項塘外近曹娥江口道光閒署令龍澤澔開浚大車路舊溝以通江水引濟運河建閘啟閉旋因沙

漲閘圮潮水直入運河沙淤邑人王振綱等改築泥壩

名曰外横塘凡遇運河缺水農田旱暵商同沙湖塘董

事先議築復始行開放備稿光緒十七年邑人王耀敍因

近日竹木雜貨盡過外横塘稟縣及府禁止並請飭承

修六項塘之人兼修外横塘永爲例新纂○互見新開通水河

隱嶺塘在縣西三十餘里隱嶺背山面江春潦秋漲時遭

水患道光十六年知縣毓秀同邑紳谷連元蔣敬勝金

儒懷等創議捐貲築隄以固捍禦自長龍山至覆船山

計長一百九十二丈濶二丈四尺新纂

蒿壩塘在十一都蒿壩村乾隆初創築長一百八十丈就承蔭田畝派捐道光二十三年洪水衝決柴紹祖集貲修築三十年又遭衝決咸豐初俞鳳來創議經理改建石塘（新纂○案是塘兵燹後由紹郡塘工局修理有案虞承蔭田二百餘畝歲捐錢畝五文作塘長工食）

杜浦塘在十一都杜浦村道光季年創築旋被洪水衝坍光緒十六年春邑人龔占梅等稟知縣唐煦春撥款興修（新纂）

夾塘在一都大小查湖中間長亘一百五十餘丈一方之要害在兩湖兩湖之要害在夾塘明成化初知縣吉惠

嘉靖三十九年丞蕭與成相繼增修詳見小查湖條下姚翔鳳記嗣後補葺農民爲之沿習至今彼此觀望塘身坍塌亟待修築新纂

寺後塘在一都智果寺後長一百數十步自大查湖陞科爲田河道湮涸僅存一綫以本湖之水溉本湖之田時虞不濟此塘一决糧田皆石永禁開放垂爲定章新纂

新湖塘在一都小查湖中去夾塘約半里許湖本東傾姚民復於東横塘下掘深丈餘水勢從湫門瀉出遍流姚境湖爲虞有而虞人反不受湖之利農夫病焉咸豐初

耆民姚錦昌等鳩工建築新塘略資堵滀然統計湖身在塘內者不及十之二而塘外虞田仍苦旱暵每當夏秋之交葑草彌望褰裳可涉相度形勢設法濬築是在有志水利者新纂

泗洲塘在三都上有泗聖廟新纂

永豐塘在三都夏蓋湖南保衛白馬湖新纂

上塘在十四都白馬湖南萬歷府志○案十四都字有誤互見白馬湖

橫塘一在白馬湖東一在十八都溪水注焉萬歷府志

右塘

# 上虞縣志校續卷二十五

輿地志六

# 上虞縣志校續卷二十六

## 輿地志七

### 水利

孔堰詳見孔家閘　奚家堰在二都萬歷志　六畝堰與董家堰相表裏○案亦名六里堰　董家堰在經仲溝下向係泥堰每春水泛漲時遭坍塌光緒十六年邑人經文稟請省憲以工代賑改造石堰並置霪洞水滿歸入中河邑人李品芳董其役用錢六百九十緡○新纂　經家堰在二都水利本末○新增案備稿水利本末孔堰一名奚家堰元至正庚子改爲閘是萬歷志分爲二堰誤也

石堰蓄白馬湖水側有通濟驛亭堰同治九年耆民經文菴○新纂互見石堰閘通等呈請退壩歸農

永禁車拔知縣俞庭訓給示勒石略云據三都耆民經文通經文國等呈稱該處驛亭村向有一壩爲西北兩鄉十三萬餘畝田不保障所關匪細間有盜紹往來商船伊等住居附近隨時爲之車拔乃該壩年遠日廢水勢下瀉今據上河各堡公同培高築復伊等皆係農民各願退壩歸農誠恐日久無稽仍有圖利之輩開壩車拔情事公叩出示諭禁勒石垂久等情前來據此查車壩固便商旅實於民田水利大有妨碍據稱將壩築高停止車拔係爲重農起見自應准如所請即行停止勒石諭禁同治十一年知縣王晉玉蒞任後復捐廉雇工將壩側拖船衕塡平釘樁通詳各憲光緒八九年邑紳經元善等就壩上建造文昌閣稟知縣唐煦春通詳給示勒石略云據紳士經元善經湛經蒼林經元仁經元智經元佑經玉堂經文經亨豫經有常稟稱虞邑驛亭村河形西高東下夾河村民數百戶聚族而居河中向有一壩爲上下河界限乾隆三十四年奉前督撫各大憲檄飭前邑尊李示禁毋許私行盜掘等因歷經遵奉在案第村人住居臨河遇有往來船隻過壩隨時爲之

車拔因循沿習視爲利藪以致壩身日侵月削夏蓋湖水瀉注過甚常有旱暵之患同治九年五月間西鄉紳士連聲佩等稟請前邑尊王將石壩培高築復禁止船隻拖拔其時紳等亦勸約村人勿再拖拔船隻以固壩身而保水利鄉耆經文通等尙恐日久玩生是年十月稟蒙前邑尊余出示勒石永禁同治十一年五月前邑尊王蒞任後復蒙捐廉雇工將壩側所謂拖船衕者塡平釘樁通詳各大憲批准各在案第村人以車拔船隻爲生者一旦失此進款不免向隅堪悲紳等誼同鄉井不忍坐視當經捐資按戶計口量借耔種工本共計借給制錢一千八十千文其年已就衰力難耕作者另又借本在左近之小越横塘廟兩鎭捐納恆昇恆昌牙帖俾得貿販營生計借給制錢一千四百千文又就壩上建造文昌閣一所兩面堅砌石礳俾壩基與閣爲一不致侵削閣下仍使水可流通以資宣洩計費工料制錢一千千文先後共捐制錢三千四百八十千文此款均係紳等敬修家塾公項支墊曾與村人受借者訂約如果久安農商恆業概不索還現在時逾數載頗稱相安

誠恐歷年既久難保無覬覦侵毀等事除稟道府憲外
稟請據情通詳立案並給示勒石以垂永遠等情據此
當經備文通詳嗣於九年正月十三日奉撫憲陳批如
詳立案仰即遵照給示勒石永禁嗣後毋得車拔船隻
以垂永久云云○新纂　小越堰互見越閘　小河清溝堰案河清小越兩堰爲蓋湖關鍵
鹽紹通衢年久堰石損壞光緒十八年夏紳董金鼎連
衛等籌款購料修築完固高低循照舊制惟車拔船隻
水易傾瀉責成壩夫隨時添泥愼重管守　蔣家堰　皁角堰舊名七里堰光緒七年邑人俞
巖重修并建石梁於上名曰葦杭橋十三年里人稟請
知縣唐煦春示諭勸捐重修邑紳羅寶楚董其役○新
纂互見皁角閘　俞植堰　兩貫珠堰　五叉堰案今作五車堰在三都
萬歷志　橫港堰　柯家堰　鎭山堰又名俞家堰　張家堰案在驛亭村東
周家堰　鄭家堰案在和尚橋東　胡家堰　李家堰在三都

水利本末馬家堰在三都東堰址在姚界水利則關虞邑○新纂○案姚界大小夾堰趙家堰祝家閘張公堰皆蓋湖關鍵光緒二十一年姚邑中河民盜決兩縣主會銜示禁

橫山堰互見橫山閘　施家堰　楊湖堰　夾堰　徐林堰　徐少堰　杜兼堰　柯山堰俱在四都萬歷志　曹家堰　羊家堰　雉尾堰在四都水利本末

徐漵堰案漵今作虎　王婆堰　丁家堰　陳倉堰姚界相近堰北有寶積菴○新纂互見陳倉堰閘　李監堰案即烏盆堰　中堰　西磧堰俱在五都萬歷志

思湖堰在丁宅村北五福橋下　在六都萬歷志

花公堰　梅林堰　賫堰俱在七都萬歷志

黄家堰在八都萬歷志

茭蒔堰在九都萬歷志

炭堰　柯莊堰　新建堰　百官堰舊名龍山堰　穰草堰互見穰草堰

閘俱在十都萬歷志

梁湖堰紹興初高宗次越以梁湖堰東運河低澀分發六千五百餘人濬治宋史河渠志　水經注浦陽江南北各有埭司以稽察行旅胡梅磵曰浦陽江南津埭今之梁湖堰北津埭今之曹娥堰沈奎補稿

右堰

張家壩在一都距縣東七里堵瀦運河之水建於何代年湮莫考　國朝乾隆二十六年邑人劉度陳弈呈請邑令募捐修築並分撥百丈塘宇字一千九百四十三號田二畝令壩夫佈種輸糧以給歲修守望之資嘉慶志

新通明壩一名中壩在一都鄭監山下急遞舖西南距縣東十里宋湻熙間縣令汪大定置名通明北堰明黄宗羲餘姚至省下路程沿革記略初南路必出通明壩宋湻熙間魏王愷於四明將葬於越詔遣刑部尚書謝廓然運副韓彥質護喪使者旁午州縣震動知上虞汪大定以通明壩高峻潮汐雖登僅過數舟則已涸於是增浚查湖

別於支港創小壩以通舟募游手二百人別以旗色分列左右俟大舟入引湖水灌之水溢堰平衆力扶舁舟以進略無欹側舳艫相銜俄頃俱濟自是以來反以支港爲通衢非大旱水涸則無有由通明者矣世傳史彌遠所開有恩多怨少之謠非也洗奎案史彌遠所開之說雖無證據當亦有自堰上向有土地祠神像作宰相裝父老相傳謂即史相也明永樂間府志作洪武初鄞人郟度以舟經舊通明壩灘流壅塞鹽運到必需潮水大汎始得達舟常坐困建言將縣東北舊港開浚自西黃浦達是壩又名鄭監山堰官商往來便之嘉靖間有奸民私置幽窪洩水知縣楊紹芳鳩工堅築焉邑人張文淵有贊贊曰吾邑有河亘四十里貢賦由茲田疇賴此東土奸民每竊斯水午夜決溝一洩見底萬頃荒蕪頻年饑餒恆訟於官官弗爲理

叩閽無階籲天不已偉矣楊侯展也君子羣囂沸從獨斷於己發掘幽窪密釘樁趾上廣檐楹下廣基趾惟此有溝亦前之比侯命更張遠離河涘實土昂昂釘樁齒齒絕此弊源頌聲滿耳紀德於碑用垂千祀舊設壩夫叁拾名官給工食纜索銀共叁百陸拾兩遇閏每名加銀玖錢　國朝酌定壩夫貳拾名官給工食纜索銀共貳百伍拾貳兩遇閏加銀拾捌兩詳見賦役全書道光二十年署縣令龍澤滙詳請重修明王穉登客越志過曹娥歸東關驛買舟如西興三十里上虞縣因山爲城十里中壩十八里下壩灘聲下磧怒如驚濤船從枯隄而下木皮如削爲之毛髮森竦何必瞿塘峽方知蜀道難也○備稿參新舊志增訂

西小壩在一都距縣東十里堵瀦運河之水建於何代莫

考　國朝乾隆二十六年邑人劉度陳弈募捐修築並請邑令分撥百丈塘羌字一百十三號田二畝九分四釐八毫令壩夫種植輸糧以給歲修守望工食之費嘉慶志後經姚氏周姓盜決移縣提究永禁毋許開放築復如故至道光二十年間盜郡英夷滋事兵船絡繹通明壩下十八里河水淺易涸署縣令龍澤澔議開曹江通水河並開此壩引水接濟事平之後董事俞江等照舊築復而姚民復萌故智屢次盜掘修築維艱署縣令張銘之忽議建閘經里士宋青張啟果等控阻事遂寢咸

豐二年姚民三次盜掘里士俞廷颺錢用康等募工培築備稿七年知縣劉書田與紳董劉煇夏廷俊俞晉錢寶常等籌議塡舊溝開新溝改築完固勒有碑記劉書田重築西小壩記今夫乘人於匱乏之際攫其所急需之物而私爲己有者不仁之甚者也水利農民之大命天道亢陽實資灌溉苟非其地攫而取之不仁孰甚焉虞邑官河上自梁湖下至通明兩壩東西約四十里承蔭水田不下數萬畝而兩壩以下不與焉城之東北蘿巖泉水入新通明河其溝與官河貼近前人築壩以禦之名曰西小壩防官河沖決也近年壩下九埭失修而姚邑農民與下壩夫每遇天旱輒行偷決壩之地勢高下懸殊一經放溜如雷奔馬馳不崇朝而官河之水立涸壩內農民倉猝莫能阻救徒咨嗟痛恨而無可如何余到任後控愬者案牘盈尺誠吾農之患也余親詣壩所周覽形勢相度流泉進紳耆而告之曰今人有珍寶之物藏諸

筒簇之中秘不示人雖欲攫而有之不可得也若置諸大門之外而又無人以守之欲使過吾門者視爲非分之物淡然舍之而去此仁人君子之用心也惡得以律愚氓西小壩之水與蘿巖溪溝貼近直不啻置諸大門之外也夫既置諸大門之外是我先處於不智而猶責人以不仁毋乃不可乎若移溪溝於百步之外别開水道取新溝之泥以塞舊溝犂而爲田則兩水相去遼遠而官河居然在門内矣彼雖羨之豈能越數畈之田而決之哉諸君曷弗思之僉曰然就余所指畫者擇日改築於某月某日興工至某月某日告成衆願乞一言以記之俾勒諸石故書以付之是工也余首捐廉俸五十金其費按承蔭之田派攤之董其事者舉人劉煇候選訓導夏廷俊監生俞晉生員錢寶常也

九年姚邑十八局滋事知縣李壽榛又詳府立案兵燹後案卷被毁俞晉等又抄録全卷稟令王嘉銓移會姚邑一體示禁告示略云據紳董俞晉劉煇錢寶常稟稱

運河西小壩壘被姚民盜放洩水防禦久無善策蒙各前縣關心水利塡舊開新改築完固具詳立案並移請示禁之後相安多年不料髮逆蹂境案卷毀失去年三月間稟荷詳請備案至竹湖潭修築完工被姚人不問詳細擅行偷掘紳等照舊賠修但此甫經告成姚人復肆故技胆敢偷放生事後患難防稟叩移請諭禁並築西小壩張家壩百丈塘楊家瀝竹湖潭之應堵應塞者毋使少有滲漏不得任牙行船戶夫頭聽其自便等情到縣據此除批示並移餘姚縣一體諭禁外合行示禁云云同治五年十一月○新纂

國朝王振綱詩莫謂一尾閭可以任涓滴譬彼守家翁爲出須量入矧茲四十里河道淺且仄區區一勺多灌溉田千億傍山有溪湖各自保稼穡傍水有江潮旋流復旋息偏隅西小壩偷放慣隣邑白晝蜂擁來人衆寡不敵欲爲籌良謀建閘亦淺識舊貫仍何如堅築使壁立此外溝澮水扼吭復塡臆强力艮難施漏卮可永塞東隣與西隣莫不嘉乃績

姚壠壩在新通明南爲四十里農田水利攸關光緒七年被水衝決三丈餘邑人陳廷珮等稟縣修築用工料錢二百餘千由知縣唐煦春捐廉籌款二十年邑人王耀紱重修新纂

藕塘減水壩在三都爲姚虞分界要地關七鄉水利向有土埂常患衝決光緒十六年各鄉紳董籌捐改造減水壩用工料洋二千三百五十八元錢七百八十餘緡稟撥義賑款興築完竣壩長十四丈一尺五寸高六尺五寸面廣四尺坦水一丈三尺壩東向種藕恐損壩身今

亦禁止新纂

華溝菱池陡亹則水壩在四都横山之南柯山之北爲夏葢湖東隄扼要之處嘉慶九年邑紳何淇等度形勢酌高低稟知縣崔鳴玉捐貲創建三壩分爲八洞上加橋梁以便行人歲久損壞光緒十六年冬旱紳董連蘅金鼎等稟知縣唐煦春集貲修整高低循照舊制新纂

屈家壩在十都萬歷志○案嘉慶志作二十二都誤皁李湖之東南湖東陡亹閘漸就圮廢賴此壩爲障水之要隄年久坍損光緒十三年邑人曹雲標籌貲督衆修之新纂

梁湖壩在十都曹娥江東岸每遇風潮衝潰移置不常元後至元間怒濤囓潰邑簿馬合麻重建明嘉靖間江潮西徙漲沙約七里縣令鄭芸浚爲河移壩江邊以通舟楫壩仍舊名萬歷府志○案萬歷志朱維藩曰五方異性四民各業業其業者食其食毋相侵越迺安其生梁湖一鎮居民于指大率以搬運客貨肩挑爲業官司皆藉其力以應直往來上司亦苦役也邇來會稽船戶包攬壟波各處船貨業有船價而又兼收脚利將使肩挑之民束手枵腹忍乎越俎代庖壟斷嗜利甚矣近本縣申准司府俾各守業著爲憲令犯者必治載在公移

百官壩在十都舜廟前爲明越往來通衢咸豐初年隄上設旱閘四門逢秋潦江漲加板築土以固捍禦水無越

塘之患新纂

蒿壩在十都近蒿山長十丈紹興台州二府往來必經之地萬歷府志○案今在十一都一里離縣西南三十五里又案萬歷志朱維藩曰蒿壩界會嵊二縣之中爲紹台往來之所一切送迎隸之上虞夫役何諉第此地孤懸去縣治四十里每遇上司往來夫馬至彼交割相計百里往回共計二百里夫馬之力焉能不疲迺往則必候日未可期夫馬之食其誰能給且迎送用官各役隨之佐貳出候正官間一行焉甚至海巡並至則東西奔命縣邑空虛庫役奚守余初補茲邑嘗建議上欲津貼會嵊二縣然彼亦以道路遼遠爲辭大都惡勞畏難人有同情去難就易策難兩利事之難處無踰此者必也有經濟大力斯爲虞人去此患乎姑存其議以俟

池湖壩在十四都萬歷志娥江之右自浦山頭至石山長五

百五十丈舊甚低狹江水頂衝屢築屢圮咸豐四年里人林鼎臣林超凡創捐四百金復勸各業戶輸貲增築高廣各數丈新纂

龍山壩在邑西南十四都娥江之左地濱長江爲剡溪下流南鄉諸山之水匯焉每逢淫雨洪流驟漲泛濫田疇遂成歉歲居民畚土伐薪築埂壩以爲捍衛可以堵小水而不可以禦狂瀾水溢則隄傾所賴歲時增修庶幾有秋故是鄉農民獨勞於他所龍山壩起自龍山直達陡亹閘敗塘壩居間壩屬焉長一千丈有奇保衛文字

衣等號糧田　國朝雍正時被水傾圮募捐築復道光間屢遭水患坍損甚多里人吳大鈞吳雲龍等先後按畝勸捐集貲重修同治十年四月隄壩被水衝坍邑人吳望楚等稟縣示諭按畝捐修完固新纂

敗塘壩　居閘壩在十四都接龍山壩而築者爲敗塘壩郎患塘接敗塘壩者爲居閘壩新纂

張郎壩　浦水壩　大浦壩俱在十四都娥江之右光緒十六年會稽紳士董金鑑捐修新纂

隱溪壩在十六都隱溪莊長二十餘丈高一丈廣五尺衞

糧田千餘百畝新纂

嶴邸壩在十六都長十丈高一丈水由南堡大埂涵洞來溉壩內田三千畝新纂

周家壩在十七都河頭村外兩山夾水壩截中流依山陂以爲固長三十餘丈舊在佛國谿濱明萬歷間移置今所說詳瀦湖自是迄　國朝興廢不一光緒十五年秋蛟水暴作壩盡壞壩址衝成深潭知縣唐煦春撥賑款修築新纂

大壩在十七都蝦公山下距縣南三十五里衛糧田數千

畝新纂

蔡家壩在十七都張村衞糧田數千餘畝新纂

繞繳壩在十七都塔山下距縣南三十里明崇禎間七堡公築　國朝康熙三十八年鄉人公議立東西二畛禁規新纂

磊水壩在十七都距縣南三十五里下接東山溪衞糧田數百畝新纂

新石壩在十八都湖溪村左距縣南二十一里光緒十六年邑人丁夢松丁學之等稟知縣唐煦春撥賑款洋千

元相地興築以捍水患三閱月告竣壩高一丈餘尺長二百餘丈闊一丈餘尺又於隔溪南面開掘新溪以分水勢溪長一百二十餘丈闊三丈許深五尺新纂

木龍壩在十八都湖溪村前距縣南二十里咸豐初年邑人丁敬義糾貲興築旋廢遺址尚存光緒十六年請官項修葺凡四十餘丈新纂

姚基壩在二十一都距縣西南里許有閘光緒十三年邑人葛覃捐修蓄西溪湖水備糧田新纂

楊家壩在縣東二十二都花園畈東上接運河下達南潮

河光緒二十年邑人王燿紋重修新纂

舊通明壩在二十二都距縣東三里疑五里之訛宋嘉泰元年置海潮自定海歷慶元南抵慈谿西越餘姚至北堰幾四百里地勢高仰潮至輒迴如傾注鹽船經此必需大汛若重載當供則百舟坐困旬日不得前於是增此分導壅過通官民之舟而北堰轉通鹽運萬歷府志上杭運河下通省河商船必由於此宋蔡舍人肇明州謝表云三江重復百怪垂涎七堰相望萬牛回首蓋自浙江抵鄞有七壩此第五壩也萬歷志壩旁建閘置閘夫遇澇啟之

注水入江否則閉焉歲久闇圮　國朝乾隆二十六年邑人劉度陳弈募捐修築嘉慶志　同治二年邑紳王淦等以舊通明閘壩向無公項歲修年久滲漏加以被匪挖掘遂致坍汍水底河流易涸稟請知縣翁以巽勘明繪圖詳請撥款興修用錢五千五百五十餘緡新纂餘見清水閘○

宋黃震申提舉司水利文其二曰通明堰其地在上虞縣東十里西至本縣諸處山水以溉民田東通慶元府界三百里江潮以便舟楫古人於山水江潮交會兩極之處相天地自然之氣勢而立之堰居明越之要會紛舟車之雜遝其利又過於石堰者百倍建炎車駕幸海道實經從其間聞非潮時灘浦淺落我光堯皇帝面江嘿禱潮忽驟漲至今父老相傳以為此中興官家借潮之地又足以見地靈之呵護如此近忽有邑人移堰近

西五里者山水未於此乎止故新移堰常受衝決之害江水不於此乎達故新移堰無復通行之利今此過之堰已久壞惟有舊樁縱縱散立於數丈深坑之底農田泄灌瀦之源行旅嗟撥剝之苦利害萬狀不可具陳此堰之西五十里會稽縣界百丈塘有頭陀聚兒童十數分頭覓錢於行舟過客曰我將以復通明堰也聞者雖至貧亦無不愀然傾囊以予此堰非頭陀之所能辦行人多知頭陀借此謀食而此聲一聞愀然爭施亦足占此堰之關係者大而民情之所望此堰者切矣某路由上虞因訪之縣令陳迪竊謂當略計非得二萬之楮不可縣無此力惟有痛心某因採訪得權承役兼舍詳練有才嘗築新林塘奏功之人堰所當興官有可委幸今大府一意爲民而常平使者又并屬大府此千一難逢之會未必非造物者注意謂宜於大府及常平司挨那支撥縱兩司未有此一頓事力賢師帥創之必將有聞風而樂助者亦吾賢師帥之賜此某自明抵越第二節所見也其三曰通明堰之上正港高閣而兩旁低下舊築高塘以達縣治間者移堰就西之議謂可縮塘使短

免水衝突乃自移堰以來塘愈促則水愈暴水愈暴則決愈甚目今高塘傾倒水多走泄某之過此晴方一日河舟已膠農務方興其將安仰前所謂堰之當復不過趁今收買木石以備秋後興工若夫塘倒之患正切目前謂宜亟下丞廳委請上戶關會隅保先將塘闕速行築捺此某自明抵越第三節所見也然此塘非可每每築捺也二河並行中高旁下水衝易決勢既必然加以般渡之船稍夯擔之腳家惟利塘摧水竭以邀客旅不願塘堅水溢以妨私計每乘昏黑潛行掘壞一綫有隙十里為枯使農夫常失灌溉之利使都保常受敷捺之害使往來民旅常被般剝勞費之苦此曹方欣欣自以為得策今欲痛革久弊以垂長利斷宜於中河兩高塘之外將兩低河盡築為高田用附益高塘不至單薄使水勢不得而衝人力不得而掘卻於高田之外即於掘泥築田之地復還舊日之兩傍低河以便他處水脈仍以中塘新築之高田補還兩傍掘田移河之業主庶幾有益無損轉害為利以輯古人思慮所未及之功使世世永賴此又某第三節所見預為後日之謀者也　國

朝錢玫曰是壩不知經始何時建置何地舊志云嘉泰元年置黃氏日鈔所載申提舉司水利文云堰在縣東十里又云近忽移近西五里黃氏官紹興通判在咸淳六七年去嘉泰未遠故及見舊堰尚有舊樁則志云元年乃舊移置今處之年而言也黃氏區畫是堰者甚詳故節錄之以備考○備稿

玉帶壩在二十三都嘉慶元年葉氏捐建光緒十五年葉氏派捐重修 新纂

橫涇壩 案亦作橫逕 一在南門外稍東舊有壩萬曆五年縣丞濮陽傳重修甃以石附郭水利之最要者也然鄉民屢爲導決萬曆二十五年縣令胡思伸瀕爲陡亹時其蓄洩引百雲溪水入於城河其一在東門外新安閘南舊

有小壩時通時塞胡令造閘包村港瀦潮河水仍增拓其址上建茶亭立碑勒禁萬歷志○案東門外二十三都橫涇壩相傳爲前明紳士朱袞所築今碑殘鈌不可辨

烏紗壩在二十三都距縣東十六里築沙爲壩溉四明東港上游諸田案康熙志附載胡李溪下相去十里誤○新纂

滚水壩在二十三都永和市南距縣東十五里四明西港之水北流至此歧爲二由永和市者狹而淺由市西者廣而深每歲永濟閘啟後市苦乏水向於秋季築壩斷水西流咸豐初年里人集款擬易以石不果今尚爲泥

壩高三尺云新纂

黃泥壩在二十三都距縣東二十里堵四明東西港下流潦則洩之以分永濟閘水勢新纂

長壩在鎮都初名柯家閘明洪武七年知府唐鐸建蓄洩破岡等水萬歷間改閘爲石壩丞濮陽傳重修見夏蓋湖徐待聘六議海塘濮陽傳要議中國朝康熙三十六年姚民奪蔭搆訟不休經姚虞二令會詳勒碑而事始定碑記略曰爲咨訪利弊事蒙本府正堂加一級楊票又蒙布政司加二級趙憲牌奉巡撫都察院加二級線總督福浙部院郭批本司呈詳查得水利之興前人原有溥利之義據查夏蓋湖乃虞民割田爲湖則其專利於虞也爲重姚居下流仰其餘沫

是以設壩建閘以節之蓄洩有時啟閉有候載有舊制自無庸紊既據二縣平心虛公會詳仍遵舊制應將啟閉時候明白勒石壩上使兩邑官民遵守易曉庶可以杜爭攘於日後矣相應詳請憲批申飭以便轉行遵照等因奉批如詳轉飭遵照仍令該府督同姚虞二邑公捐勒石務將舊制啟閉時候備列碑內用垂久遠事竣取具碑摹遵依報查繳等批奉此該卑縣等遵奉憲批事理查照舊制閘板啟閉於四月初一下閘秋後三日開放永杜爭端兩邑恪遵無紊舊制須至碑者康熙三十六年十一月二十五日餘姚縣知縣韋鍾藻上虞縣知縣陶爾檖仝立

咸豐初年邑人袁柯出己貲千餘金修築同治五年寧紹台道史復勒碑記與馬家堰同禁開掘碑記略曰據上虞縣紳士羅寶森杜儀田兆祥袁心蘭等稟稱竊虞邑長壩馬家堰二處緊關蓄水保衛邑北十三萬有奇之田向奉各大憲示諭夏築秋放派令七鄉農夫輪流守閘逢船過往挨次盤拖並定章支取酒貲以

免勒索前因船戶每裝絲茶動爲洋行差船不肯拖盤硬令壩閘開放不允蠻將壩閘開掘現屆夏令兩壩已照舊章築固恐刁猾船戶復萌故智且難保守閘農夫情急釀事爲此瀝情公叩恩賜示禁勒石二壩并求照會英法各國領事傳知各洋商諭令通事船戶遵照向章不准恃强横行掘放等情到道當查此案前據該縣呈詳當經批仰紹興府確切查明果係有益農田無礙商賈迅即給示勒石嚴禁并查明向辦情形詳候給示並照會各國領事傳諭遵辦茲據餘上二縣會同詳覆長壩馬家堰二處實係夏築秋放由來已久並非始於今日該紳士等籲請憲示係爲保衛農田起見所呈向定條規亦尚妥洽理合照繕清摺並送到切結會銜詳賜給示勒石永禁開掘以保水利而順輿情等情據此除詳批示外合行出示勒石永禁云云 光緒十六年邑紳杜召棠重修 新纂互見柯家閘

右壩

張家閘在一都去新通明壩二里許運河側橋內通查湖之水萬歷志

新永豐閘在一都東小港距縣東二十里乾隆間里人葉乘六等捐建歲久就圮同治四年葉侚木葉舜皋等捐貲重修新纂

孔家閘在二都白馬湖東防洩湖水萬歷志○備稿案亦名孔堰與十都之孔堰閘異○案今稱下閘　國朝縣令張琄孔堰閘碑記略縣之西北二十里有白馬湖三面大山狀若屏環瀑雨朝夕三十六磵駛奔而注湖田千頃盡沉水底而下閘洩瀉水口僅一溝如綫眞澤國也余嘗舟過其境周視而謹識之不忘乙酉夏仲霪雨連月湖之汪洋瀲灩不問可知時趙生彬以沈殷瀲流害田事來控余閱其

詞端其情必趨生之田利於決放而沈般之田利於澇溢也擬躬驗果否爲區畫之未幾而都人士朱天生趙煒等以公懇勅諭勒碑垂恩等事呈請余思壅流激水利己病鄰禁甚嚴也使沿湖居民欲利己田終年決放以槁閘口百十餘畝田禾情固不忍理亦不宜而近閘居民利己田逸於灌溉壅閉以絶湖田千頃之課命於理於情尤萬萬不可此朱天生趙煒等呈請議立水則著爲啟閉之規以杜釁端可謂情之愜理之當者也余欣喜不勝即着重加確議量定水則尺寸乃於孔堰橋柱底石量起上至水則界計三尺有八寸界之上下鐫刻天地字春夏兩季水至天字脚則啟水至地字頭則閉樹碑橋南永爲啟閉定規釁端誠可杜也脫年遠歲久或至傾圮其即照尺寸式樣而整焉易易耳若夫雨水暴漲湖民愁洩水之不速而張捕自肥者或閉閘以緩出勢或作斷以遏溪流致妨沿湖之播種害沿湖之禾苗人之無良莫此爲甚即緩天嗔之誅難逃國憲之

及有犯必究其亟改圖并記

時康熙四十四年七月朔日

西陸疊閘　石堰閘（水利本末云古曰孫婆磓宋寶慶乙酉改建）俱在三都浹

白馬湖水入夏蓋湖（萬曆志○案西陸疊閘今壅）

阜角閘在三都（水利本末○新增）

小越閘在三都浹夏蓋湖水灌三都四都田（萬曆志）宋淳熙甲辰置（水利本末○案蓋湖陞科後無水可放故址僅存　國朝知縣李珠林碑記爲漏網愈橫等事）

乾隆三十四年五月初九日蒙本府正堂張牌開奉署布政使曾憲牌案查盃紹台道潘勘議咨准前布政使司劉核議呈詳上虞縣小穴閘燕窩破曹興祖等拆毀一案乾隆三十四年三月十八日奉巡撫部院覺羅永批示上邑小穴閘燕窩既經該道勘明修復完固如詳飭俟遇旱之時無論秋前秋後於三日前呈官委員監督按股放水畢即行堅閉不得狥情多放致使西鄉更涸至私墾湖田有關全湖水利速飭該府縣查明原陞

額冊即照丈對畝分如有多餘概行劃復并嚴禁游民捕魚偷放等弊倘有違犯即行嚴拿詳究並候督部堂批示繳又於乾隆三十四年四月初八日奉總督部院崔批據詳夏蓋湖水利東鄉實在需水之時許稟官委員傳集兩鄉民人公同酌看按股計算督放督築均勻應灌之處洵屬公允至燕窩衕門陞司原議方廣以五尺爲限今據修復之衕門寬至五尺六寸較原議已屬寬大自不便再有增加致湖水傾瀉易涸況現已修復成功莫毀又據議今東鄉需水時設立水制按股開放是東鄉民田業已蔭灌有資更不干衕門之寬窄該司所議小穴閘燕窩俱無庸再爲更改之處亦屬允協俱如議轉飭遵照俾後世東鄉民人再敢偷漏毀掘立即嚴拿重究並候撫部院批示繳等因蒙此遵查是案先於一件實關課命等事案內蒙前署張詳奉總督部堂蘇巡撫部院熊批司核議如詳定斷上虞夏蓋湖小穴一閘地處下流一經開放其勢如瀉全湖立涸不但西鄉盡成焦土而東鄉亦遭淹沒自當嚴密關閉以資蓄水灌溉其閘上燕窩實防盜決洩水捕魚私壅而築議

照舊制築復燕窩兩邊用石鑲砌中辦出空衕用土塡塞官放官築以杜爭端在案今奉道憲親勘藩憲定議東西高東低西田十萬餘畝東田僅止三萬餘畝嗣後東鄉如遇亢旱需水之時不論秋前秋後於三日前呈明地方官飛赴該地傳同兩鄉民人酌看夏蓋之湖水共計若干分作十三股立一水制插入中洪總照十三股扣算東鄉應得三股開放放畢即行堅閉不須再放餘水以保西田稟官督放督築俾兩鄉民人均勻蔭灌以息訟端應請悉照辦理勒石閘前永照遵守又奉布政使司檄催勒石永禁毋許私行盜掘偷放私埧各等因蒙此合行勒石爲此曉禁各宜永遠遵守毋違須至勒石者○備稿

橫山閘在四都萬歷志年久損漏光緒十六年夏知縣唐煦春撥賑款改閘爲則水壩高低悉如陡亹等壩定式新纂

夏蓋山閘在五都防洩水也萬歷志古曰東礎溝水利本末

陳倉堰閘在五都與餘姚蘭風一都接境萬曆志　明洪武二年府判吴敬建沈奎補稿○案蓋湖陞科後無水可放故址僅存明縣丞濮陽傳牌示略云據鄉耆喬等眾稱古制陳倉堰閘一座內置石窪一口，踰酈啟閉及時不致盜洩以固水利於成化年間告蒙憲定閘鄰二十四名給牌看守今因本閘日久損壞閘鄰年久逃亡致洩水利以致告理等因查得陳倉堰閘係夏蓋湖底界堰連餘姚河港底窪若此堰被決上虞數十里河港盡涸蓋湖之水殆盡非但湖東受旱而湖西之害更極五鄉之民無聊賴矣此實干係緊要處所隨該本職親詣該閘照田派夫修築堅固外仍將附閘居民照田通行串名編定閘鄰一十五名常川看守倘遇盜洩損閘着令閘鄰隨即防禦隨即修築如或水漲衝坍併年遠頹壞人有逃亡故絕產有更改變易仍照本都承蔭田畝內算派人夫工料重編姓名重加修造永爲定規合行置牌爲此牌仰楊德等查照牌內事理每閘鄰三名承管木牌一面自本年爲始以後輪流收管週而復始如失俁隱匿者究治以罪年年各派加築如不築廢弛并治以罪其牌內閘鄰每名永免其修築海塘湖塘夫役半名逐一遵行看守敢有故違推諉以致洩水利妨民者許即執牌赴縣陳告以憑拿究決不輕貸須至牌者萬歷六年三月日給　國朝俞麒生陳倉堰述云陳倉堰乃五都上流之抵界也姚邑蘭風鄉四五保之民垂涎湖水每每起釁不知蓋湖乃虞邑五鄉居民割田爲湖田包湖賦湖供田水湖內並無姚田姚民不包湖賦緣蘭風七九十保與虞邑五都同溝旁岸彼鄉之民就便車水不能禁止年復一年久以爲例今日茹謙三大保是也其堰外因有虞邑歲律字號田一千三百畝故留霪洞一尺三寸以資灌溉中橫一石啟閉以時古有木牌立閘鄰二十四名給牌看守輪防盜決堰下里許有倪家壩爲虞餘所分界不許開掘放水因壩在曠野無守姚民日逐盜毀堰下虞河遂與四五保相通所以姚民屢懷盜蔭又因四五保之民吳佐等先與本縣植利人陳世表等往來屢屢置備酒饌彌縫關鄰情分既熟容令車戽後吳佐與陳康時等卻稱先會

分食水利恃強爭奪淯熙中邑民夏邦直與陳康時俱經提刑司爭告各執一說司理院定擬蘭風鄉一都田上除茹謙三保隨上虞田灌溉水利其四五保之田不容承蔭其四五保之民託同邑鄉紳孫月峯私改府誌預埋佔根載府誌云虞邑之民懷奸挾私不肯與吾姚同利誌公書也而曰吾姚則私心畢露矣又陳耘手批云波及蘭風古規可誌夫曰波及則非該蔭可知且波及者止七九十保非四五保之民也於康熙十八年姚民諸昌三等統衆掘壞湖塘剗毀古堰湖水立涸堰鄰報鳴本縣姚民反揑詞控府并盜紹道委署水利廳會稽知縣張思行會同兩縣知縣踏勘姚民賄囑張思行偏袒詳覆五鄉士民王甲先等情極赴憲哀陳適途遇張思行虞民大譁總督李隨將思行參革批發金華府同知署府事王與本府同知許會審詰問兩縣錢糧額數乃虞多而姚少遂云姚民不包湖賦不得再爭水利詳覆各憲其堰霪仍留一尺三寸高河底二尺止蔭堰外虞田與四五保之民無涉而訟端始息但四五保之民垂涎湖水屢懷奸謀誠恐復起爭端後人不知其由

麒生曾身任其事備知其詳特述其事以垂後世焉○補稿

穰草堰閘在十都導上妃湖水入夏蓋湖 萬歷志

洪山湖閘在十都防水入運河 萬歷志 國朝光緒二十年邑人王耀紱稟縣募捐興修塘閘 新纂

陡亹閘在十都梁湖南 萬歷志

無量閘在十都西山下沙湖塘口堵禦曹江潮患隨時啓閉爲闔邑田廬利害攸關處 國朝道光三十年洪水爲災橋閘衝圮咸豐初年知縣張致高署知縣林鈞次第修復 備稿詳見沙湖塘

福泉閘在十都孔家湖歲久圮　國朝乾隆六年里人周明仁募捐重修因石傷足死嘉慶志

孔涇閘一名孔堰閘　在十都新橋灣有河半里許久雨則洩水注曹江俾大小畈田不致淹沒自水道既湮近境多澇新橋之後舊港猶存浚治甚易也萬歷志　元至正庚子改堰爲之浙江通志

大閘在十都阜李湖西湖水出口處前民建之以時啓閉遇江潮泛溢啟之俾潮水注瀦於湖以殺其勢水漸退則用閘板堵之俾湖下十八堡下田禾水勢先退然後

洩放湖中所滀潮水　國朝乾隆間沿湖居民莫大經等慮菱藕淹沒以板堵閘潮水不得入湖邑人朱士駉等白伍令士備禁止嘉慶志　光緒二十年邑人王耀紋助修閘洋百元新纂○案皁李湖有東西二陸亹東陸亹石閘廣四尺深五尺灌溉二十二都田九百五十二畝下抵屈家壩築土爲防東至唐家衕爲界西陸亹石閘廣八尺深七尺灌溉十都田一萬四百九十畝有奇下至蔣堡大板二河口復建石閘以限漕渠閘有鎖鑰使年高有德者掌之以時啓閉自嘉慶以來惟湖西陸亹閘稱大閘光緒十五年署令王承煦刻七尺水限於大閘石柱上以示啓閉定式○新纂

江墈旱閘在十都光緒十五年洪水衝決邑人王森茂顧兆基等稟知縣唐煦春請款興修以工代賑新纂

倒轉水閘在十都保衛糧田數千畝光緒十五年洪水衝決邑人王森茂顧兆基等稟知縣唐煦春請款興修以工代賑新纂

俞家閘在十一都拗花莊地隣娥江田地千畝賴閘保衛光緒十五年大水江高閘低禾稻盡沒邑人周懷珍夏兆炎等稟知縣唐煦春請款改建並築新隄以工代賑報銷洋三百四十元新纂

夏家閘在十一都拗花莊咸豐十年邑人夏文奎創建保衛田廬數十年來村民得紓旱潦之苦一名夏家閘橋

新纂

花浦閘在十一都明季鄉人捐建堵滃十二都諸溪之水不使直流西洩於江灌漑附近田畝年久圮 國朝嘉慶十年里人陳有容等募捐重建嘉慶志 光緒間監生陳文化陸鴻基等稟縣按畝捐修新纂

豐瑞閘一名豐樂橋 在十一都南穴杜浦二莊間 國朝嘉慶三年鄉人按田捐置嘉慶志 光緒十六年邑人龔占梅等稟縣撥款興修知縣唐煦春改名接龍橋刻銘橋側新纂

梅溪外閘一名和豐閘 在十一都梅塢村 國朝嘉慶九年梅

塢僧俗捐置嘉慶志

梅溪內閘在十一都梅塢村堵滀石雪諸山之水灌溉附近田畝　國朝嘉慶十年石雪菴僧省元里人鄭開先開國募捐建置嘉慶志

蒿陡壩閘　小陡壩閘俱在十一都曹娥江西與會稽接境萬歷志

泰平閘在十二都道光十一年邑人虞芳捐貲創建新纂

豐安閘在十三都范陽莊舊名王公閘在會邑境乾隆間會令彭某移置今所邑令吳至愉與爲地與會嵊錯壤

而建閘處實虞境閘內承蔭田逾百頃而隸虞籍者纔八百餘畝道光間會令德某重修年久復圮光緒十六年會邑職員司馬檮募捐重修邑監生金鈞經理其事並請會邑紳士徐樹蘭籌撥賑款工竣會邑立案新纂

龍山陡亹閘在十四都其水自山澗東流入於江閘坐江口截定流水灌田一千餘畝閘廢民甚苦旱明萬歷三十三年知縣徐待聘重建萬歷志 國朝道光間里人吳大鈞等勸捐修築光緒十一年邑諸生張迺縉助貲首創募捐重修增高三尺闊如之新纂

錢村鎮龍閘在十四都匯頭畈土埂盡處舊在閘外浦中

國朝咸豐間里人募捐改置今所年久損漏不能蓄

水光緒十六年用義賑局款重修增高五尺新纂

爛泥灣閘在十四都娥江之右光緒十六年會稽紳士董

金鑑捐修新纂

保[塰]閘在十四都箭橋光緒十三年會稽紳士徐搢榮捐

修新纂

迴瀾閘亦名姜山閘在十四都章鎮後舊爲橋　國朝咸豐四

五年知縣張致高捐俸首創里人張之翰謝簡廷等董

其役勸捐改建光緒九年邑紳金埊等以舊閘損漏稟
知縣唐煦春示諭捐修新纂

大閘與十都大閘別在十七都下張𡋯灌大經畈田六七千畝新纂

黃沙壩閘在十八都距縣南四十里埠頭村灌上下埠田
數千畝新纂

楊閘在二十都明萬曆間里民捐貲購田從長潭築壩建
閘灌溉任溪莊湯問商字號田數千畝　國朝乾隆間
謝文五剛英等先後私墾壩外溪灘盜決閘水以溉墾
田里人葉鳳山等白邑令禁止之嘉慶志　道光二十六年

謝某等復私墾溪灘里人任作球等白邑令孫欽若禁止之同治七年丁某等復盜決閘水糾眾捕魚里人任光德等白邑令王嘉銓禁止之孫示略云查該處原係任邦耀等七姓公捐田畝開畛引水灌溉湯閘商等號田畝是以畛內造有橋閘畛外餘田作爲荒灘防障畛水並迭禁私墾有卷自應聽其荒蕪以保水利而衛田疇王示略云據監生任光德江蘇候補典史徐三庚監生車錫蕃職員任永清者民史元善葉文彪周祿王三寶呈稱伊等分住任溪西山下史家葉家四堡共計七姓自前明萬歷間在長潭開畛造閘詳載縣志自應照舊禁止外姓盜車潭水該潭閘壩亦爲蓄水而設無論本堡外姓人等概不准開放捕魚云云○新纂

湖頭閘在二十一都闊一丈防洩西溪湖水入運河萬歷志

龍舌閘在二十一都西溪湖塘南鄭家閘在塘西俱明萬歷間知縣朱維藩建萬歷志

虞家菴閘在二十一都長二里接漁門東西溪之水下注運河萬歷志

清水閘在二十二都舊通明壩傍堵洩運河之水關於利害不小宋南渡後寖廢僅存故址嘉定案舊志作嘉泰元年縣尉錢績重建上創石橋下甃陡亹以時啟閉餘姚孫應時爲記記曰上虞越佳邑獨運渠爲民患渠貫邑而西二十五里屬於曹江其堰曰梁湖地勢高率數歲一浚未病民也邑東十二里屬於姚江其堰曰通明地勢下傾水容於兩隄間高於田丈餘而夾隄皆深浦

址薄土疏故渠數決決則明越之運絕並隄三鄉鄉各一都丈而守之尉以催綱得專其事霖潦則發丁壯具畚鍤輦財用旁午隄側隨隙輒補其大決必先遏上流而後卽安里疋窮於供億大抵破家至於撤屋伐墓以救急爲患豈小哉嘉定之元吳越錢君績爲尉博詢其故或曰隄之決也水無所洩也往者上管有釃水之道曰淸水閘渠漲則北洩之於浦今廢數十年矣而故址則存盍復諸錢君行視信然請費於邑益以己俸僅爲錢六萬乃召其都之豪長者以禮勸之君素信於民莫不響應凡閘之用各獻其力不日告具明年秋農隙乃作相命子來無敢惰偷上創石橋下甃陡亹啟閉以時一追舊規因其餘財繕治近隄廣五十尺袤二千尺土石堅密足利永久又明年渠得不決民以大悅歸功於尉錢君謝曰水利非尉職也財力非尉有也幸分運渠之責得從諸君以集事有如悉治其所未及使長隄方軏而多爲釃水之道豈不益善顧其役大費般芸嘗請於府及使者而未云獲也吾方有遺憾敢言功乎邑人退而請記於余余惟天下事有志者嘗阻不得爲而得

爲者未必有志或不知其所以爲令錢君可謂有志且於不得爲之中獨能爲之有成績矣將使上之人明知其事而動心焉則一舉而運渠之患可以息余又何辭故樂爲之書　備稿案孫應時字季和餘姚人淯熙乙未進士新舊志誤作邑人嘉泰元年尉錢績孫記本作嘉定之元繕治近隄五十尺志誤作五十丈今既補錄原記悉從刪正

後閘屢圮元至正八年府史王永修築　國朝康熙四十三年知縣張珣重修乾隆二十四年邑人錢必彰捐修二十六年邑人劉度陳弈捐修備稿參新舊志增訂是閘橫亘三洞年久坍矬嘉慶二十一年邑人錢鶴飛捐修同治二年邑人錢榮光重修光緒十六年邑人錢振錮稟知縣唐煦春請款修築報銷洋五百元二十年邑

人王耀紱創捐洋百元並稟知縣儲家藻募捐重修新纂

孟宅閘在二十二都縣城東堵洩運河之水宋嘉泰元年清水閘圮縣尉錢績修後圮尤甚元至正八年縣以白府府檄築海塘府史王永修築永以舊閘小窄不足防水議就故址改加深廣工費頗鉅乃與監邑偰烈圖尹張叔温簿烈古沙等勉各寺僧出三年之貲以助役得中統鈔六百餘錠命等慈慶善寺僧大達質直司之俾邑人管籌等於大達處支價買灰石椿木耆民張德潤董其役先清水次孟宅不數月訖工萬歷府志○案嵗嘉泰當作嘉定

久二閘俱圮 國朝康熙四十三年知縣張珣增修乾隆二十四年邑人錢必彰捐錢五百緡呈請邑令王福重建乾隆府志 二十六年邑人劉度陳弈請邑令分撥百丈塘羌字三十三號田二畝二分七釐五毫令閘夫輿楊家瀝塘長種植輸糧以給歲修工食之費嘉慶志 道光初縣丞傅如岡倡捐重修備稿

四水閘在二十二都縣東南宋令袁君儒建以分殺玉帶溪之水萬歷志

清河坊閘在二十二都萬歷志

還珠閘在二十二都距縣東二里　國朝乾隆四十一年重建每歲春築秋放嘉慶十八年重修光緒十六年邑人車康安復修新纂

新安閘在二十三都距縣東八里地名包村潘明萬歷二十四年知縣胡思伸建瀦百雲鳳鳴車畈諸溪之水於瀊河閘凡三洞每洞闊一丈餘上架橋以通往來兩岸皆甃以石置田以資修理定閘夫六名以司啟閉胡令自爲記以勒於石　記曰萬歷丙申秋不佞奉天子簡書出令於虞惴惴然惟以曠瘝是懼甫下車卽進三老於庭曰不佞以主上命得從諸父老游何以教不佞俾不爲山川阜木羞三老僉起對曰善哉

君侯幸辱此言虞人受福且不朽矣虞瘠壤也土亢而苦旱數日不雨則田皆龜坼人文夙號彬彬而隆萬以來箕裘漸替不能不廑吾侯之憂也余因博謀輿論環考虞疆西截娥江舊匯爲沙湖導自運河中通皁李成巨浸可一舍而抵縣治治南水源發自百雲巽溪漸流灌於城内分流而爲玉溪郊外舊有横壩閘以障其流而迴波轉注焉久皆湮沒無存矣運河而東則由治直達通明去治東半里許向南有孟宅閘閘水之水盤旋至包村港實巽水所匯處爲江潮之咽喉水口之關鎖而地勢高仰苦瀉直走姚江豈惟一方旱澇是虞實四境風氣攸關則莫如閘包村是急余乃次第經營既爲修築沙湖蓄一邑之水源又爲更新横壩浚玉溪之壅闕而尤注意於包村顧安所得直乎僉謂兹水之灌田者畝可萬計不閘時苦旱不登閘則歲可倍收化瘠爲腴今第量其承灌之淺深爲輸錢之多寡分爲三則則無逾二錢費均而省情妥而安宜無不帖服如命者已而衆皆稱便遂條議以上請當路當路咸報可於是簡其土著之父老若子弟諳練强幹者俾分任若役而精

簡年高行優爲輿人所推服者一人俾總任列其田號畝數俾隨則輸納著籍又首捐俸爲率先卜日興工而諸會首業家各急公如私輸錢若勸不見爲厲且讟而德之者殆無俟功成利臻而後見非藉父老措置得宜能爾爾耶凡計工若干直若干歷歲月凡幾而功業有緒然尤慮其佹成而佹圮也則爲增益其高而設東西兩堍以捍激衝慮傍地陡絕高下無從別也則爲厚築橫涇壩立界亭以防盜決慮鉅功既襄無以鎮也則爲建神廟以培毓地靈又慮廟之歲久而或頹也則爲撥田以備修葺另撥祭田贍住持以供春秋祀事亦自余暨一二僚捐俸以倡而邑大夫士民等競以義助所賴任事者協心悉力殆無遺計而閘事始竣自閘事竣與前二閘鼎峙而後虞之水利西顧波如也南望洋如也中流涓涓如也東眺匯如淵如也停泓澄碧之文潾峋如也寓目賞心良可謂一大觀已閘名新安余新安產也民識不忘倘亦鄭渠蘇隄乎余讓讓何敢當顧職忝司牧無日不究心於虞而頃來歲比大稔人文蔚起而魁多士適與厥功相符應則不能不爲虞人喜而抑竊

有懼焉嗚呼事之鮮終久矣拮据日不足惰窳常有餘累之歲月而隳之一朝者比比而是蓋前者能爲可久而不能保其後之必久也所冀才賢代至者益有所光大於余而父老若子弟仍善體予意務堅乃心力以無替夙功則余去虞猶在虞也庶幾哉可以免懼而滋益喜矣故不嫌自記以申告來者　邑人多其功復乞倪涑爲之記　記曰吾虞故稱僻壤絕重江而阻羣山鮮藝植魚鹽之饒乏舟車商賈之利而歲輸大司農水衡錢穀有常期小民盻盻所望以畜妻子急公家者獨此力耕之入而厥田中下雨暘時愆穀間弗登胼胝之衆口未及餬而催租之吏已咆哮於其門矣有能力爲之備使歲不爲菑而穫有常稔則民之感其德而不能忘又慮其忘而圖其久也曷足怪乎於乎此新安閘之所以名而記之所由作也邑之東鄙爲包村環村而田者可萬畝周廬臚列亡慮百十家顧湍流迅急直瀉姚江十日不雨則田皆龜坼而桔槔無所復施民貧爭鬻田自給而田苦旱直復日損由是民貧日甚胡侯治虞三月而政通人和於是巡行

阡陌問民疾苦知包村宜閘狀乃大集其父老子弟班荆而問焉地宜閘而久鈌者何曰官諉未易舉也民自急而倚辦於官者何曰衆埊未易齊也吾使若自治而無煩於官吾治若而不埊於衆何如則皆頓首稱便俟於是剏牘條上大中丞直指臺監司大府曰令知上虞毋如包村當閘者第以財力無措故憂民之吏第仰屋歎歷百千年莫之或舉令令已度地宜得其隘可功約而費省復立爲水門居常蓄水水暴漲則酌其盛衰而啟閉之使田不病澇而水常爲澤某山石可鎚而隄某山竹木可斧而材畚鍤計口而役役不過十日緡錢計畝而輸輸不過半環而歲穫畮可盈一穜夫以十日半環之費而歲歲畝益一鍾之穫利莫大於此且風氣停蓄人文亦宜有興者令故以爲閘包村便牘上皆擊節報可俟乃宣布條教察年高而行修者爲老更使籍其緡錢畚鍤之數而分遣於子弟俾各供事曰令不使吏呈若不使皁衣擾若若第受老更籍逸籍者籍逸若者及籍一具而作不中程者令一切以惠文治之衆庶踴躍不戒而趨自丙申嘉平始事迄庚子如月竣工其閘

尺計之高二十有二深半之東西甃石爲臺表四十有五中爲水門者三表四十厚各十尺子來之眾爲工五千有奇用錢五百餘緡皆田受其溉者所自效官與他鄉之民無與焉磷磷之石若墉若皇東瀉之川匯爲巨浸是歲有秋穫粟畝一種而浙闈賢書亦稍稱多士居民競欲市田以長子孫直日益老吏始上籍報成事侯乃屏騶從禁鞠牓與民臨觀娛樂之而民各爲野人供膝前而進侯撫摩慰勞爲各酹一觴累百十觴驩呼之聲震動山谷眞前古所未見也父老子弟之言曰鄙人何知饗其利者爲有德方今澤竭而山赭矣而吾儕猶得對妻子飽新飯者孰貽之食侯之德無窮而使其名之不永報德之謂何耳新安侯里遂名其閘爲新安而徵文於余余惟包村非閘則其田不腴我虞非侯則包村不閘渠也而白隄也而蘇閘也而新安人情豈相遠哉蓋賈譽而勤事事雖美弗彰市恩而狗眾眾雖利弗德侯決策而閘包村見包村之當閘而弗知譽之所由歸也爲包村而決策即役及於包村而弗知恩之所可市也不賈譽故其譽也永不市恩故其恩也深夫爲人

臣而恩譽無所分其心此忠藎之極而至誠之軌也執此以往於緩急乎何有頃者徵算四出虎而冠者日耽耽於途侯旦暮在事必有所以納牖而回天者有如虞訌塞倭寇遼河決瓠子西南夷不奉詔舉而悉畀之掇若承蜩余於侯皆可券而俟矣○萬曆志　國朝嘉慶間邑人杜咸宜捐修道光間邑人宣煊重修新纂

永濟閘一名婁家閘在二十三都四明西港計五洞每洞一丈五尺萬曆志距縣東十五里創於元　國朝雍正九年里紳萬德新項藎思等稟縣重修制如舊石之圮者易以新橋其上廣六尺并甃石於兩岸各十餘丈固密視舊有加知縣張立行爲之記略曰　皇帝御極有九年夏余始涖虞周覽山川形勢

地峻水急陡注姚江非得高埭大陂以障之則涓滴不能瀦既而東鄉以永濟閘告急於余考志閘橫江五洞綿亘十餘丈爲永鹽永興永豐三閘咽喉港出四明雪竇諸山匯合衆溪之流瀉於閘口高下尋丈雨霽便可歷涉元飭官建閘而三萬有奇之田獲蔭其爲務不綦重歟公暇偕紳士詣其地唯見石柱搖搖江波中懸空架木以濟往來兩岸崩塌非僅小補塞隙之爲功者荷

天子仁聖軫恤農務凡地方水利攸關者許給備公項銀修理因具詳請督院前後撥銀一千六百餘兩命匠人飭材庀工增新易舊而民罔弗踴躍趨事故歲僅一周而大功已竣此固由　皇上深仁厚德所致而董事萬君德新暨其小阮堯佐及項藎思等之力居多焉萬素行善於鄉故其爲工崇廣堅厚什倍於昔迺捐貲以補估計之不足築土隄蓋茅舍畚鍤桔槔竹木麻葦之可稽者約數百餘金更憫行旅無以避風雨闢側特構一亭而亭後又劃田爲菴曰吾以庇後之司啟閉是閘者其爲計周密如此迄今垂虹百尺俯瞰江心汪汪洋洋倒流三閘因有歸功於余者余曰不然

皇上念切民依發帑惠愷一方吏懼奉行之不力其敢居以爲功且築隄防通溝洫安水藏吏之職也而諸君之董勸更勤且勞焉是役始於雍正九年十月成於雍正十年十一月敘其事以垂後云雍正十一年文林郎知上虞縣事銅江張立行撰　嘉慶十九年里紳萬文貝等重修咸豐六年萬有年羅寶鼎等復修並呈請縣令劉書田覈定章程穀雨閉閘中秋啓閘如遇水旱不拘此例立閘夫甲首統率啓閉釐剔情弊勒石示禁新纂

永盛閘一名章家閘在二十三都嘉慶志章家溇距縣東十二里舊有土閘明嘉靖間里紳朱袞易以石計一洞上通永興閘下通永豐閘　國朝道光二十二年圯里人朱敏

求等重修新纂

永興閘一名莫郎閘在二十三都備稿金烏峯下距縣東十五里舊有閘址明嘉靖間里紳朱袞重建滄東山港茆溪麻溪諸水又於閘外鑿池曰寒洞池以通四明西港新纂

永豐閘一名孫家閘在二十三都謝家橋東南里許距縣東十里新纂○案嘉慶志云在箭山北有泉曰小港者誤國朝乾隆十五年里人捐建嘉慶志道光八年里人葉鳴高等重修新纂

康濟閘一名鶴鷹邱壩在二十三都箭山東二里許距縣東二十里國朝道光初里士趙泰等稟縣令周鏞募捐創建

雨則洩水於大瀝溝以達港旱則蓄水以灌田備稿

三源閘在二十三都箭山東里許距縣東二十里　國朝咸豐二年里人捐貲創建新纂

柯家閘一名長壩水利今改堰一本末稱五夫閘韓家閘名濮堰　俱在鎮都明洪武七年知府唐鐸創置舊府志　翰林學士宋濂有記記曰上虞有湖名夏蓋延袤一百餘里縣東北衆水經上妃白馬兩陂匯爲三十六渠支分聯絡以達於田凡溉一十三萬畝有奇渠之下流建二石閘視時溢乾而瀉洩之歲恆無凶者近代農官失政畚土成塍取給一朝不旋踵而圮旁縣無賴男子當旱暵時又夜半決防以去然湖並於海鹵水或乘潮而入善禍稼舊嘗造隄捍其衝潮汐齧蝕至是亦暴潰民憧憧告病矣乃洪武辛亥冬臨淮唐侯鐸自殿中侍御史出守會稽上虞會稽屬縣人

士羣走白侯侯慨然弗寍行海上視決隄與民共約度田以會粟因口以賦庸鑿石爲隄自蓮花池至纂風合萬有三千尺始與故隄屬侯斬牲享海神已登民謂曰隄幸成二閘無難者會侯召入爲卿太常遂命僚屬集事其柯家閘廣二十有四尺深如廣之數而贏其一先築土樹檕櫛比星攢度久且不壞方數以石兩翼四隅咸斂甃如法中峙石楹左右皆有副楔次陷板以爲縱閉復隨土形崇卑疏級爲五以瀉水上架石梁以便行者檕以章計者九百八十有五灰以斛量者三百六十有四石以丈數者七百三十有八匠以日考者一千三百其韓家閘廣減前閘之半深比廣倍之石楹維二級道則減其一仍冠以石梁餘皆同其工物視前匠損四百石損五百灰損六十八檕損二百八十五始事於甲寅秋七月訖工於冬十有二月此其大凡也有道浮屠雷峯淨昱乃具事狀介太史氏朱君右徵濂文記其成余惟成周之時稻人掌稼下地以瀦滀水以防止水以溝蕩水以遂均水以列舍水以澮瀉水其爲法甚備其爲利至久也然而溝澮之屬所可考者其深廣自四尺

至八尺或至於尋仞各二先王豈不知害地而廢稼以爲不若是則水性失其常溢則有溺患乾則禾將災矣古制不可復見有能設瀦防以惠民者得不謂之賢哉昔者曾文定公之爲齊州城西北有湖疏爲水門遇流潦暴集則取荆葦爲蔽納土於門以防外水之入公爲易之以石其深八十尺廣三十尺視水高下而閉縱之而禁障宣通皆得其節人無後虞今唐侯之爲閘也其事與之頗相類世言古今人不相及果足信之歟是可書已韓家閘萬歷閒丞濮陽傳重修志嘉慶邑人羅康有記

記曰縣北三十里許離爲五鄉西北環以江海左偏三湖其夏蓋湖者又承二湖之委而分蔭東西利至渥也考之湖經能積三湖之水可防兩年之旱今至旬月不雨民輒告病與無湖同凡以水之弗蓄也其所以弗蓄由東注之水如孔堰陸家溝闞河口等地汩汩長逝而莫甚於韓家壩爲水之極衝勢之極迫大爲五鄉要害蓋諸溝之水高下以尺計而此壩下流即餘姚西界高下盈丈一遇亢陽餘人哨聚而決之勢若建瓴居民東

手號籲莫可誰何咸謂今茲之命懸諸天矣今年某月邑侯濮君以水利至既修築江海紓衝決之患乃巡東西徧閱歷知五鄉之患在此不可不亟舉而先圖也時乃詢謀鳩眾以經厥圖責附近里甲人出一木為舂發居民若干丁備畚鍤具餱糧程功量力不愆其期高凡若干尺闊十二丈有奇縱橫置木中實剛土而外以石甃之經度委曲周密雖啟處寢食與工作同事不半月而告成功且謀之曰此壩去民居稍遠不可不置守以防侵患於是又理鎮人僧產令為閒田凡若干畝以贍里之經紀其事而籍名於官者收其租以備修築防盜決而業殆永永不磨矣嗚呼有是哉侯之思無疆也子產曰政如農功思其始而成其終夫為政而圖其民者鮮矣而況成終以植無疆之績乎侯始涖政不要名不近利日夜以思之朝夕而行之務可久而不惟近功務宜民而不眩勢譽務底績而不矜不伐書曰慎始而敬終終以不困斯其利於民者遠矣昔蘇文忠奏修西湖言杭之有西湖如人之有眉目吾鄉上妃白馬夏蓋三湖蓋臟腑也所賴以生者也既生之又全之其不為父

母之仁乎故爲政者不患功之不能立惟患立心不純
無忠誠惻怛之實故鮮饮濟侯一振舉而百年不可起
之痼一朝除去病者蘇仆者起侯其仁矣哉於是羣而
呼之曰濮公隄亦如白渠鄭國蘇隄然以志侯德以永
侯思云侯諱傳別號省愚世爲桐川右族由吏貢拜今
職者民某以予知公之深命之以紀歲月備野史其他
善政種種固未後里人因閘圯於閘南改築土堰至
暇載也○備稿

國朝同治六年始成石堰增高二尺長九丈深廣十尺
底闊三倍之邑紳杜儀羅寶森羅寶堃田光祥袁崙董
其役新纂

右閘

小查湖土門五一曰小穴湫其水灌於楊樹河頭一曰東

塘角湫其水灌枇杷山田二十四畝一曰張年湫一曰大湖門其水灌大江口壩之千家港一曰邱頭湫其水灌於枇山之裏萬歷府志

白馬湖土門一在三都賞家堡唐貞元中置凡三所別於北門置放水塘四百步今止存其一門每缺水必先作夏蓋湖內橫壩及潛瀆等港始開驛亭堰及賞家陡亹行水萬歷府志

右土門

干山溝霪在三都光緒十二年知縣唐煦春有碑略曰據紳士韓

文熙連衢俞瑱金鼎嚴寅恭陳冠玉王煥章顧家翔稟稱虞西三湖水利承蔭五鄉民田全賴堰壩關蓄章程並載縣志茲三都于山溝一霪灌漑溝下民田數百畝水由霪放以低界堰爲關蓄是設霪以通水源築堰以止水瀉前人立法周詳奈該處奸民貪捕魚蝦擅將低界堰屢次開掘致上河水勢直瀉遇旱立涸去夏地憊偷開此堰稟蒙前邑主差提責築在案今秋又被奸民仍蹈惡習藐法開放河道驟淺伊等恐水勢奔瀉即着就近韓石鄭三姓加工築復惟堰壩重關水利若任奸民藐法漁利則民田糧賦何出聯民公叩出示勒石永禁開放等情到縣據此除批示併諭飭該處地保巡防外合亟出示嚴禁云云○案低界堰即李家堰○新纂

朱家霪在三都驛亭村北灌漑沿山田畝至雲慶橋止新纂

章家霪在九都江塘章愛二號間亦稱塘閘明崇禎六年知縣李拯諭復古開濬內通官河外接江流建碑記事

國朝乾隆間里人章承業章萬文等恐後世無考重建

原碑 碑文略曰尺地王土也雖云塘外國課同於不赦第旱潦無常非內河之滲洩則饑荒立待而惟正何供此外築備塘而古霪之所由創也向年來仇豪駕詎分辨不容而一朝截塞膏腴沃壤一望汪洋桑田而滄海矣秋成失望冬作無收啼饑之聲方慘於昏曉而催科且日至焉凶等剝膚誰得而逡巡乎急控欽差巡按浙江等處監察御史蕭准行欽差屯田水利道薛恩批仰縣開通勒石永禁繳遵蒙本縣主李示諭復古開濬內通窨水外接上流以防旱潦乃建碑記永垂不朽云云○新纂

廣濟霪在十都百官大壩頭昔孫巡司放水處咸豐七年

[盛]紹台道段光清興復水利以夏蓋湖蓄水甚少西南地勢尤高灌溉失資首捐廉俸率紳士王棨麋憩棠谷

南林季楣捐貲建造在趙字號塘內費以萬計邑人王琖有水利議略曰蓋湖廢爲田水無瀦蓄民失其利是嗣後田漸佔漸多湖愈侵愈狹每逢潦溢三堰齊縱低田猶可爲計一遇旱乾拱手待枯故六鄉之失旱甚於潦而建霪之議起焉澇則洩以三堰旱則注以石霪二十年來雖雨暘愆期虞西無大歉歲湖既不可卒復不得已而思其次是亦救弊之良法也今高佃低佃各挾一見農民商民不相通融高佃利於開而低佃以爲病農民利於閉而商民以爲私其故何由善後無術而章程不立也爲今之計其要有四一修霪一導港一準水則高下一別潮汎鹹淡立畫一之規請縣立石較然可守凡一啟一閉恪遵定章不以私意有所左右則高低無所爭而農商無異議矣惟法貴盡善必須農民待澤孔殷又值外江水淡始邀集紳耆酌放新纂

隱嶺塍在十都覆船山下舊在龍山頭道光十六年谷連元蔣啟勝金儒懷捐貲改建今所舊塍廢新纂

右塍

杜浦南穴埂在十一都杜浦南穴等村東屬山麓西臨曹江潮退則涸潮漲則淹明初築埂造閘保衞糧田千一百餘畝歲久坍損光緒十五年秋霖雨傾圮更甚邑人龔占梅等稟縣請款修築新纂

九連埂自十七都河頭至十三都浦口爲横埂自浦口至黄泥磡爲直埂長一千三百七十八丈有奇承蔭田三

千餘百畝案嘉泰會稽志夏湖溪源出黑龍潭由下管寶泉至浦口又李家溪源出白龍潭由上山鄉寶泉至浦口是浦口爲兩溪所並注由來已久此外更有張村江集諸壑之水亦出浦口源分而流合來㾗而去遲當夫淫雨連朝羣山之流爭赴剡溪之水外壅附近田疇倏成巨浸九連埂倚傍山陬藉保一隅然猶屢修屢壞居民智力俱窮望洋興歎光緒十五年八月蛟水徧作是鄉尤形瀕洞冬十月奉憲檄查賑饑民邑紳經文勘估周家壩九連埂及南堡牛步大埂錢村石閘匯頭畈埂并上張莊埂諸要工一律增修以工代賑邑紳謝煦張祖艮董其事經始於庚寅正月三閱月而告竣并條善後章程稟縣頒示勒石是歲民樂有秋於屢祲之後得埂之力甚多○新纂

匯頭埂在十四都舊埂卑狹不能備水旱光緒十六年增修里人董永懷等分司其事起自錢村鎮龍閘至朱陵

橋與梅園埂接長九百數十丈衝要處高廣各數丈書善後章程勒石閘右十七年夏被新嵊洪水沖决六十餘丈十八年春邑紳金堃修築完固新纂

梅園埂在十四都娥江之左接敗塘居閘壩而下越陡亹閘至珠龍山復由珠龍山至朱陵橋長一千丈有奇新纂

上沙地埂在十四都娥江之右自石山而下至廣福菴長八百數十丈廣福菴至爛泥灣三百數十丈新纂

宋家浦埂在十四都娥江之右與上沙地埂接自爛泥灣至半邊山長一千五百丈舊名張郎壩浦水壩大浦壩

者在其間半邊山至箭橋小山一百五十丈光緒十六年會稽紳士董金鑑捐貲重修新纂

南堡牛步大埂在十六都築埂以防溪水之溢長千六百三十丈逦來山民開墾日繁沙淤溪流高於民田屢遭災患光緒十六年請款增築里人竺琴清厲秉中分司其事埂址闊處七丈有奇餘亦三四丈不等牛步埂外并築當水壩田螺墩外并修外埂新纂

上張埂在十七都上張嶴村外兩峯夾峙依山成村山下大溪源出白龍潭暴雨水溢田受其害居民築埂於山

址藉爲門戸長七十丈有奇埂下作霪洞便水出入光緒十六年重修新纂

右埂

嘉慶志崔鳴玉曰水利之事大矣哉亦難矣哉虞邑山多水少每苦旱需湖孔急而佔湖亦太甚約束之尚有佔而墾之者況稍爲寬假乎虞西逼近娥江又苦漭沙湖塘閘以禦潮水自裏梁湖迄姚慈鄞鎭四邑田廬不下數百萬咸藉是以無恐而閘外竈地居民及盜郡貿易之民偏惡之惡之者以閘一堵塞則竈地之潮水未易洩瀉貿易之商船未易通運故也雖然商船之通運可緩而田廬之防護不可緩閘外之田廬有數而閘內之田廬難悉數守土者尙其權衡於多寡緩急之間而不爲所惑也則虞民幸甚姚慈鄞鎭之民幸甚

# 上虞縣志校續卷二十七

## 輿地志八

### 橋渡 關津附

來慶橋在城西水門內萬歷志

通濟橋在縣東南一百步舊名通利橋宋紹興間王吏部義朝重建嘉泰會稽志元至元庚辰邑簿海魯丁重修改今名正統志俗呼八字橋歲久將頹明萬歷甲辰知縣徐待聘命壽來泰等重修萬歷志光緒間里人葛學元重修新纂

永豐橋在縣東城隍廟前俗呼木橋國朝嘉慶間叔備稿

光緒間邑人葛麟章募捐重建新纂

豐惠橋在縣治東南周顯德中建名酒務橋宋嘉定甲申知縣樓杓重建元大德己亥邑簿時鑑重修左右有運水道正統志。案萬歷志云令樓杓易今名。宋袁燮豐惠橋記略侯以學從政以政宜民凡可便於民者知無不爲不苟目前之安圖爲久長之計縣市有酒務橋周顯德中所建歲月滋久石或斷缺往來者凜然有壓溺之憂侯顧而歎曰吾爲邑長於斯而吾民病涉如此心可安乎乃以歲計之餘捐金募工伐石更造以舊名額不雅思易之邑人沐浴膏澤推原所自請名曰德政侯不許曰天以豐歲加惠我民事幸而集予何德焉以豐惠揭之其可橋之南北對峙二軒虛敞明潔爽人心目爰請於起居舍人魏公了翁書二大字以扁之初侯興是役也復輦舊石爲橋於翦水閘之上東臥綵虹西浮巨鼇攬形勢以環合蓄風氣之渾厚侯秩滿去而是橋適成邑人相與言曰令尹雖不言功吾儕能自已乎歸功於天令尹之志也歸功於令尹邑人之志也乃以德政名聞上之橋而鑱諸石以識無窮之思云

九獅橋在縣東等慈寺前於越新編歲久圮元至正癸未寺僧永貽良玉普益似蘭大達等募緣重建洞橋正統志○沈奎刊補云九獅橋題字刻嘉定七年歲次甲戌二月初六日辛丑重修此橋不載於嘉泰志正統志云至正間重建洞橋則九獅橋當屬元代改名嘉泰志等慈寺橋即此○元黃和中詩幾年危磴倦攀躋疊石成功信可稽楹列九獅留舊事車乘駟馬待新題長河俯瞰多飛鷁高岸橫陳有斷蜺多謝老僧能起廢盡將勝概付招提

晝錦橋在縣西南新河口萬歷志○案嘉慶志云在來慶橋稍南則晝錦橋當即今桐橋與西門外晝錦橋別

登仙橋在金罍觀側萬歷志

姜家橋在縣西五十步嘉泰會稽志　來慶橋北陳侍郎宅西萬歷志

望稼橋在縣東南通濟橋東又曰虹樣正統志○案嘉泰會稽志云在縣東二里俗呼小八字橋萬歷志者非國朝道光間里人重修備稿

張家橋在通濟橋西南萬歷志

玉帶橋在通濟橋西南萬歷志

玉溪橋在十字街東大池北新纂

吳宅橋在十字街西碟池北新纂

觀橋在縣南一里東即天慶觀嘉泰會稽志

薛家橋在縣西南傍有井泉最芳洌萬歷志

來學橋在縣南書院前萬歷志即今金罍觀前嘉慶志○備稿云萬歷志載來學橋有二其一則曰出西南門再南曰雙溪橋由南而西曰來學橋係泳澤書院前蓋橋因書院得名隨地而並誌也

清河世澤橋在縣南巽水河亂石壘成小而堅案正統志有清河坊閘橋云在縣市東南此豈其遺跡歟○新纂

楊橋在縣南一里世傳曹操殺楊修處蓋附會也嘉泰會稽志云俗傳曹操與楊修讀蔡邕所書曹娥碑後未達修欲言操止之行三十里操始悟由是忌修殺之因以名橋正

統志引劉孝標世說注謂魏武楊修未嘗過江安得此事語林云操讀碑於汝南所摹者非在曹娥廟也今橋雖距縣三十里未必以是得名楊修傳注載續漢書云人有告修與曹植飲酒共載出司馬門謗訕鄢陵侯操怒收殺之則修之死不在此明矣　宋嘉定中浚玉帶溪得石刻楊喬二字正統志喬作橋　陳光祿繹云昔孟嘗爲合浦太守以病自止隱處窮澤身自耕作鄰縣士民慕其德就居止者百餘家同郡尙書楊喬前後七上書表其賢今縣東一里有孟闞云是嘗故宅宅西有楊喬巷橋或由此得名萬歷府志

○王氏備稿云案後漢書楊喬傳烏傷志志節傳皆云桓帝愛其才貌召尙以公主固辭不聽遂閉口不食七日卒則喬雖上書薦孟嘗未嘗一日離朝陳繹金罍子所云亦屬意測但嘉泰志屬楊修不如萬歷志屬楊喬

之爲稍得也

胡家橋在縣南楊橋巷玉帶溪東下有小斗門泄水東注

正統志　近便西門今塞萬歷志

浴堂橋在豐惠橋東北嘉慶志○嘉泰會稽志在縣東一百七十步

鵝鴨橋在豐惠橋南嘉慶志

佛跡橋舊名通清正統志　在九獅橋東俗呼李打鐵橋石塔猶存萬歷志

城隍河橫橋在佛跡橋南光緒十五年里人經營之妻單氏捐修新纂○以上橋俱在城中

永安橋在縣東門外即釣橋　國朝康熙八年署同知孫魯捐貲重建改名永安康熙志嘉慶壬申里人捐修又改名通濟道光戊申曹克昌重修備稿同治五年俞晉劉煇復修新纂

採春橋在縣東門外跨運河萬曆志　國朝嘉慶間重修改名長春備稿同治十年復修新纂　國朝范蘭詩採春橋上報春回南北山頭霽雪開最是傾城觀太歲彭彭官鼓土牛來

明德觀橋在縣東門外明德觀前舊有日新橋楊仇香所建俗呼楊公橋旣圮元至元乙酉胡道山居士同本觀

住持丁信立等募建洞橋正統志萬歷志　國朝改建平橋年分無考道光間胡道士募修備稿

孟宅橋在縣東南一里三十步運河南漢孟嘗所居也嘉泰會稽志亦曰孟閘橋又曰還珠橋萬歷志○案正統志云還珠橋在孟宅橋外是萬歷志以前分兩橋○宋華鎮詩溪上還珠太守家小橋斜跨碧流沙清風不共門牆改長與寒泉起浪花

竹橋在縣東二里許還珠廟前南潮河口今改爲石橋新纂

陳大郎橋在孟宅橋東二里許下有閘萬歷志

靑雲橋在縣東龍王堂側案去縣三里許宋知縣樓杓建邑人名德政圯元尹王璘重建以木易名思賢元余應璜思賢橋記略昔

張忠定公問好官於范延賞而得萍鄉宰張希顔公問其故則以橋道完緝對則橋之爲急務尚矣至元壬辰沂水王公璘奉命尹虞甫及期而廢事舉獨德政橋僅一二廢柱屹乎中流且橋在剪水閘西去纔二里縣東舊無橋梁水口山低而遠陰陽家所忌宋嘉定四年宰樓公杓始建此橋以關鎖之厥後儒流登科第持麾節階扈從者相繼有人而邑人生理繁阜尤倍於昔風水信有徵矣至元丙子橋隳距今凡十八載未有留意於斯者公徘徊慨息爲興剏計乘農隙而事木材蓋取其力省而功速公之心豈不仁且智矣乎公之爲政皆卓然可紀然自爲不足不欲襲舊名於斯橋而易之曰思賢其視無錙銖之功而欲掠山邱之名者萬萬不侔矣然天下事皆成於思思前賢而行其政政亦前賢矣思愈精行愈善雖卓魯可也樓公云乎哉 復圮至正乙未杜致甫傾私橐架石梁尹林希元又名杜公橋

案正統志公作翁又云橋之北作樓居爲迎送之地 明萬歷丙戌知縣朱維藩北

搆文昌南新奎文復創是橋以青雲名焉又名聯登橋萬歷志歲久傾側幾廢　國朝康熙九年知縣鄭僑捐募重建仍名聯登橋康熙志○案乾隆府志誤作康熙元年重修又名聯通橋同治九年復圮錢榮光等募捐重建新纂

清水閘橋在舊通明堰側萬歷志

謝家橋在舊通明堰東五里許萬歷志○案橋今名太平

豐震橋一名朱張橋在縣東七里橫逕壩西新纂○以上橋俱在二十二都

包村橋在縣東八里包村巷新纂

長豐橋一名後橋在縣東十里朱巷北新纂

旋家橋　錦衣橋　濟荒橋俱在縣東十五里永興閘南

三橋鼎列新纂

萬春橋在縣東十里姚村咸豐辛酉燬於匪同治五年姚

玉涵姚芝田等募捐重建新纂

呂家橋即萬歷志李家橋在縣東十二里四明港口亦名萬緣橋

道光四年呂順茂重修新纂

石溪橋即萬歷志戚家橋在縣東十五里石溪港新纂

太平橋即丁家橋在縣東十五里丁家港舊一洞在丁村南歲

久就圮同治八年丁廷順改建丁村西南增爲三洞新纂

萬家橋在縣東十五里永和市西新纂

清和橋一名小雙橋在永和市新纂

西石橋在永和市南里許新纂

萬安橋在縣東十八里覆鐘山下今就圮架木其上新纂上四橋在四明西港

七星橋在縣東十六里項家村新纂

張相橋在七星橋南里許新纂上二橋在四明東港

轉水橋一名東泰橋在蜃子湖東與餘姚縣接界新纂

八字橋在縣東二十里箭山東嘉慶志

安瀊橋在八字橋側乾隆四十八年趙嘉業等捐建道光二年趙泰等捐修新纂

賀溪橋在縣東二十里賀溪新纂唐賀知章常家焉溪北小橋刻賀溪橋字萬歷志○明徐希歐詩清溪一帶小橋斜共指山陰道士家西望鑑湖流不盡雲蹤何處不煙霞

興元橋在賀溪橋東新纂

鎮陽橋　阮江橋一名萬春橋在縣東三十里建隆碞新纂○以上橋俱在二十三都

東黃浦橋在縣東二里嘉泰會稽志明嘉靖中知縣江南重建

萬歷志後圮　國朝嘉慶二十四年錢其棟錢佩勳錢芝畹錢名魁鍾與權等重建光緒十五年橋漸圮錢振鈿等募捐重建新纂

落馬橋在東黄浦橋北萬歷志。嘉慶志在縣北門外四里許　國朝乾隆二十七年錢必美捐建環橋改名萬安橋道光初圮里民募建平橋旋又被水衝斷道光二十六年夏廷俊劉未等捐建改名萬年橋備稿同治五年俞晉劉煇重修新纂

安慶橋在縣東超凡埭河張家壩南數十步新纂

任家匯橋在東黄浦橋北萬歷志今廢新纂

東望橋在新通明壩下明嘉靖己未建姚翔鳳有記萬歷志
記曰通明鎮爲虞姚孔道壩東百步許舊有木橋狹小○傾側行人危之歲丁未余懸車歸里慨其不便捐俸三十金易之以石歲丙辰寇報孔棘縣令張侯急計完城將石拆取其半而是橋幾毀李侯代至下令地方修廢規制初合以用不敷而功虧一簣因循至今風雨摧剝勢復就圮姚邑義士周輪旁觀憤激創謀恢復鳩材飭工身任其勞更得新安艮賈江雲衢率先協濟不吝施舍鄉鄰之民子來輸力累石則增其新實土則堅於舊蓋將一圖永寍於暫費而非復昔日之苟完者矣經始於冬十一月閱月而告成廣一丈有奇修二丈且增之其上翼以扶欄礱維鵲駕穩若康莊亦足爲縣東下流之砥柱而屹然壯觀因名之曰東望橋嗚呼徒杠輿梁王政所載今之爲邦者未始爲不急之務也今世有司政厖事夥不遑議及不有好義之士起而爲之其不致孟子之譏鄭洧單襄公之告陳國者幾希則是舉也下有利於人民而上以寬公家之責其功之大有不可泯者

乃勒石道左具書始末用昭不朽且以橋側有太平菴勸後云爾時嘉靖己未冬十二月吉旦

俗呼太平橋　國朝道光二十三年葛錫昌等募修俞延颺撰記三十年遭大水復圮咸豐元年再修備稿

通濟橋在東望橋側俗呼梁鳳橋　國朝乾隆間夏天球等募修新纂

五雲橋即唐家橋萬歷志　明萬歷八年方策等重建歲久圮

國朝康熙三十六年陳文信等重建咸豐元年謝龍章等募修新纂

永雲橋即智果寺西洞橋在四汊港水口閘下新纂

大通橋郎寺下橋在新通明堰外萬歷志石湫頭水口新纂

上木橋在五雲橋東二里餘夏姓修新纂

廣濟橋在夏家湖霪外水口堰上新纂

望仙橋在縣東木竹山前舊係木橋　國朝乾隆庚寅姚史氏改建石橋嘉慶志○案今亦稱下木橋

新石橋一名高橋當十八里河之半南至四明北至二都鎮都爲邑東要道建自何代莫考　國朝光緒八年朱國泰等重修有碑記立於橋東廟壁新纂

王家橋在新通明堰外萬歷志

湖埭橋卽舊志所云大姚山石橋在湖蘯頭新纂

七板橋在夾塘叢桂坊下新纂

鎭虞橋在新通明堰外姚翔鳳有記萬曆志○案亦名丞相橋相傳宋史彌遠建明萬曆七年姚翔鳳移西十丈重建

陳哨橋在新通明堰外萬曆志○案是橋今不知所在或云卽鎭虞橋蓋陳哨丞相音近致訛也

閘橋在大湖門大閘上姚虞以此分界新纂

界橋在甘家埭口新纂

永福橋在通明江七里灘舊有永福渡　國朝康熙間戚

廷元妻章氏捐建凡七洞俗名新橋嘉慶志○案嘉慶志本作乾隆丁卯許廷元妻章捐建實誤有戚章氏節孝表可據今正道光間許宗耀募捐重修備稿

安家渡橋在縣東北二十里通明江新纂○案嘉泰會稽志所載安家渡即此

○以上橋俱在一都

南釣橋在縣南門外巽水菴右歲久圮王敏改刱萬歷志

板橋在縣南門外五里許萬歷志○案正統志作縣南七里上舍嶺下

五郎橋在二十一都上舍嶺下前封廟左新纂

普濟橋在縣南上舍嶺西南長約二十餘丈里人捐建明邑人知州丁時捐金搆橋菴亦名普濟菴萬歷志嘉慶志

楊婆橋卽通濟橋在普濟橋西十八二十二十一都羣水聚流撼激洶湧過者病涉里人丁照創建孫秉禮重修捌菴守之萬歷志

利濟橋卽楊公剛在十八都厲婆橋　管村橋俱在十七都孔道　蔣家山橋在十三都十五板橋同上○案正統志十五板橋去縣西南八十里十四都今此橋在十三四都交界處距縣西南五十餘里章家橋在十四都章埠寶泉寺橋在十六都道光間李克成募捐重修增高四尺易名安濟俱在普濟橋之西萬歷志○明張儼楊公剛碑記略虞邑惟南多山田皆仰溉於溪澗之水往往累石截流瀦其水派引而注之田俗呼爲剛十八都邑南山鄉也其地舊有田家剛引黃洞溪水入灌寶泉等鄉田數百頃宏治間豪右侵蝕爲田嘉靖甲申春邑侯楊公下車亟命改復之

令下民爭趨事公復按視指其地曰脫水漲得毋沙石塡淤乎水溢橫流則且廢矣非經久計仍命當則要害處立閘一所啟閉宣洩以防泛溢壅塞之患則深二尺許廣尺十有二長丈三百四十有奇閘高八尺闊六尺址廣二丈則之復以是年五月既望再閱月而閘功告成耆民丁潛等曰昔魯宗道令海鹽疏舊港導海水民以爲利因號爲魯公浦事正相類請更則名爲楊公則而以記請遂書之碑

雙溪石橋在王家灣堡南舊惟木橋屢遭水淹光緒十二年邑紳金堃改建石橋三洞新纂

萬安橋一名楊行橋在章家埠新纂

朱陵橋因村得名新纂○以上橋在十四都

永濟萬安橋在西李村乾隆間王名順創捐田三畝餘嘉

慶二十二年嵊邑唐克君及童姓建道光八年重修同治八年王次諧改建光緒十五年洪水斷橋貝大宗募捐重修長十五丈廣四尺餘旁建土地祠三間爲行人駐足之所新纂

順文橋在白龍潭正頂山下通嵊境要渡里人王懋德建新纂

通濟橋在畫佛溪嘉慶間有王石匠者募建石橋數年旋圮咸豐間厲祖高許壽春等募建木橋並捐田六畝餘新纂

後浦石橋凡三洞廣七尺長五丈餘新纂

關西橋在魏家村長五丈餘新纂○以上橋俱在十五都

隱溪橋一名溪上橋界十五十六兩都間嵊邑俞永康創造八圮王奕諧等糾會置產作木橋施度筏新纂

安溪橋一名寺橋創於唐石梁凡九洞道光三十年重修新纂

永平橋在石溪石梁五洞道光二十五年東陽縣人竹匠吳喜法捐貲獨建新纂

陳郎橋在牛塍頭王錫榮建新纂

鎮龍橋在蔡宅村新纂

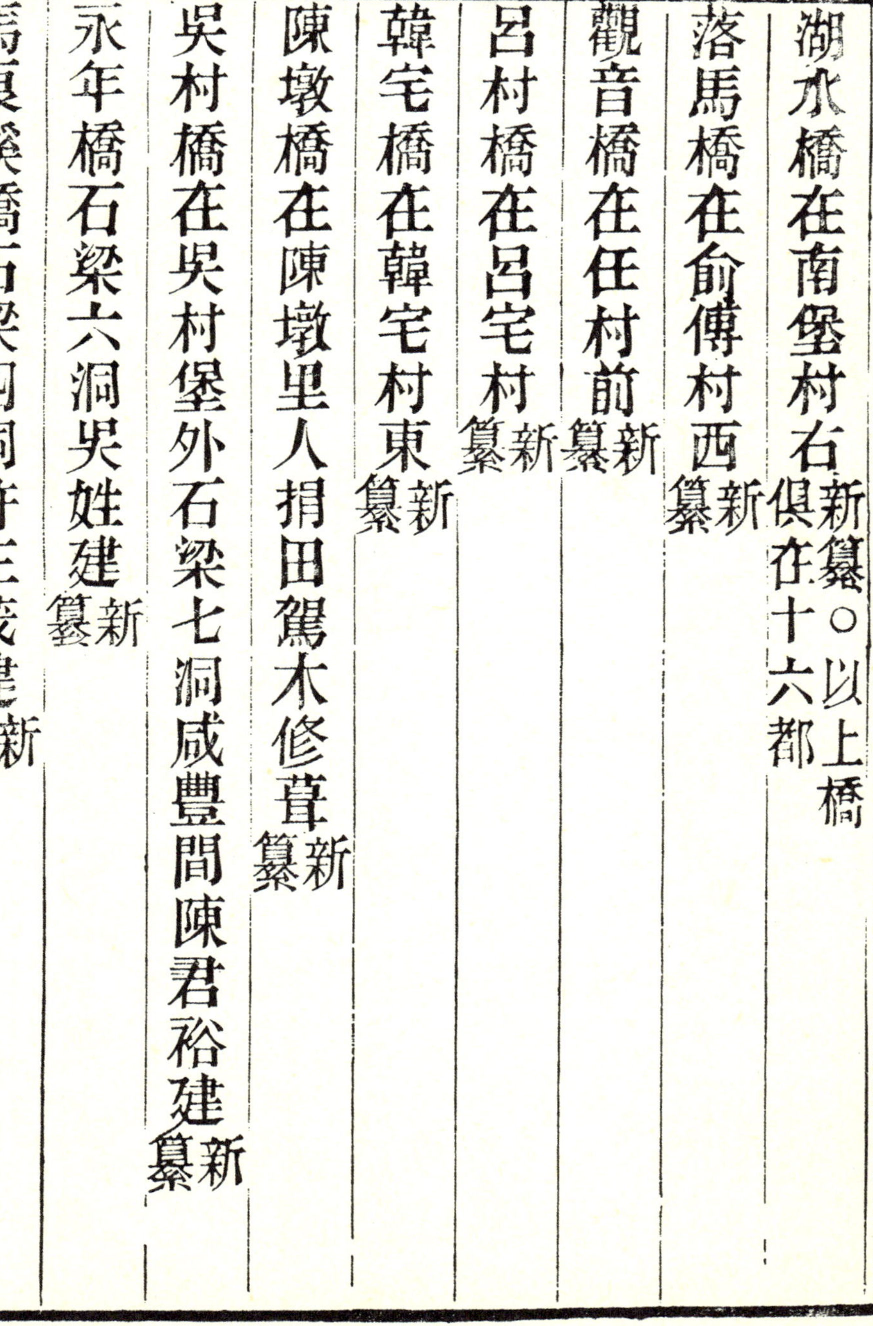

湖水橋在南堡村右新纂○以上橋俱在十六都

落馬橋在俞傅村西新纂

觀音橋在任村前新纂

呂村橋在呂宅村新纂

韓宅橋在韓宅村東新纂

陳墩橋在陳墩里人捐田鬻木修葺新纂

吳村橋在吳村堡外石梁七洞咸豐間陳君裕建新纂

永年橋石梁六洞吳姓建新纂

馬艮溪橋石梁四洞許三茂建新纂

圭山橋在下張墅新纂○以上橋俱在十七都

永盛橋在十八都湖溪舊有石橋久圮乾隆庚寅丁邦玉邀族人捐貲建立木橋並置陶字號田四畝一分零唐字號田二畝一分零以爲歲修之資暴漲橋壞則結筏爲舟日給篙師百錢謂之義渡以濟行人橋復乃已邑人陳燧撰記新纂

新攻橋在縣南橫塘嘉慶十一年周大成捌建始基未幾卒嵊邑俞永康前後捐貲完竣里人韓立功貲助之陳均有記計二十一洞橫亘五十丈有奇併置田地十九畝零

作歲修費後圮修產被侵同治八年經營之捐貲爲木
畫復舊產設董經理每年報銷在案據嘉慶志縣冊纂
上橋一曰大粵橋杠在丁宅街左咸豐元年丁維鎔捐田三畝餘
創建穀雨後拆重陽前駕收田之所入以爲歲修之資
邑人王莘撰記新纂
永恩橋在丁宅街舊爲木橋嘉慶十一年徐五德妻鮑氏
改建石橋嘉慶志亦名後橋新纂
迴瀾橋在埠頭村新纂○以上橋俱在十八都
通澤橋在縣南四十餘里釣臺下案橋在生畈下嘉慶七年石匠

周大成募建里人陳夢星陳韓杰董其事三年乃成邑人胡如瀛撰記嘉慶志道光十三年水患圮咸豐元年里人王魯瞻王殿孝王繼學等捐貲改建板橋並置民字伐字號田十三畝零山十九畝零以作歲修里人王莘撰記新纂

匯澤橋在縣南陳溪覆舟山下新纂

臥龍橋在縣南旗山下新纂

虹橋在縣南虹橋村下案嘉泰志載虹橋在縣東南一百五十步即虹樣橋非此虹橋○新纂

永安橋在縣南挂燈山下同治八年里人陳疇建新纂

中理橋在縣南洙溪舉口新纂

通惠橋在縣南陳溪舉甑頂山下新纂

永遠橋在縣南乾溪馬山下光緒二十年徐澐卿建新纂

時濟橋在縣南螟蚣山下新纂

太平橋在縣南太平山下萬曆志

槐花橋在縣南乾溪口咸豐七年里人張學新王魯瞻王殿孝等捐民字號田八畝四分零以作歲修王華撰記

新纂○以上橋俱在十九都

沈家石埠橋在縣東南萬曆志案在縣南○舊設板橋水發撤橋設籐渡道光二十八年義民徐湘佩募建石橋備稿後圮今仍用板橋設籐渡王晉瞻王天祿王雲山等捐置商字號田十五畝六分零周發等字號田七畝三分零以作歲修里人王莘有續整大石埠九溪橋記新纂

管溪橋在縣南管溪萬曆志徐姓建舊爲太平橋有水門二十餘洞屢被洪水沖壞今改木橋新纂○國朝徐允達大橋秋漲詩雲垂水立渡頭喧萬壑爭流赴海門乍擬銀河天上落旋驚灩澒峽中奔乘風有志慚宗愨作賦無才弔屈原八月廣陵曾許約且從此地看潺湲

鹿花橋在鹿花溪　國初徐姓建同治間徐萇齡修新纂

松化橋在錢溪烏石山麓石質松章廣可四五尺長丈餘

新纂　國朝徐允達詩由來臭腐化神奇千歲枯松變石圯質類螭腸無造作斑如貍首不支離杖藜有興頻經過欹枕何時慰夢思豈待斷橋無復板始憐臥柳自生枝

新安橋俗名大莊橋在錢溪下管徐姓建新纂

鎮山橋　太平橋在白水溪唐衕徐姓建新纂

綠水橋在青山廟下渡山澗徐樹立建新纂

惡源橋在阮家湖東道光五年徐嘉會等建新纂

黄洞橋在黄洞溪光緒十五年圯今用板橋新纂

新宅橋　橫笆衕橋在任家溪新纂

周家橋在谷嶺任姓捐建新纂

上山橋在栁樹潭下流新纂○以上橋俱在二十都

西釣橋在縣西門外萬曆志嘉慶二十三年黃昞捐修邑令李宗傳立碑今毀新纂

永慶橋在縣西門外跨運河萬曆志俗呼蒲灣橋新纂

晝錦橋在西門外司馬第東進士陳景祺殉難處新纂

西黃浦橋在縣西五里廿一都正統志○嘉泰會稽志在縣西二里去永慶橋三里萬曆志光緒元年蔣德功重修新纂

昌福橋在縣西門外沿河北岸萬歷志

黃家橋在縣西十里通孫家湖水出運河萬歷志

華渡橋在縣西十五里嘉慶志○案嘉泰會稽志載華家渡在縣西十里即此其易渡爲橋年湮莫考

蔡墓橋在縣西二十里嘉慶志道光間朱茂楠集貲重修新纂

國朝范蘭詩登橋别暮船步入山村去村樹黑如煙山人自知處

黃公橋在縣西二十里通阜李湖水出運河萬歷志

徐義橋在縣西二十五里萬歷志○或云即大板橋

蔣家閘橋在蔣家堡每歲小滿築閘堵阜李湖水立秋後

十日開放永爲定例新纂

八字橋一名乘龍橋在黃家堡新纂

大板橋在縣西二十五里通阜李湖水出運河萬歷志國

朝乾隆癸未陳文燦重修咸豐三年曹克昌等募修備稿

大板閘橋在曹家堡每歲小滿築閘堵阜李湖水立秋後

十日開放永爲定例新纂

文昌橋在祿澤廟東新纂

蘭水橋在倪家堡北倚蘭芎故名新纂

西湖橋在梁湖東北張泗君廟側新纂

福泉橋在梁湖後張村新纂

永樂橋在縣西梁湖鎮萬歷志

太平橋在縣西梁湖鎮萬歷志國朝嘉慶間王望霖陳一永言等重修備稿

南安橋在梁湖洪山廟前新纂

北安橋今名安鎮橋在梁湖鎮新纂

無量橋在沙湖塘側跨運河下有閘備稿○互見水利沙湖塘

百官橋一名舜橋在龍山麓萬歷志

始寍橋在百官市俗名桃園橋新纂

袁山橋去百官西北一里餘有土阜曰袁山舊有袁姓村
　落故名新纂
交界橋在百官下市龍鳳兩水交流故名新纂
穰草堰橋俗名三朋橋去百官五里而近舊爲穰草堰蓄龍鳳
　嶴眉諸澗之水自堰廢改爲橋同治五年王鼎捐貲重
　修新纂
下疊橋在佛跡山右上妃湖尾閭新纂
新建溝橋在新建爲後郭後村水港關鍵新纂
新豐橋　建安橋　慶豐橋俱在新建新纂

天成橋　挂角橋　萬安橋俱在後郭新纂

草菴橋　大有橋　永豐橋　福隆橋俱在湖田三社新纂

寺橋一名福元橋　菴橋　鎮安橋　鎮平橋　壽生橋郎古柯莊溝

出水橋俱在前江新纂

廣福橋　餘慶橋俱在葉家埭新纂

十都橋在施家堰官塘下橋北爲九都橋南爲十都新纂○華渡橋至此俱在十都

亂將橋俗名亂箭橋在丁家埠相傳晉袁崧殉節橋下八將同殉得名新纂

跨湖橋在夏蓋湖口光緒十一年連思唐集貲重修新纂

古同人橋在天水菴西道光季年橋被江潮沖潰値海塘險要知縣張致高屬邑紳連仲愚移橋石築海塘權置木橋以便行人同治五年連氏捐貲重建石橋新纂

嵩城橋在嵩城市萬歷志

永興橋　迴龍橋　槐花橋　古木橋　馬簡橋　賢才橋俱在嵩鎮新纂

太平橋　西成橋　西安橋　武举橋　太安橋俱在西華村新纂

萬安橋在雁步村道光二十二年章祖炎重建新纂

新豐橋　太宇橋在章家市新纂

白湖橋在陸家村東明嘉靖二十六年陸汝光建其父號白湖因以名焉國朝嘉慶二十五年陸宇升等重建光緒二年陸德言等捐貲重修新纂

元始橋在陸家村西宋寶慶中陸嵩建國朝道光十八年陸心正等重建新纂

華澤橋在華澤菴旁新纂

萬年橋在連王村光緒十六年連金聲募修新纂

永[盈]橋　三朋橋在裘厝村新纂○以上橋俱在九都

蓮池橋在杭村新纂

公仁橋俗呼三眼橋在阮村新纂

寶善橋在退塘畈道光十八年重建新纂

域瀾橋在雙楓廟前康熙十六年建同治四年橋壞王祀重建

五福橋在丁徐村北即舊恩湖堰新纂

分金橋在縣西六十里傍有義遜院嘉泰會稽志在縣西北戒德寺側萬[歷]志在鄭村相傳有兄弟分金不願獨受餘貲

爲建此橋新纂

書院橋　會龍橋　化龍橋　鎭龍橋俱在分金橋西新纂

〇以上橋俱在六都

太和橋　六秀橋　滁澤橋俱在嵩鎭西新纂

鎭龍橋在瀝海所東門外明萬歷壬戌建　國朝康熙十一年重修五洞長七丈新纂

福龍橋在瀝海所西門外明萬歷壬戌建　國朝乾隆二十六年重修十九洞長二十餘丈新纂

鸛橋在後朱村北亂石疊成十三洞新纂〇以上橋俱在七都

崇善橋　永盛橋俱在江口村道光同治間邵佳木余增榮等捐修新纂

福勝橋在五汊港康熙間建道光十九年余錫祚重修新纂

敷文橋在淩湖村向爲木橋咸豐十年邵棠改建石橋新纂

古淩湖大橋在淩湖村新纂

聚錦橋在江口村嘉慶十八年重建新纂

古苗橋　北海橋俱在林中堰新纂

鎮安橋在譚村舊爲木橋乾隆間被水漂沒改建石橋新纂

太平橋在譚村雍正二年建先是常有火災居民鑿長渠

禦之故河名制南橋曰太平新纂

匯水橋在譚村同治九年譚兆泰呂鶴鳴捐貲重建新纂○以上橋俱在八都

永豐橋在縣西半山西南萬歷志○案今縣北永豐鄉有橋名永豐正在半山廟南萬歷志二西字疑有誤抑或當日縣西別有永豐橋然今不可考矣以存疑故附縣西諸橋後

北釣橋在縣北門外半里許嘉慶志○案正統萬歷志作北門橋

元貞橋在縣北門外萬歷志國朝道光十八年王載嵩募捐重修備稿○縣令龍澤澔元貞橋碑記略邑北郭外里許後新河舊有元貞橋駕石梁以便往來年久圮落行者惴慄而未嘗有過而議之者余下車伊始道經圮上目擊廢頹竊有志重修而未遑也嗣王君來

見欣然以襄舉自任集議勸捐不旬日得各鄉紳富捐貲五百九十五緡伐石庀材諏吉鳩工王君復首出私囊以佽且晨夕率作不辭辛瘁親董其事自十八年冬以迄今春數閲月而蕆事夫斯橋之待修有年矣有志者苦力之不及有力者慮志之不堅因循日久而橋之不即傾圮者幾何哉茲則顛者修廢者舉崇墉砥柱如履坦途誠非王君樂事趨公之誠

諸紳富好義樂輸之助不克逮此

狗頸橋在元貞橋西今廢萬歷志○案橋今尚存易名久敬

黃義公橋在二都水利本末○案今二都祗有黃氏橋

半路橋一名迴龍橋在楊家溪西北新纂

馬慢橋在孝聞嶺直北相傳宋高宗過此馬不進故名萬歷志

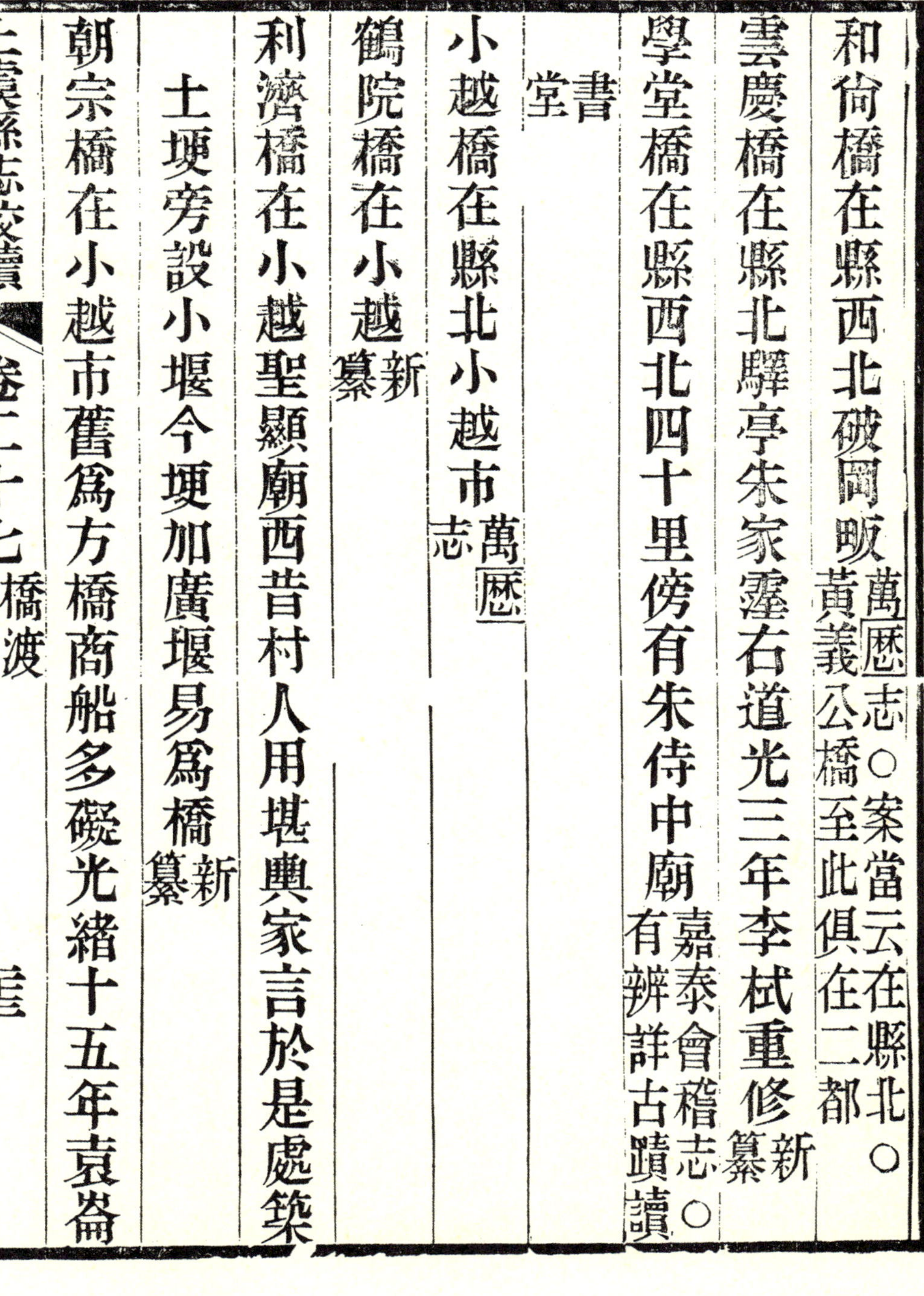

和尙橋在縣西北破岡畈萬歷志○案當云在縣北○黄義公橋至此俱在二都

雲慶橋在縣北驛亭朱家壟右道光三年李栻重修新纂

學堂橋在縣西北四十里傍有朱侍中廟嘉泰會稽志○有辨詳古蹟讀書堂

小越橋在縣北小越市萬歷志

鶴院橋在小越新纂

利濟橋在小越聖顯廟西昔村人用堪輿家言於是處築土埂旁設小堰今埂加廣堰易爲橋新纂

朝宗橋在小越市舊爲方橋商船多礙光緒十五年袁崙

募捐改建環橋新纂

會源橋在朝宗橋北新纂

景定橋　鎮東橋　史家橋　福仙橋俱在小越市西北新纂

古渡航橋在小越光緒四年陳浚妻楊氏重修新纂

新橋在小越舊爲蔡家堰道光初年改建新纂

宋郎橋在宋郎莊宋承務郎陳㦀宸僑居於此故名新纂

臨山橋在大山下新纂

伏龍橋在大山下相傳明初建萬歷四年眾姓重建新纂○案

正統志有福山橋去縣北四十五里伏龍山北今無查

恩成橋在伏龍橋側新纂

陸星橋一名陸港橋　在陸港村旁新纂

橫山橋　栗樹橋在縣北伏虎山北萬歷志○案栗樹橋在西羅村後舊志誤

惠宗橋在羅氏宗祠前道光二十二年羅寶堃修葺光緒四年羅寶鏞重修新纂

羽鳳橋　來鳳橋在西羅村南新纂

馬止橋在西羅村新纂

東羅橋一名孔家橋　在東羅村新纂

東新橋在東羅村東北嘉慶間架木爲之道光八年衆姓醵金建石橋同治五年羅寶塋等重修新纂

趙巷橋一名鎭龍橋在和門溇道光二十二年趙姓修葺同治五年田清鴻重修光緒十二年趙敵堂捐修新纂

長盛橋在朱家灘北里許道光二十九年羅寶塋籌款重建新纂

薛巷橋在薛巷村西南道光二十九年田兆麟妻馮氏田兆熊妻羅氏同修光緒十年胡文田胡應元復修新纂

致功橋在王牌下村西光緒五年羅寶塋建新纂

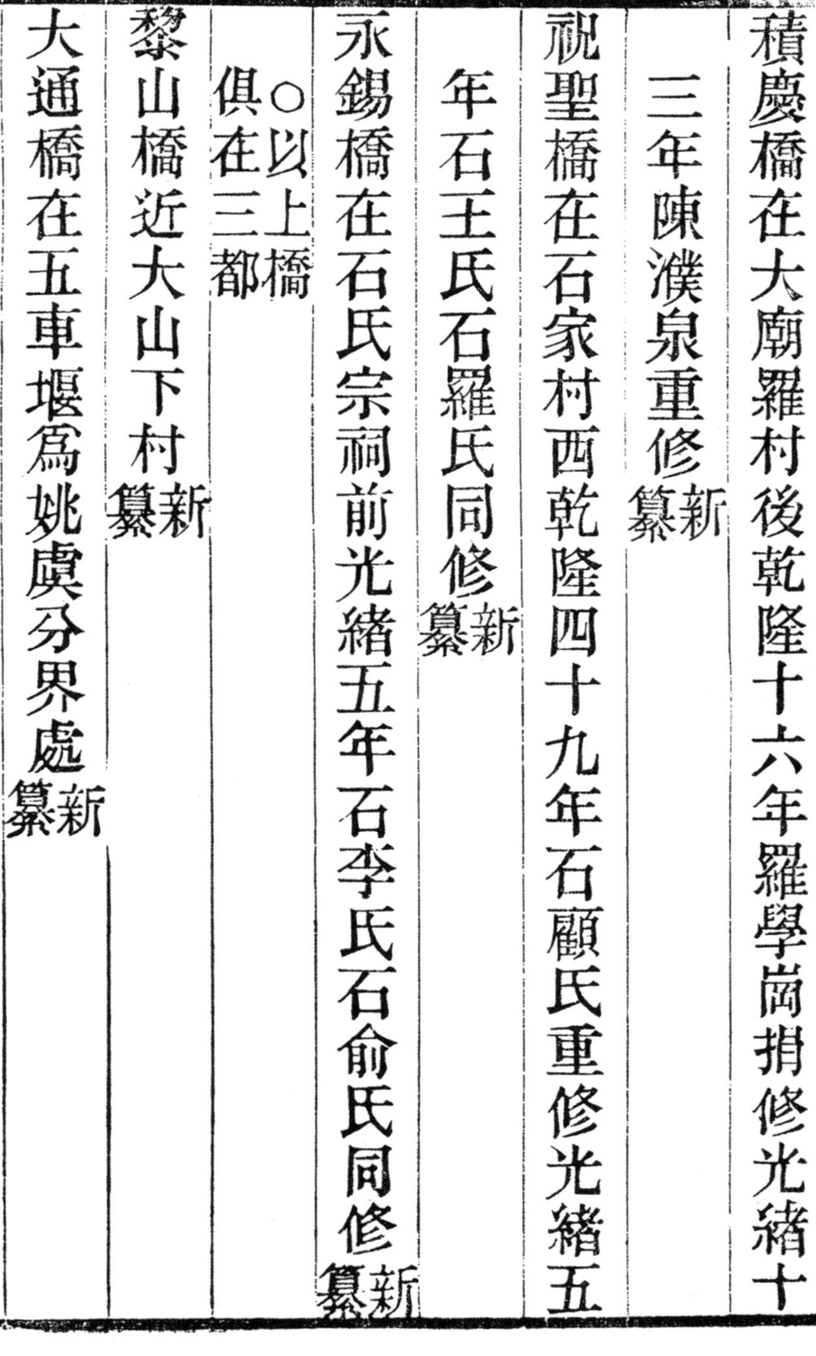

積慶橋在大廟羅村後乾隆十六年羅學崗捐修光緒十三年陳濮泉重修新纂

祝聖橋在石家村西乾隆四十九年石顧氏重修光緒五年石王氏石羅氏同修新纂

永錫橋在石氏宗祠前光緒五年石李氏石俞氏同修新纂

○以上橋俱在三都

黎山橋近大山下村新纂

大通橋在五車堰爲姚虞分界處新纂

九龍橋在横山西南向爲木橋五洞行人難之同治十二

年里人捐貲建石橋三洞新纂○以上橋俱在四都

茹謙橋向爲夏蓋湖放水溝湖陞爲田改建石橋新纂

南畝橋爲夏蓋湖要道且爲湖田岸田分界處新纂

謝功橋爲胡閶謝家塘等村水陸咽喉新纂○以上橋俱在五都

大夫橋在縣北三十里嘉泰會稽志○案今在縣北三十五里一名新橋五夫鎮萬歷志唐會昌三年建余球有記東齋記事紹興上虞有村市曰五夫故老云有焦氏墓於此後五子皆位至大夫因得名俗傳秦始皇封松爲五大夫於此非嘉慶志○余記載金石志 國朝乾隆八年橋圮濬土得石楹鐫云鉅宋元

祐五年歲次庚午九月庚戌朔十四日賜紫智隆同僧俗募修乾隆十年潘潮妻鄭氏捐貲重建五夫志

小寺橋　虹橋　蜆橋　丁家橋　孟橋俱跨五夫河五夫志

小孟橋跨東七里湛杜邦憲建五夫志

茹家橋在應家漕北跨西七里湛五夫志○以上橋俱在鎮都

西南釣橋　永昌橋在縣西南門外萬歷志

黄家埠橋在縣西南門外稍南萬歷志

合淸橋在縣西南門外直南東西兩溪合流處洪水氾濫

時則波濤衝激橋梁屢壞周亥創搆石橋分爲三洞以泄其流萬歷志○案府志作合溪橋

雙溪橋在縣西南門外與合清橋近萬歷志

躍龍橋在縣西南門外明知縣朱維藩建萬歷志○案嘉慶志作在縣治西南

東涇橋在縣西南二里許　出港橋在東涇橋外有泥壩蓄湖水衛糧田新纂

西涇橋在縣西南三里許　中橋在西涇橋外有泥壩蓄湖水衛糧田新纂

涉灘橋在縣西南門外新纂

四板橋在縣西南一里許新纂

閘橋在縣西南門外萬歷志蓄湖水衞糧田新纂

望湖橋在西溪湖邊同治間劉松春劉際清同捐修新纂

慶福橋在前半湖舊用木橋光緒十六年里人募捐改建

石橋新纂

大官橋在象田溪光緒四年梅傳木募建新纂

萬年橋在高沙墩東光緒十二年梅傳木募建新纂○以上橋俱在

二十一都

梅樹橋在蒿壩塘外新纂

會源橋在蒿壩塘清水河新纂○以上橋俱在十一都

玉帶橋在虹漾村握登山下新纂

永豐橋在崑崙村前道光二十五年重修新纂○以上橋俱在十二都

鎮魁橋在飛起鳳山下新纂

永安橋在葛仙嶺下新纂

侍郎橋在解元山下有浦曰漁浦新纂

永興橋在俞傳村光緒十六年邑紳金埜重修石梁三洞增高八尺新纂

葉浦橋在葉浦水發源於花𧮚諸山下通娥江舊有橋久廢明嘉靖間葉倪王匯王克義重建更名兩義橋○新纂 以上橋俱在十三都

案虞邑橋梁多難勝數舊志過略擇尤要者增入之城都鄉都序次略仿萬歷志其舊橋創建年月及人姓名無可攷者經後人修葺但書某年某重修明非創建也用嘉泰會稽志例

## 渡

梁湖渡去縣二十五里案萬歷志作三十五里西接會稽在曹娥廟前嘉泰會稽志渡夫三名萬歷志國朝咸豐八年石瑛倪暄夏廷俊沈初昇等稟縣詳憲捐添義渡船四艘並建康

濟堂公局三間給發渡夫工食祇渡商旅其一切差徭
責成官渡詳請立案咸豐十一年遭寇變船失局燬石
瑛復邀陳丙柴福標朱東高等數十人捐錢設復義渡
及公所鄉人樂善者多醵金以助石瑛等初置得海鹹重芥薑光弔等字號
又附沙字號民田廿三畝六分六釐零芥字號地六分
智字號丁田三畝百官段丁田十二畝同字號曹娥段
丁地四畝禮信等字號竈田八畝三分零仁禮智信等
字號竈地十九畝九分零里人華登仕等復助得海重
芥位等字號民田六畝一分零百官段丁田五畝五分
零百官段丁地兩塊信字號竈田百官段竈田共五畝
五分禮字號竈
地二畝八分
光緒十年曹娥局員豫章葉元芳復添
設渡船一捐貲爲歲修之需並於江干建一葉亭以憩

行旅曹娥場大使張汝楫有記新纂。明宋岳詩渡口低雲接樹風急浪平沙倦鳥依帆下征人隔岸譁眼前風景别詩意屬誰家施經詩雨霽臨江渡潮聲拍岸過秋深猶遠戍身老復沉痾書劍蕭疏久風煙感慨多醉餘聊自慰詩寄碧山阿

亭山義渡在縣西南三十餘里古里村嘉慶十一年顧玉華捐置立有碑記新纂

蒿陡渡〈即嘉泰會稽志嶡渡〉在縣西南四十里蒿壩案萬歷志云在百官稍南非渡夫一名舊有店屋基地兩間蒿壁莊鱗字號田二畝二分狄祁莊鱗字號田一畝地三畝五分以給渡夫工食國朝嘉慶元年倪永言捐貲添設渡船一并捐鱗

字號田七畝有奇地一畝五分爲修船歲資又捐鱗字號田九分爲修廠費邑人張駛有記嘉慶志

花浦義渡在花浦村江口同治間陸泉香陸清濂等捐置羽字號田二畝四分四釐羽字號地五畝九分八釐作歲修渡船之資新纂

上義渡一名饅頭山渡在縣西南花浦杜浦二村間鄉人自建自修有羽字號公地十八畝給渡夫工食新纂

上浦渡在蒿陸渡南案去縣西南四十餘里郎羅家渡渡夫一名萬歷志

蔡山渡在縣西南五十里案嘉泰會稽志作三十五里蒿陡渡再南渡夫一名嘉慶志。宋高似孫詩江上人家破竹門潮來水長浸籬根鯗魚一尺枇杷小放溜船來酒滿尊

浦口渡一名丁村渡在縣西南五十餘里嘉泰會稽志作四十里與蔡山渡近渡夫一名後改爲義渡邑人丁康山捐置嘉慶志

沐憩渡一名沐溪渡在縣西南五十里爲剡溪下流娥江之潮止此渡夫一名相傳有仙人沐浴憩此昔王子猷訪戴安道於此回櫂萬曆志向係官渡後士人設爲私渡往往索錢　國朝嘉慶十二年迎瑞菴僧法餘捐設渡船一

并募建普濟菴路亭以爲憩息之所十二年邑人朱某復添設渡船一行者便焉嘉慶志　同治三年徐瑞祺捐田二十餘畝地一畝五分池四分一釐爲歲修之資勒石記之新纂。唐陶翰詩潮來勢轉雄獵獵鶩長風雷震雲霓裏山飛霜雪中

青山渡在沐憩渡北渡夫一名萬歷志。案在縣西南四十五里霸王山下

杜浦渡在青山渡北渡夫一名萬歷志。案嘉慶志云在縣西北與百官渡近誤

章鎮義渡在縣南章家埠置船三艘間日輪渡一爲康熙間葉彰義捐田十八畝建置立碑廣福菴路亭一爲道光七年王會元陳克立等捐田地十五畝建置立碑江

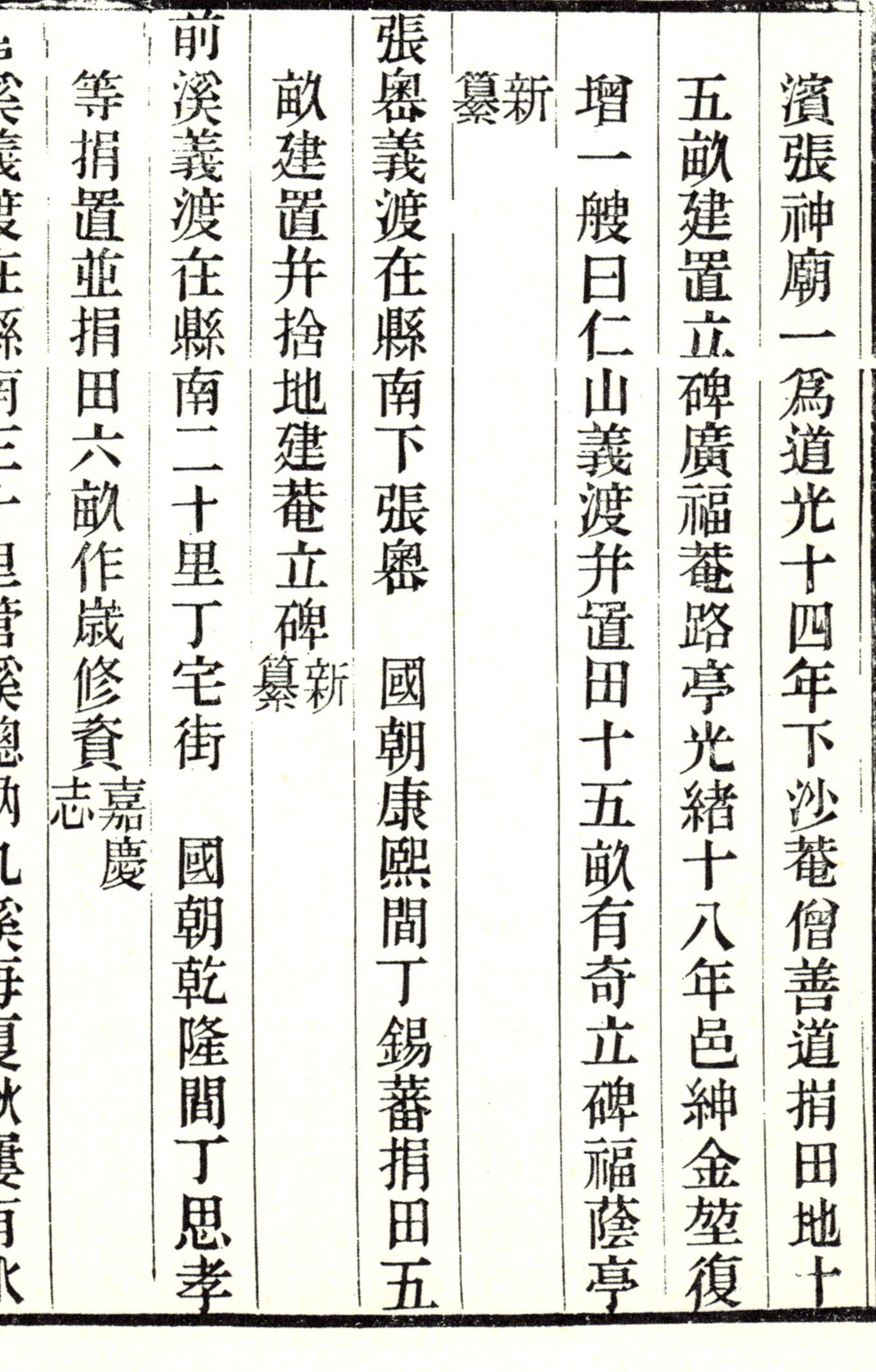

濱張神廟一爲道光十四年下沙菴僧善道捐田地十五畝建置立碑廣福菴路亭光緒十八年邑紳金埜復增一艘曰仁山義渡并置田十五畝有奇立碑福蔭亭新纂

張巒義渡在縣南下張巒　國朝康熙間丁錫蕃捐田五畝建置并捨地建菴立碑新纂

前溪義渡在縣南二十里丁宅街　國朝乾隆間丁思孝等捐置並捐田六畝作歲修資嘉慶志

官溪義渡在縣南三十里管溪總納九溪每夏秋屢有水

患徐世勛徐士奇各捐田二一畝三分零每逢橋壞置筏作渡由徐氏族中經理有義渡助田碑新纂

百官渡在縣西北四十里〔宏治府志○嘉泰志作三十里〕百官市口渡夫二名〔萬歷志〕國朝道光初年會稽胡潮梁世臣捐貲首創義渡邑人陳綺樹襄助之建立惠濟公局設司事給發舟夫工食商旅稱便至二十年共計明越紳商助田二百五十餘畝同治光緒間姚盛各商續助田九十畝零有助田碑立在義渡亭并大舜廟新纂○宋李光詩曉雨微茫水接天隔江茅店有炊煙杖藜獨步沙頭路猶記當時趁渡船

後郭義渡在百官西五里設船二里人金鼎徐培元趙浩然等捐募田地草蕩一百九畝三分稟縣立案並建利濟亭以爲風雨憩息之所亭中施茶續募田地二十畝又因夜渡費絀由掩埋局撥款續買竈地九畝金山場立案新纂

章家義渡在縣西六十里設舟濟渡里人章長慶鄭國彪顧姓等施助新纂

西華義渡去章家三里設舟濟渡里人桑東和兄弟暨顧王周眾姓捐置田四十三畝九分九釐五毫竈地五畝

新纂

趙村渡在縣西六十里嘉泰會稽志○案今在縣西六十六里爲明越要道

舊渡久廢國朝道光十五年王南明募貲建設義渡江船二艘光緒十三年連氏敬睦堂置田二十五畝零

新纂

孫家義渡在縣西道光十六年余錫祚創設光緒七年衆姓捐田三十畝有奇爲歲修工食之資新纂

譚村義渡一名商義渡在縣西新纂

花弓義渡在縣西道光間朱嘉德陳春茂等募捐露結般

湯所等字田三十三畝九分零爲歲修之資助田各姓氏勒石江塘新纂

許戴義渡在縣東舊通明堰下三里戴龍菴前　國朝乾隆五十一年許鳳彩捐字字八百六十八八百七十號田共二畝四分以作歲修繩索之費嘉慶志

四明落義渡在縣東十二里潮汐往來行旅病涉　國朝道光二十六年姚玉涵姚明德陳清直孫開遠等十八捐募創設咸豐六年置王字號田七畝零嗣因所費不敷玉涵子秉震復於同治十二年與陳樑等置王字號

田九畝零作義渡諸費勒石記之新纂

橫汀渡在縣四十里嘉泰會稽志

指石山渡在縣四十里嘉泰會稽志

虞大渡在縣十二里嘉泰會稽志

方家渡在縣二十二里嘉泰會稽志

姚家渡在縣十五里嘉泰會稽志。案上五渡並見嘉泰志舊志不載今興廢不可知附錄俟考

萬歷志曰橋渡之設利涉攸資其橋屬通衢工鉅而濟普者或置田房以贍或設菴亭以守卹僻且微者亦必擇土著誠篤者民主之稍圮即鳩治之無使積弊壞而不可葺至於渡舟亦然其夫尤宜擇人若令無賴積棍

充役借公而利私名以濟人而實以擠人也昔瓠里子歸越相國使自擇官舟以渡舟泊滸者無數不能辨傍有言者曰第視其敝篷折櫓而破颿者即官舟也今之以舟爲官舟者豈少哉

關津

梁湖關今廢舊稱洪熙元年巡按御史尹崇高奏革又考南關榷書由嘉靖九年爲差委人員索詐財物裁革萬歷府志

南津水經注孔靈符遏蜂山前湖以爲埭埭下開瀆直指南津萬歷府志

上虞縣志校續卷二十七　輿地志八